花间拾梦

雍桦　茹儿　叶子　韦童儿　慕山　著

中国文联出版社

图书在版编目（CIP）数据

花间拾梦 / 雍桦等著 . -- 北京 : 中国文联出版社，
2013.7
（大家文苑 . 第 12 辑）
ISBN 978-7-5059-8210-9
Ⅰ . ①花… Ⅱ . ①雍… Ⅲ . ①中国文学－当代文学－
作品综合集 Ⅳ . ① I217.2

中国版本图书馆 CIP 数据核字 (2013) 第 127532 号

书　　名　大家文苑第 12 辑（1–10）
主　　编　谭韶华　柳育龙
出版文联　中国文联出版社
发行文联　中国文联出版社　发行部（010–65389150）
地　　址　北京农展馆南里 10 号 (100125)
经　　销　全国新华书店
责任编辑　李民
印　　刷　北京洛平龙业印刷有限责任公司
开　　本　710×1000　1/16
印　　张　71
版　　次　2013 年 6 月第 1 版第 1 次印刷
书　　号　ISBN 978-7-5059-8210-9
定　　价　168.00 元

您若想详细了解我社的出版物
请登陆我们出版社的网站 http://www.cflacp.com

指尖敲击键盘，心灵与现实碰撞，摩擦出梦的火花，留下风吹过的痕迹。此刻，文字显现出奇特的魅力，人在一个自由的国度里翱翔。当纠结、迷茫、痛苦、困惑、愤慨披上文字的衣裳，一切都是那么美丽。

——雍桦

2006年至今，利用业余时间，看书积累。文字，是长久以来欲罢不能的爱，对优秀的文字，起崇敬和膜拜的心。希望自己的文字，能随着时光的流逝有一点点进展，哪怕只是一点点，此心也足。

——苗儿

幼年时酷爱阅读，久之，亦写些闲散文字记录生活之琐事。好旅行伪小资，喜爱用文字表旅行之乐、人生之苦。虽幼稚懵懂，仍愿写些文字记录已逝青春。

——叶子

生活有不同的维度。某个维度我喜欢“菩提本无树，明镜亦非台”，某个维度关注“陌上谁家年少，足风流”；某个维度慨叹“儒冠多误身”，某个维度高歌“粪土当年万户侯”，偶尔也会沉浸在“凄凄惨惨戚戚”“载不动，许多愁”的世界……知道不能追求完美，知道以平常心对待凯旋和失败 ----- 它们不过是幻象。但人世的乐趣，也许就来自属于每个人自己的所有维度，冲突着变幻着，欢快地交织、扭曲、舞蹈，悠悠地，幽幽地，不时达到瞬间的极限平衡。随意，随性，不随便。

——韦童儿

初夏出生，时而热烈，像艳阳高照的夏天；时而温吞，像初醒的春天。多面的性格，爱好书法、古筝、写作。喜欢用音符、文字、笔墨记录生活，总有些凌凌乱乱，时而冷眼、时而似火的观感，感受那份内心的触动。希望能一直这样感悟下去、记录下去！

——慕山

破茧成蝶（小说）

美人迟暮（散文）

醉雨如歌（诗歌）

觅古怀香（古体诗）

破茧成蝶（小说）

孤鸥

雍桦

一

自上个世纪 80 年代末开始，一到寒冷的冬日，就有少量的红嘴鸥由西伯利亚飞到昆明避寒，由于市民自发地为它们喂食，再加上昆明温暖适宜的气候，使得红嘴鸥大量地引入昆明。如今，每年 11 月份，就有数万只红嘴鸥从万里之外飞到春城昆明越冬。

陈诺儿倚着翠湖边上的石栏，看着这些红嘴鸥，雪白的身躯，在水中游弋时，除了比一般的鸟类看起来漂亮些并无他异。但一旦夺食展开双翅的样子，让人联想起竞技场上的长跑运动员，精壮而健硕，尤其是嘴巴上的那个朱点，体现着它们的王者风范和与众不同。

当有人将大块食品投向湖中时，便会引起一阵小小的骚乱。只见原本在湖中悠然自得的红嘴鸥突然展开双翅，展成一个大 M 型，相机还来不及按下快门，水面又恢复了平静。完全看速度和反应，谁先到谁先得，没得到的也不会再去抢，静静等待着下一个喂食者。

今天是她们来昆明的第二天，昨天，在世博园里逛了一天，被母亲拽着，从热带植物到寒带针叶林，在那些叫不上名的红花绿叶前不停拍照，可是她怎么也提不起兴致来。

原本是导游小姐随便那么一说，这里可能有罕见的红嘴鸥。导游出于职业经验，再三强调是“可能”，不一定每天都能看到，但她还是执意要求父母陪她一起过来。

她的直觉告诉自己，一定能看到。从小到大，在这方面她运气一直很好。

果真，不仅看到了，还看到了很多。工作人员讲，不知什么原因，今天比前几天多了许多。

当看到这些红嘴鸥的时候，陈诺儿心里舒服多了，她潜意识里甚至觉得这些红嘴鸥就是为她而来的。她想着自己也变成了一只红嘴鸥，想飞到哪就飞到哪，什么雅思，什么托福，什么移民，统统见鬼去吧。一想起移民，陈诺儿心里就像被什么揪了一下，这仿佛成了她心里永远不能触摸的角落，一碰就会痛。

如果不是因为想移民，就不会去留学，如果不是留学到澳洲，就不会转遍墨尔本所有中国人开的律师事务所，如果不是去了那么多的律师事务所，她也不会马上回国和认识不到半年的林鹏领结婚证，如果不是那么多如果都变成现实，她现在也就不会是离异了。

报这个旅游团时，母亲把她的婚姻状况这一项空了过去，她把表拿过来一笔一划地填了“未婚”两个字。

可是，她自己也知道，旅游团的报名表可以这样填，在中华人民共和国民政局的电脑系统里，可能有 N 个叫陈诺儿的，但每个人从一出生起就只有一个身份证，只要一报身份证号，她曾经有过受法律保护的婚姻事实便袒露无疑，她已经托在民政局工作的同学打听过了，这是无法改变的。

她想过改个名字，或者做个假身份证。

任凭她怎么处理那两本证书——红色结婚证和绿色离婚证，就算把它们深埋到十八层地下，事实还是事实，否则人岂不是可以轻易进行婚姻上的重复，现代文明就是这样来制约人的，这就是现实。

再或换个国籍，换个身份，移民，又是移民，如果不是因为移民，她才犯不着年纪轻轻的就去领什么结婚证。

28 岁，却已经离异两年，这之间好像相差甚远，但偏偏让她一个人给摊上了。也许，就目前的处境，移民是最好的选择了，可以让她重新开始。

她的思绪随着这些红嘴鸥飘到了太平洋彼岸，真要是变成一只红嘴鸥，那移民岂不是一件很简单的事情，不用向移民局那些面无表情的签证官低头陪笑脸。

正在发呆，突然，不知从哪传来了一声哨响，那些在水中悠然取暖的，或是等待游客喂食的红嘴鸥，一只只从水面逾越而起，一点也不乱，迅速在湖面上空聚集，形成一个白色的披肩，白色披肩很有规律地在游客上方从湖面的这边移到那边。陈诺儿的目光被这美丽的白色披肩牵动着，不由仰头观望。

这时，旁边一声“喀嚓”的响声打断了陈诺儿的思绪，恍惚中被闪光灯闪了一下。

顺着声音望去，一个男孩正在对她行着注目礼，手里拿着一个超大镜头单反相机。看到陈诺儿看他，便走上前来。

“你好，不好意思。”因为你的服装搭配和这里的景致太协调了，我忍不住给你拍了张照，不过，你告诉我你的地址，我会把照片和底片一起寄过去的。”

男孩不好意思地笑着，身高至少有一米七八，瘦瘦高高，笑起来很灿烂，看上去顶多只有二十出头的样子。

陈诺儿看着来人，上大学的时候，她就已经学会了如何应付那些过来搭讪的男生了，无论在什么场合，这种情况随时都会发生。

眼前这个男孩子，看起来十分阳光，微卷的头发及肩，一身休闲装扮，很像本地人。

她犹豫了一下，这才发现，今天自己穿着一条黑色皮裙，外面是一件白色的风衣，都是今年 only 的新款，脚登黑色高筒靴，再加上一顶深红色蓓蕾帽，穿在她 168 身高却不足一百斤微瘦的身上，还真像一只大一号的红嘴鸥。

“真的，我保证这张照片绝不会外流。”看着她还不说话，男孩又急忙解释着。

“要不我现在就把胶卷拿下来给你好了。”男孩悻悻地说。

“没关系，不用寄了，没有必要。”她想：还不知道今后会在哪里生活呢，她的很多东西都还留在墨尔本，早晚有一天会回去。

“诺诺，快点，该走了。”母亲在一边叫她。陈诺儿冲那男孩点了点头，便向父母的方向奔去。

二

接下来是美好的旅程，大理，丽江，西双版纳。

陈诺儿最喜欢的还是丽江，那小小的古城，古老而宁静，随处都透露着清澈而古朴的美。城外的大水车不停地缓缓转动，似在诉说着这古城曾经见证的种种。陈诺儿想这里肯定发生过很多浪漫的爱情故事，墙壁上美丽的图案随处可见，便是最好的证明。

还有一件颇有戏剧性的事件，在丽江，竟然又遇上了那天在翠湖替他拍照的男孩。

在丽江的行程一共有两天，吃过晚饭后，她让父母回酒店休息，自己想找个地方把头发做一做。

她的头发一直都是在理发店请专业人员给打理，出来几天了，因为行程很紧张，几天都没有打理头发了。

她一个人沿着路边，虽然是小城市，丽江确是个不夜城。一到晚上，街边的特色小吃店、小酒吧、演艺厅都亮起了彩灯，为这个古朴的旅游小城增添了许多浪漫的气息。

她就这样沿街走着，看到一个装饰很特别的发廊。这家发廊和别的几家都不太一样，门口两个男女图腾的雕刻做迎宾姿态，男的高举一盏古灯，女的手握神棒，似乎在展示自己可以将人变美丽的魔力。

陈诺儿被这特别的装饰吸引走了进去，里面的布局也是别有味道，转椅全部是木雕的，面对客人的那些镜子，像极了白雪公主里恶毒的后母每天照的那面镜子。

刚一进门，就有小工热情地招呼她，可能看出她不是本地人，所以用的是普通话。

“你们这的师傅会做拉直吗？我的头发不好弄，给我找个你们这最好的大工吧。”陈诺儿直截了当地说。她对自己的形象一直要求很高，以前都是找固定的大工给自己打理，如果不是因为在外地实在没办法，她是不会轻易换人来给她做头发的。

听她这样说，小工怔了一下马上说道：“好的，稍等下，先洗头吧，等一下我找我们这最好的师傅给您做。”他一边招呼着陈诺儿，一边转向旁边：“立哥，这位客人要咱们这最好的师傅做，你那边客人完事了没？”

“好嘞，马上就O了，先给客人洗头。”一位瘦高的理发师从里间应声走了出来。和陈诺儿正好四目相对，两人都愣住了。

原来，正是那天在翠湖给她拍照的男子。

这个世界也太小了，陈诺儿心里想着，嘴上只说了句：“呦，是你呀。”

俩人心照不宣，接触到陈诺儿的眼神，那位瘦高的理发师倒是有点兴奋：“太巧了，照片我已经洗出来了，正愁不知道你的地址，不知道该怎么给你呢，缘份啊。”他一边说着，一边用手捏着陈诺儿的头发揉了几下，之后告诉小工洗头发的时候要用沙宣的产品，再加些营养素。

陈诺儿洗好头坐在转椅上，小工刚要给搓干，他走过来轻声对小工说：“你去吧，我来。”他一边轻轻给陈诺儿擦干，一边问她是不是要做个发型。

“不，给我做个拉直，一次性的就行，我一直都这么弄的。”陈诺儿看着镜子里的自己，自己一直都留披肩直发，从中间分开，她没想过变发型。她不喜欢改变，从小到大，她认定了的东西会一直坚持下去，从不轻易改变。大到个人理想，小到衣饰发型，都是如此。

“其实，你的脸型偏瘦，鼻梁高，可以尝试改变一下，如果不愿大动可以修个留海儿。”

陈诺儿犹豫了一下，点了点头。她想，自己最近这么倒霉，改变一下也好。如果不好看也无所谓，反正现在也是一个人。她干脆闭上眼睛，任由摆弄。

本以为十分钟就好了，不想一个留海儿足足剪了半个小时。

她坐在椅子上，微闭双眼，一直到觉得时间有点长的时候才睁开。睁开眼睛后发现，留海儿已经基本成形，是时下最流行的那种25度直留海。说得直白点，就是把直留海剪得有一点点斜度。这是非常大胆的手法，一般理发店的理发师是不敢轻易尝试的。

当陈诺儿审视着镜子中的自己，不禁被这个留海儿带来的改变惊住了。

这个刘海儿在陈诺儿脸上，使她本来黝黑的眼睛显得越发大，衬托着高高的翘鼻梁，神秘中彰显可爱俏皮。

“怎么样？还满意吗？你太忧郁，这个留海会让你显得活泼一点。”理发师小心翼翼地。

“你头发有点沙发，平时要经常做些营养。我叫朱立峰，叫我阿立就可以，下次有需要还可以找我。”

看陈诺儿没有什么异议，瘦高个理发师一边熟练地用海绵擦扫着剪下的碎发，一边习惯性地说着套话。

说完，他顿了一下，若有所思地：“对了，我忘了，你不是本地人，来旅游的吧？”

陈诺儿没有回答他的问题，而是反问：“我看起来很忧郁吗？你怎么看出来的？”

理发师笑了笑：“从你的眼神看出来的，不过现在不会了，这个留海很适合你。”

之后，他又带陈诺儿来到他的工作室。

工作室里虽然亮着昏暗的灯光，陈诺儿还是一眼就看到钉在墙上的几张放大了的照片。照片中的自己，倚着石栏，眯着眼睛，抬头望着空中的红嘴鸥。

一看就是带单反的专业相机拍出来的片子。

陈诺儿夸他拍得好，他反而很不好意思地笑了笑说：“是你人长的好，我只是随便拍的。”

“阿立，这照片能给我洗几张吗？”陈诺儿直呼他的名字。

“当然。”阿立一口答应。

他告诉她，每年，他都会到翠湖去拍红嘴鸥的，今年的片子拍得最好。

当陈诺儿埋怨旅游团到景点都是走马观花玩不到精髓，导游也只顾带着进店购物时，朱立峰当即表示愿意给陈诺儿当导游。他说，这边好玩的很多的，丽江好玩的也特别多。

第二天，按行程是要逛古城，之后登玉龙雪山，再看场印象丽江的演出。

陈诺儿向她的父母谎称她在丽江有个大学同学，以去同学家为由脱离了行程。并特意和旅游团的行程错开，在朱立峰的带领下，先登上了玉龙雪山的高顶。

一路攀谈，陈诺儿才知道，朱立峰并不是本地人，他是从黑龙江佳木斯市过来的，母亲在自己很小的时候就病逝了，父亲后来又找了一个，对方也带着孩子，朱立峰已经成年了，就出来学些手艺。他家里还有个弟弟，他每年都要给家里寄钱，也是想让家里的继母对弟弟好一点。至于为什么选择来丽江，他也说不清楚，他就是喜欢这个城市。刚来的头两年很苦，但现在他已经是这家店的合股人之一。此外，还可以干一些自己喜欢的事情，比如摄影。

当她们坐着大缆车攀到了玉龙雪山 4506 米的高峰，在云蒸雾涌的高点，很多人拿出手机，有的大声向电话那边宣告，有的则发短信，告诉自己最想告诉的人已经站在北半球靠赤道最南端的现代海洋性冰川上。

陈诺儿也摸了摸手机，可是，应该打给谁呢？最亲的父母和自己都在丽江，哥哥现在应该正和嫂嫂在海南度假。他想起了林鹏。怎么会是他，她的前夫。

离婚后，他们还一直像好朋友一样，每当她有什么困难或是有什么事情想不开的时候，她都会找他倾诉，他也都对她悉心安慰。而现在，她居然想到的是他，不可能，她决不能再过回到从前的日子，简直就像是做了一场梦。

一边的朱立峰似乎看出了陈诺儿的心事，递过来一个小锁，让她许个愿，锁在雪山上，愿望就可以实现。

陈诺儿发现，这个小自己三四岁的男孩很会照顾人，和他在一起，自己很容易笑，可能是被他的年轻和朝气所感染。

朱立峰虽然不是土生土长本地人，但讲起丽江和专业导游比较毫不逊色，丽江的风土人情，丽江的故事，云南八怪等等，他如数家珍，再加上偶尔被东北味的普通话演绎一下，陈诺儿听得是津津有味。

一天的时光很快就过去了，朱立峰送陈诺儿回酒店的时候，陈诺儿竟然有些不舍，她已经很久没有这样轻松愉快的感觉了，这种感觉真好。

末了，他们俩互留了 QQ 号，陈诺儿答应：如果他想去北京开店，可以帮忙找合适的地方。

三

从丽江到版纳，几天的旅程很快就结束了，回北京只用了三个多小时，来的时候足足飞了四个小时 。

正是 12 月初，下了飞机，立刻感到一阵寒意。一阵风卷着沙土刮过来，打在脸上有一点疼。陈诺儿下意识将上飞机前就已经准备好的棉服套在身上，把拉锁拉到头后又往上拉了拉。拖着行李，北京的冬天已经到了，想必今年一定是个寒冬。

到机场接的车子早已经等候多时，父亲陈国豪是北京京石集团的党委书记。京石集团是北京有名的大型国企，共产党是党管干部，长期从事党口工作，让父亲看上去和实际上都非常严肃，有很强的原则性，而长期作为官太太的母亲对自己的子女的要求也一直很高。

中学时期，母亲总拿同事在北京四中上学的孩子和她做比较，尽管陈诺儿当时就读的已经是市重点。

高考时，父母更是给她定下了清华的至高目标，她一直觉得压力很大。

最后，她被另一所重点大学录取后，父母就再也没提上清华的事。

陈诺儿反而没有念下去，闹着要重新参加高考。

她考取的专业是机械工程，一想到要成天对着那些方方框框的工程线路和电算式，就觉得实在没有意思。她理科成绩一直很好。可上大学是一件多么美好的事情，看着那些文科生成天在校园里念着徐志摩的诗，看着玛格丽特・米切尔的《飘》，轻松而快乐地过着大学生活，她就受不了，既然转不了系，她宁可长痛不如短痛，重新参加高考。

最终，父母扭不过她，也没同意她的要求，掩关系把她调到了另一所二类大学，选了一个金融专业。

大学转学，听起来简直是天方夜潭。

转学的时候，她已经读了一年的机械工程。因此，她的大学就读了五年。

虽然浪费了一年的时光，但陈诺儿觉得值。

她对后来的学校很满意，也是理科院校，女生少，像陈诺儿这样长相漂亮身材气质俱佳的女生就更成了稀罕物，很快，就有很多的追求者趋之若骛。

大学时，陈诺儿交过两个男朋友，最后都因为这样或那样的原因分手了。

两次分手，都是陈诺儿先提出，对方都极不情愿。

第一个，对她软磨硬泡，又送花又在教室外堵门口。第二个，一听要分手马上在她面前痛哭流涕承认错误，结果还是分了。

从机场回家的路上，母亲便开始安排一系列的家庭公关任务："明天先去姥姥那，把给她买的镯子送过去，诺诺你开车带我去。"

陈诺儿想着接下来有的忙了。

她们在云南买了很多翡翠玉石，镯子就不下十来个。没办法，亲戚都在北京，而且亲戚们出去玩或者从国外回来都给带礼物。

云南虽不比国外，但谁都知道那是个藏金纳玉之地，照顾不到谁都不行。

接着，母亲又开始为给两个小姨挑选礼物犯愁了："你说给你两个小姨玉佛还是镯子好呢？我觉得她们肯定喜欢那种浅色的贵妃镯。"

"恩，是吧。" 陈诺儿嘴上答应着，反正在她眼里，那些个玉石，不管是蓝的还是绿的，扁的还是圆的，飘花的还是一色的，都差不多，她对这些不感兴趣。

母亲似乎又想起什么，这时陈诺儿的手机响了起来，陈诺儿赶紧接电话，像抓到一根救命的稻草。

“回来了吗？”是她的好朋友于雪。

“刚下飞机，在高速上呢。”

“太好了，还怕你没回来呢。给你介绍一个人，35岁，是个华侨，美国身份，怎么样？见见吧。”

“相亲？太不靠谱了”。

“见见呗，成不成再说，就当认识个普通朋友嘛，条件挺不错的才想到介绍给你。”

“你还是自己留着吧。”

“你怎么这样啊？咳，跟你说实话吧，其实就是人家给我介绍的，他是我爸同事的孩子，一直在美国，可是我看了他照片了，各方面条件都不错，就是对我来说个子矮了点，但又觉得那么好的条件可惜了，所以才想起来介绍给你，你考虑考虑吧，晚上再给你电话。”

挂了于雪的电话，敏感的母亲立即嗅到什么似的问：“谁？给你介绍对象啊？”陈诺儿没回答母亲的问话，心里却有些犹豫。

母亲见她没反应很不高兴地说：“诺诺，你年纪不小了，又……”她想说又离过婚，不过看了一眼一直在旁沉默的陈国豪，就成了“又一直忙着进修，女孩家早晚要成家的。”刚才分玉的兴致已然全无。

陈诺儿看着车子外面，马路那边急弛的车子大都是奔向机场的，都是要去坐飞机离开北京的，甚至是离开中国。

要不要见呢？也许是个机会，离开北京，自己才能真正独立，真正自由，不必再受父母的呵护和约束。再有，她的几个表姐表妹不是在国外读书，就是嫁到了国外。每年回国的时候，总是向陈诺儿和她父母炫耀国外生活如何如何好。在陈诺儿的母亲看来，没有出国读过书，那就不算是受过国际化教育。当然，能有个外国公民身份是最好的了。所以，总是当着陈诺儿的面夸她的那些个表姐表妹如何有出息等等。时间久了，陈诺儿在这些表姐妹中间就觉得很自卑，也就认为只有移民才能显示出自己也不比她们差。再有，只有走得远远的，才能躲避来自父母的巨大压力，这可能也是为什么陈诺儿一直想移民的另一个原因。

车子从高速驶入五环，北京的路真是日新月异，自从五环修好了从她家到机场原来一个半小时的路现在半个小时就够了。

陈诺儿最终还是去见了魏东平，一个35岁的华侨。

四

一方面是因为母亲的支持；另一方面，那就是不能说出来的理由了。

虽然陈诺儿对魏东平很满意。但当于雪问她感觉怎么样时，她只淡淡地回答一句“还行吧。”

显然，魏东平对陈诺儿更满意，第二天就约陈诺儿出来吃必胜客。

终究是大几岁，也或是因为在美国呆了很长时间的过，受西方文化影响颇深。魏东平绝对是很 gentleman 的那种男人，从打车到吃饭，处处都透着成熟男人彬彬有礼的风度。陈诺儿甚至觉得他对自己有些过于周到了，但和以前那些追求者的大献殷勤又不同，陈诺儿没有多想，把这些归于年龄和环境的因素。

魏东平的到来又燃起了陈诺儿对生活的希望，她又开始逛商场、买衣服打扮自己了。魏东平什么都顺着他，他回国似乎就是为了找女朋友，天天陪着陈诺儿。陪她逛商场，买 CD、看电影。有一次，为了选一条可以配新靴子的短裙，他陪着陈诺儿转了大半天，试了十几个牌子。

最终，陈诺儿挑到了满意的裙子。她忍不住问魏东平，是不是经常陪女孩逛街，为什么会那么有耐心？

魏东平笑了笑“看你，想那么多，不是为了陪你吗？真是唯小人与女子难养也，你两样都占了，以后我可有的受了。”

“看不出来，在外面待那么长时间，还没忘孔老夫子训话？”

“那当然，我可不是只会看圣经。”他冲她做了个鬼脸，一点也不像 35 岁的人。

一个月后，陈诺儿带着魏东平见了自己的父母。在这之前，她已经见过魏东平的父母。

魏东平的父母不太喜欢陈诺儿，他们总觉得陈诺儿太漂亮了，衣着也过于前卫，他们本来是喜欢于雪那种文静稳重一点的人做儿媳妇，所以才托同事做媒，谁知最后阴差阳错，偏偏魏东平就喜欢上陈诺儿。

最后魏东平还是说服了父母，很快他们就搬到了一起。

对此，陈诺儿的母亲持反对态度，认为没结婚就住在一起总是不太好，尤其是对女方不好。父亲没有发表意见，但从他一直阴沉的脸色就能看出来。虽然女儿有过婚姻，可终究是女孩家，不能太随便。但看到陈诺儿又恢复了以前的活蹦乱跳，也就不再坚持。

魏东平也经常到家里拜访他们，对他们很有礼貌。最重要的，他并不在乎陈诺儿曾经有过婚姻经历。后来，魏东平和陈诺儿请于雪一家吃了一次饭，于雪父亲还笑说本来能当岳父的，现在成了叔叔，说得陈诺儿面上很不好意思，心里却美滋滋的。

魏东平在北京只待了三个月就回美国了，之后，他们就只能靠长途电话来互相倾诉思念之情。每天至少一通电话，每次至少一个小时。

这段时间，陈诺儿除了吃饭睡觉外，主要做的就是两件事：上班，等国际长途。

同事们都打趣说她最近坐班频率高了。

陈诺儿毕业后就直接来了这家证券公司，公司老板是父亲的铁关系，所以，她请假自然就很方便，上不上班从来没人管，有时候一个月就上个几天班。反正分给她的工作也不多，工资却不少拿，一个月好几千。

时间过得很快，十一国庆节，魏东平又回来一次，这次时间更短，走前完成了一件事——向陈诺儿求婚，并承诺春节回来的时候就结婚，把事办了。所以这次魏东平走，陈诺儿没有恋恋不舍，她盼望着春节能快点到来。

他们依旧用国际长途联络，虽然知道魏东平的父母不喜欢自己，陈诺儿还是会隔一段时间就去看望一次。魏东平的父母对她也很冷淡，一次，她和于雪一起去，魏东平的父母只顾着和于雪说话，把准儿媳妇晾在了一边。幸好魏东平的表弟也在场，不时找点话题。才没让陈诺儿觉得过于尴尬。

晚上魏东平打电话过来，她就道出心里的委屈，说着说着还忍不住哭了起来。魏东平劝了一个小时，最后表示以后让于雪少到家里去，陈诺儿这才多云转晴。

虽然魏东平对陈诺儿还是一如既往的好，每天一通电话一个也不少，但陈诺儿隐隐约约觉得魏东平好像有什么心事似的。最近几次通话，都是陈诺儿在说，有时问一句话电话那边半天没反映，像是在走神儿，又或根本就没有用心听电话，还有几次，正说着话就听见手机响，接着他便说有事匆匆把电话挂掉。

陈诺儿问他是不是身体不舒服或是有什么不好解决的事，魏东平很肯定地告诉她：都是工作上的事，碰到一点小麻烦，不过都解决了，让她不要瞎想。

魏东平在那边和一个中国人合开了一个中国菜馆，但日常不用他打理，一个月去两三次看看帐就可以，他说信得过合伙人，剩下的时间都是在银行做事。既然是工作上的事，陈诺儿就不再担心，她相信魏东平的能力，可以处理好。

经过了漫长的等待，春节步履蹒跚地到来了。陈诺儿内心充满了期待，魏东平马上就要回来了。魏东平在电话里说，他这次回来就是要完成他们的婚事，然后就带陈诺儿一起过去。魏东平回来了，陈诺儿去机场接他，在机场见到魏东平，陈诺儿觉得才几个月没见，他看起来沧桑了许多。她想，大概都是工作上的事，压力大，结婚以后她就可以和他一起过去，互相有个照应。

魏东平却不如想象的那么高兴，在一起的时候话很少。关于婚事，基本是顺着陈诺儿的意思。

一天，他们约好了要去选一些东西。早上，魏东平来接陈诺儿，陈诺儿看到魏东平的眼圈黑黑的，一看就是晚上没有休息好，买东西的时候又迟迟地犹豫不决。

终于，中午吃饭的时候，魏东平吐出一句让陈诺儿几乎吐血的话；“诺诺，对不起，我不能和你结婚。”

五

一听到这话，陈诺儿半天没有反映过来，一下子愣在那里。

“对不起，诺诺，都是我不好，可是，我没有办法。”

“没有办法，什么意思？”

“我在那边有一个女朋友，不过认识你的时候我们已经协议分手，可，昨天晚上我接到电话，她听说我要回国结婚就割脉自杀了，现在人还在医院里，已经度过危险期了，那边的一个朋友打电话告诉我的，我这几天要回去看看情况。”

“都是我不好，我真的很喜欢你，可是，和她毕竟七年的感情了。我还是不能放下，我已经买好了明天下午的飞机票，你，你能原谅我吗？”

陈诺儿呆住了，她根本不敢相信自己的耳朵。七年感情，割腕自杀，这不是电视剧里才有的情节，怎么现实生活中还有呢？

“你是一个好姑娘，相信能找到更好的。对不起，对不起。”不知道魏东平跟她说了多少个对不起，也不知道她那天是怎么回的家。她没有哭，回家也只是和父母说了一声，她不准备和魏东平结婚了，之后就把自己关在屋子里，一连几天没有出门。

第二天，魏东平果真买了飞机票飞回了美国。

之后，魏东平的表弟来过一次，魏东平怕她也做傻事让表弟过来看看。

“你告诉他，我和她那个女朋友不一样，不会为他自杀。”陈诺儿的表情冷漠而淡定。

越是这样，魏东平表弟也就越不放心，说出很多魏东平的过去。

原来，魏东平在美国的那个所谓的女朋友叫江丽鹃，是个有夫之妇，上海人。他们已经在一起很长时间了，魏东平也知道这样的地下情不可能有结果，所以才让父母拖人帮他在国内找女朋友。

事实上，魏东平刚到美国的时候，为了拿到绿卡，就和一位开饭馆的台湾女老板结了婚，台湾老板在美国已经很多年了，年纪大他很多，是美国公民身份。

魏东平拿到身份后，马上和台湾老板离了婚，再后来就认识了江丽鹃，江丽鹃也是为了拿身份才和现在的老公结了婚。

他俩一见如故，江丽鹃不敢和老公离婚，她老公在那边华人圈子里有些名气，对她也很好，她在那边没有生活来源，一切全靠老公了。所以他们一直都是地下情，谁知一好就是七年。

江丽鹃知道魏东平在国内有了新的女朋友后，曾经协议分手，可是她又忍不住，总是来找魏东平。直到魏东平告诉她要和陈诺儿结婚，她感到真要失去魏东平了。在魏东平走的第二个星期，她在家割脉，幸亏那天她老公下班回家比较早，及时发现。

魏东平回美国后，一直在医院陪着她。这时，她老公也知道了他俩的事，同意离婚。

陈诺儿没想到，魏东平竟和一个台湾老女人有过一段婚姻，和一个有夫之妇有着地下情，让她更加吃惊的还在后面。

魏东平不仅在国外结婚、离婚，出国前，在国内也有一个妻子。

出国的时候，他好几年没有音讯，也不和家里联系，国内妻子的娘家人到他家闹过好几次，不能离婚，不能改嫁，就因为找不到当事人。

最后，对方向法院提出了法律诉讼。实际上，魏东平回国办的第一件事，是和他国内的前妻办离婚手续，第二件事才是和陈诺儿见面。

听了这么多魏东平的事情，陈诺儿才发现，从一开始她就不认识魏东平，她对他的了解太少。

她问表弟，为什么这个时候告诉她这些事。表弟说，不管她相信与否，这些都是事实，现在知道，她就不会因为失去魏东平而过于难过。以前，是出于对魏东平的维护才隐瞒的。

表弟劝陈诺儿不要责怪魏东平，刚开始的时候，他本来是想和陈诺儿在一起，摆脱过去。魏东平的内心也挣扎了很长时间，最终还是没有告诉陈诺儿，他不敢说，是怕她接受不了，也怕她会因此而离开他。

魏东平没有想到，江丽鹃竟然用自杀的方式来让他回头，毕竟在一起 7 年，有了一定的感情基础，权衡再三，他还是决定回到江丽鹃身边。事情就是这样，表弟替魏东平做着毫无意义的解释。

陈诺儿知道事实的真相后，没有伤心，只有上当受骗的感觉。她这次彻底输了，从一开始，江丽鹃就知道她，而她根本就不知道江丽鹃的存在，所以注定了这个比赛她是输家。可是，她又犯什么错误了。一开始她就把和林鹏之间的事毫无隐瞒地告诉魏东平，而她对魏东平的过去却一无所知。

现在，魏东平大概早已飞回到江丽鹃的身边，想着两个人在美国双宿双栖的情景，陈诺儿就一阵揪心。

她觉得，上帝对她太不公平了，为什么这些事都让她一个人遇到。于雪来过一次，向她赔不是，说不知道魏东平有那样的过去，只是觉得和陈诺儿合适，而且又可以带她出国，所以才介绍给她，没有别的想法。陈诺儿心里也明白，她和于雪都那么多年的关系了，她还不至于故意欺骗她。只能怪自己遇人不淑了。

从一见到魏东平她就深深地扎了进去，没有给自己留一点后路，沉迷于他温柔体贴的幸福感中。对他的过去，她从来也没有问过，如果她当时问魏东平以前有没有交过女朋友，那魏东平会不告诉她吗？在国外待那么久，怎么可能总是一个人呢？但她万万也没有想到，魏东平的过去竟然那么复杂。而自己，无疑是这场感情游戏的受害者。

她不敢回家，也不愿意回家，一回家就要面对父亲那张沉闷的脸和母亲喋喋不休的唠叨，现在已经无心理会父母的暴怒。她一个人开着车，漫无目的，没有方向，不知道转了多少圈，最后停了下来，才发现，自己竟然不知不觉地开到了林鹏楼下，那个曾经居住了半年的“家”。

六

仔细想想，林鹏对自己真的很好，大学毕业不久就认识了，那时候她父母正在帮她办理留学手续。陈诺儿没有找正式工作，在父亲一个朋友开的金融公司里临时做事，父亲的朋友知道她干不长，看在父亲的面子上没给她安排太多的工作。

林鹏比陈诺儿大一岁，他们在一次公司聚会中认识，是公司一个合作单位的业务主管，有着很丰富的工作经验和专业知识。后来，她有什么不懂的都向他请教，他总能给出很好的答复，似乎没有什么能难倒他。陈诺儿就喜欢他这点，虽然人长的不帅，但很有安全感，知识渊博。

认识林鹏不到二个月，父母就给她办好了去澳大利亚的留学手续，也找好了学校。而在澳大利亚三个多月短暂的日子里，陈诺儿没有一天在学校里好好上课。在墨尔本，虽然也有很多中国留学生，但很多人都是一边学习一边打工。平时是没什么时间来往的。陈诺儿的房东是一个澳大利亚老太太，那个老太太只有收房租的时候才会来，从不过问她的私生活。

她每天晚上都睡不着，就给家里打电话，给林鹏打电话，她经常忍不住在电话里哭，母亲告诉她，如果实在睡不着就买点酒喝。就这样，三个月喝了整整一箱红酒，还学会了抽烟，直到现在烟瘾还很大。

她每天奔波于墨尔本中国人开的律师事物所，几乎每一个都去了。得到的结论是一致的，如果技术移民，她还差两分，林鹏则刚好够条件。林鹏是学计算机专业的，那边比较缺少这个专业的人才，可以加分。

了解到这个情况，她立即飞回北京，开始和林鹏一起办理移民。

她先是瞒着父母和林鹏去领了结婚证，他们要一起出去必须是“夫妻”的身份才可以，男女朋友当然不行。

母亲一直不同意她和林鹏在一起，认为家庭条件悬殊太大。林鹏的家庭条件很一般，父母都是普通工人。母亲希望她能找一个门当户对的，再有，他们认识时间还不到半年，为了移民才去领结婚证，父母当然不会同意。结婚证是偷偷领的，当然也就没有按照中国传统的婚姻礼数办事。这一切，都是为了移民。

技术移民，有一个必经的程序，雅思考试。

陈诺儿的英语水平没有问题，但林鹏是理科生，英语也只能达到大学四级的水平，要通过雅思考试还有许多困难。于是，陈诺儿掩人找了一个枪手，报名用的照片是用两个人的照片合成的，笔试很顺利，成绩也很好，面试的时候却被眼尖的签证官发现。结果，不仅移民手续没有办下来，还因为有做假的劣迹而遭受了封签令，五年内，不许再申请办理澳大利亚移民。

这对两人来说，是个不小的打击，林鹏倒无所谓，他本来在国内发展的趋势也很好，不一定非要到国外发展。陈诺儿却怎么也承受不了，她对这件事情的期望太高了，以为完全没有问题，结果却落得一败涂地。

以后的日子里，他们就开始了无休止的争吵。尤其是逢年过节，林鹏的家里，家门冷清，陈诺儿总把自己家里吃不完的东西拿到林鹏家。对此，陈诺儿很是不满，她觉得自己条件挺好，找个老公反而要自己家里倒贴。

随着吵架次数的逐渐增多，陈诺儿终于向林鹏提出，过不下去，离婚。这时，母亲又开始劝她，说林鹏其实也不错。在刚开始交往时，母亲是由于家庭原因而反对的，领了结婚证之后，母亲知道时已经生米煮成熟饭了，也就默然接受。现在，又要闹离婚。这事情要是传出去，父母的脸上更是挂不住了。

最后，他们还是离了，又是瞒着家里人偷偷领的离婚证。

就这样，结束了和林鹏短暂的婚姻。

这就是她和林鹏之间的事情，不过，不像有的夫妻离婚后就反目成仇了。他们一直像好朋友一样，遇到烦心的事情，总是第一个想到找林鹏倾诉。现在，竟然又不知不觉地把车开到林鹏楼下了。最终，她没有上去。她知道，林鹏新交的女朋友也在上面。她现在这个样子上去不是让人家看笑话。

她把车停靠在前面一家亮着灯的网吧，找到一个角落里坐下，打开 QQ。前阵子忙着和魏东平谈恋爱，单位又忙。好长时间没上 QQ。

一上线，一个头像连续蹦出来。

“嘿，怎么样？还记得我吗？

……

“在吗，什么时候还来丽江？”

……

“怎么不回啊，忘了你答应我的事了？

……

“我想去北京开店，能帮我看看有合适的地方吗？”

……

？？？？？？

陈诺儿一看，原来是在丽江给她剪头发的朱立峰。她答应过他，如果来北京开店可以帮他找合适的地方。看来，朱立峰还当真了。看 QQ 上的时间显示，是不同日期的留言。

朱立峰的头像是黑的，可能是不在线。她试着回了个信息：

不好意思，刚看到，最近太忙。

一会儿，对方头像就又蹦了出来。原来是在隐身。

这个晚上，陈诺儿在网上和朱立峰聊了整整一个晚上。

陈诺儿发现，这个小她三岁的男孩子心智要较自己成熟许多，尤其是会安慰人。他说的每句话都能说到她心坎里。不知不觉，她把一肚子的委屈都倒了出来。末了，还答应帮他在北京找适合的地方开美发店。

接下来，除了上班，陈诺儿把所有精力都放在了找地方开店上。她和朱立峰的协议是，她负责帮忙找合适的地方，不用投资，可得到店里 20% 的股份。

一个月后，朱立峰带着两个行李箱和他特有的阳光笑容站在了陈诺儿面前，并住进了陈诺儿替他找的一居室小屋里。陈诺儿托她高中同学给朱立峰找住处的时候，告诉同学是一位大学同学的弟弟要来北京发展，她帮忙张罗一下。

朱立峰和陈诺儿一起看了几家店面，最终，他们在一所大学附近盘了一家转让的美发店，地理位置好，挨着几所学校，东西都是现成的，不用现置。据说这店以前生意很好。老店主是外地人，孩子要到外地念大学，他们举家迁移了。

接下来的日子，她几乎把所有精力都放在了美发店上，有时候请个病假连班也不上了，全天在店里待着。因为需要添置一些新的产品和美发用具，朱立峰身上的钱除了交房租和雇人剩下的不多了。

为了让店尽快正常运转，陈诺儿也投入了一些资金，反正朱立峰只负责管理和技术方面，店里的财务都是她管。况且，她毕竟是本地人，好多地面上的事还需要她出面摆平，看起来，她更像老板。也有来的客人把她当老板娘。陈诺儿从小学、中学、高中、大学，走的都是父母安排好的常规路线，从没有自己打拼过，她觉得新鲜极了。而朱立峰虽然年纪比陈诺儿小，这方面是极有经验，再加上技术好，开张不到一个月，竟然有几万元的收入。除了支付大工、小工的工资和日常开销，还有几千元的盈余。这让陈诺儿很有成就感，更是充满了干劲。

有时候，晚了就要住在店里，朱立峰不同意，说不安全，就把自己租的住处让给她。这几个月忙着开店，虽然店面只有 60 多平，但由于是在黄金地段，需要跑的手续还不少，陈诺儿把魏东平这个人早就抛在脑后了。

不久，陈诺儿和朱立峰的关系又发生了质的变化。

七

陈诺儿从没想过会和小那么多的男孩发生什么关系，这一切，似乎是不可思议，又似乎是命里注定。一天，陈诺儿帮朱立峰找东西，从柜子里翻出了自己的照片，陈诺儿就明白了。照片一直被朱立峰藏在衣柜里，他一直不敢轻易表露。

朱立峰看到照片藏不住了，终于向陈诺儿表白，来北京开店不过是借口，他其实就是想找她。在丽江邂逅之后，他一直忘不了她。至于为什么，他自己也说不清楚，但就如他所说，这可能就是一见钟情的力量吧。

其实，在一起相处那么长时间，陈诺儿也能感觉到朱立峰对自己的感情和悉心照顾，什么事都不计较，早已超出了合作伙伴的关系。

美发店成了“夫妻店”，当然，这一切，陈诺儿是瞒着父母进行的。她清楚父母是绝不可能接受朱立峰的。他只是一个打工仔，没有文化，没有家庭，如果和林鹏来比较，除了比林鹏年轻，其他方面，还不及林鹏的一半。但是，和朱立峰在一起，她感到快乐而充实，也就顾不得许多了。于是，找了个借口，让同学帮着打了打掩护，说是为了离公司近些，在外面和同学合租，彻底从家里搬了出来，过起了自由自在的生活。

陈诺儿尚沉浸在创业的喜悦中不能自拔，一个麻烦却悄然临近，一切缘于朱立峰弟弟的到来。

朱立峰在佳木斯的弟弟来北京投靠他了了，弟弟初中毕业没有考上高中，不堪后妈的冷嘲热讽，投奔了朱立峰，并执意要在店里当学徒。

按照行规，学徒是只管吃喝不开工资。因为是朱立峰亲弟弟，陈诺儿每月给工人做工资时候，都会给他弟弟做上一份。

不想，弟弟玩心太重，把这点钱全耗在网吧打游戏、上网聊天交网友上。来北京没几个月，就交了个女朋友，钱不够就找朱立峰要。

看着玩心太重的弟弟，朱立峰提出，要支出一笔钱给弟弟报个学习班，学学电脑。他一直不想让弟弟和他一样干这行。他就是吃了没文化的亏，总想让弟弟混个文凭。

最后，学费搭进去几千，电脑也没学成。

为此，朱立峰和陈诺儿不止争吵过一次。几次争吵让陈诺儿对朱立峰有了新的认识，她发现了朱立峰的另一面，不再是那个悉心耐心，言听计从的朱立峰了。

最让陈诺儿无法忍受的是，朱立峰骂人的时候口无遮拦，满口脏字，陈诺儿听都没有听过的话，朱立峰都可以讲得出来。有几次，如果不是店员拉着，朱立峰甚至要动手打陈诺儿。

陈诺儿发现，相处下来，她和朱立峰根本就不是一个世界的人。朱立峰的世界她不了解，她的想法朱立峰不明白。在朱立峰的世界里，凡事只能靠自己去争取，为了生存，他必须要和来自方方面面的压力做斗争，有的斗争甚至是充满血腥。而对于养尊处优的陈诺儿来讲，朱立峰解决问题的方式和语言，是她从来都没有见过的。她之所以要瞒着家人出来开店，就是想向父母证明一下，不需要他们的资助，靠自己也完全可以在社会上独立。却从不曾想过，她要面对的，并不仅仅只是打理生意那么简单。

现实中有了磕磕绊绊，感情自然也受影响。有时候，朱立峰就自己一个人在店里住。陈诺儿看到他胳膊上不断有新的烟头烫痕，知道他是在用这种方式缓解情绪和发泄。

火山终究要爆发，河坝终究抵挡不住汹涌的洪水。还是因为弟弟的事情，这一次，朱立峰竟然动手打了陈诺儿，陈诺儿对他彻底绝望了。那天，弟弟找陈诺儿预支工资，这个月他已经是第三次向店里借钱了。陈诺儿知道他的钱根本没用到正道上，都耗在网吧上了。就说了弟弟几句，不想，朱立峰弟弟一赌气，拿了钱三天没回店里。这下可把朱立峰急坏了。他找遍了附近的几个网吧也没找到人。

陈诺儿生气地说："找什么找，他身上的钱不够他在外面撑几天的，等钱用光了自然就回来了。"不想，话音未落，一个烟灰缸就砸了过来，险些砸到陈诺儿的头。

"他是我亲弟弟，告诉你，他要是有个什么好歹，我让你吃不了兜着走。"朱立峰恶恨恨地说，憋了几个月的气终于发泄出来。

看陈诺儿不理他，只顾低头在那发短信，气更不打一处来，上来就要抓陈诺儿的手机。陈诺儿夺过手机，他竟然扯住陈诺儿的头发，把手机抢过来摔在地上。

店里的其他人都傻了，不知道该怎么劝架。

过了几天，朱立峰弟弟果真跑了回来，身上的钱用光了。朱立峰见弟弟回来，对陈诺儿态度缓和了很多，承认都是自己的错，不该动手打人。

从那开始，陈诺儿发现，朱立峰和以前完全判若两人。动不动就口吐脏字，说话很难听。也许，这才是他本来的真面目。

陈诺儿想过分手，这时，朱立峰开始威胁她。有几次，朱立峰声称要打电话到陈诺儿家里，告诉她父亲他俩的关系，于是，陈诺儿不敢再提分手的事。

陈诺儿的忍耐并没有换来朱立峰的温柔，反而是当得知陈诺儿害怕家人知道他俩的关系，朱立峰明白了，从一开始，陈诺儿就没打算让家里人接受他。他觉得，自己被欺骗了。

这让他变得更加粗暴，任凭陈诺儿如何解释，是想找一个合适的机会再和家人摊牌，朱立峰就是不信，认定了陈诺儿就只是和他玩玩。之后，对陈诺儿更是肆意辱骂，稍微有一点不顺心就骂上几句，又动了几次手。

陈诺儿决定离开朱立峰了，但是她一定要想一个好的办法。以她对朱立峰的了解，他是绝对不会轻易放手的。但她又不能让父母知道这些事，他们已经操了太多心了。

她说服父母，以换一个好的号码为由，把家里电话换掉。又把自己的在店里的股份全部给了朱立峰，以此为筹码让他放手。

朱立峰看陈诺儿是心意已决，觉得与其人财两空倒不如留下一个店，于是就答应了。不想，几个月后，他又后悔了。

原来，美发店遇到了拆迁，作为租户，合同也快到期。业主拿了拆迁补偿，要他们一个月内必须搬离，之前那个店主也是因为知道这些情况才急着把店铺转让。

这下，朱立峰又想到找陈诺儿帮忙，对陈诺儿是死缠烂打磨了一阵。不知道家在哪里，就到单位楼下等。

有两次，他直接闯进公司，让陈诺儿是哭笑不得。

陈诺儿把他拉到车里，想和他好好谈谈，不想，他又在车里动了粗，把陈诺儿的白色雪铁龙踹得全是脚印，这一次，又把陈诺儿新买的手机摔坏了。

陈诺儿实在没辙了，拨 110 报了警，警察的出面才让朱立峰有所收敛。

见来硬的不行，他又开始来软的，隔三岔五地总是给陈诺儿打骚扰电话，说离不开她，为了她可以付出全部。陈诺儿早已不为这样的甜言蜜语所动，为了躲避他，向公司申请出了几个月的差，朱立峰看到实在是无法挽回了，这才作罢。

就这样，和朱立峰结束了一场闹剧式的恋爱。

八

其实有时候，陈诺儿也觉得挺对不住朱立峰。他确实是为了自己，才放弃丽江那么悠闲又有一定基础的生活，大老远跑到北京城来打拼。现在又失去这份感情，在这里，他确实是没有什么可以依靠。一想到这些，她的心里就会很愧疚。

自己呢，认识朱立峰的时候，恰好是和魏东平分手比较空虚的时候。潜意识里，她压根儿就没认为能和朱立峰有什么结果，这也是她一直没有把朱立峰介绍给家人及朋友的原因。但和他在一起又感到无比的轻松和快乐，自己的贪婪和自私才让朱立峰陷得那么深，也给自己找了那么多的麻烦。

从这件事，陈诺儿得出一个结论。感情可以没有界限，但婚姻，门户还是相当的重要。她和朱立峰本就是两个世界的人，如果拿林鹏来比较，林鹏至少和自己还有相似的教育背景，朱立峰则是在完全不同的生存环境下生活的人，偶有交集，也只会越走越远。

自此，陈诺儿史无前例地认认真真工作了几个月。在她的字典里，女孩子的首要任务就是把自己打扮得漂亮点，找个有钱的好老公就 OK 了。对于工作，她从来都没有很认真地对待过。工作上的成绩换来公司领导的赞赏，她却没有因此而感到丝毫的喜悦。几个月后，她又申请回到北京。过惯大城市的生活，她受不了小城的平淡和冷清。

本想继续把精力投入到工作上，感情之事先放一放。不想，一个电话，却又唤醒她对爱的憧憬。就像平静的湖水中投入一颗小小的石子，荡起一波又一波涟漪。

那日，她正在忙碌的时候手机响起，她扫了一眼一看号码不认识，以为是哪位客户找他，用很职业的礼貌用语接起了电话。

电话那头，没有声音，只听到短促的呼吸声。

“您好，哪位。”陈诺儿又礼貌地追问到。

电话那边响起一个深沉的男声，几乎可以让陈诺儿窒息。

“是我，魏东平，你还好吗？”

魏东平略显沙哑的嗓音在电话那头响起。陈诺儿几乎不敢相信自己的耳朵。

“我回来了，能再给我一次机会吗？我知道我不好，如果你能原谅我，我们明天就去办手续。”

陈诺儿彻底呆住了，大脑一片空白。

魏东平不是回去照顾那位老情人了吗？他们不是感情很深厚了吗？那女人不是要离婚跟他吗？怎么又回来了？

对此，魏东平似乎不愿多说，只是告诉陈诺儿自己要回国发展，彻底放弃那边的事情了，餐馆也转出去了。此外，他还告诉陈诺儿，他和江丽鹃已经彻底断了。

陈诺儿只要知道这个就够了，对她来说，其他的都不重要。

重要的是，魏东平很坚决地表示，结婚，马上领证。

领结婚证颇费一番周折，魏东平是美国公民的身份，跨国婚姻需要美国驻华大使馆出具证明。陈诺儿的户口本上还是未婚，她要先把户口本上的婚姻状况改为已婚，再改为离异后才能和魏东平办理结婚手续。然而，没有什么能抵挡得住陈诺儿踏入跨国婚姻殿堂的步伐。

他们很迅速地筹备了婚礼，很多也都是现成的，上次准备婚事，婚纱照都已经照过了。婚礼办得很隆重，在一个五星级酒店摆的宴席。虽然两人都是再婚，但毕竟陈诺儿以前只是和林鹏领了结婚证，没有办过婚礼。再加上父亲也是有头有脸的人物，因此，婚礼还是要摆得很有排场。魏东平也没有让陈诺儿家里失望，出席婚礼的还有一些外国朋友，这让陈诺儿很有面子。

热闹的婚礼之后，取之而代的是平淡的生活。

魏东平是彻底要在国内发展了，但像他这样的情况，一般的公司他是不愿意屈尊，人家也请不起他。一段时间之后，陈诺儿感觉到有点不对劲儿。慢慢开始有一种感觉，她甚至搞不清楚，魏东平和她结婚，是冲着她，还是冲着父亲陈国豪。

自从结婚后，她几乎每周都要疲于应酬魏东平的同学。今天Jack，明天Hason，总是有同学请她吃饭。吃饭的时候，在饭桌上摆出一大堆的钢材原材料样品，让陈诺儿拿给父亲看。

父亲所在的京石集团虽是国内数一数二的钢材生产基地，但以陈诺儿对父亲陈国豪的了解，党委书记虽是党口一把手，但陈国豪主要是抓思想和人的工作，很少干涉业务范畴。如果要做，陈国豪早就做了，不会等到今天。

有一次，陈诺儿又被魏东平死拉硬拽地拖去赴约。饭后，几位同学又不知从哪弄了一些新型原料，一边比划着介绍这种材料的好处，一边要陈诺儿把这些材料拿给父亲看。

陈诺儿实在忍受不了，起身说道："你们跟我说有什么用，京石有自己固定的供应商，凭什么用这些原料？"

魏东平一把拉住她，冲她吼道："就凭你是陈国豪的女儿。"

那天，大家不欢而散。

之后的几天，深夜里，熟睡中的陈诺儿都会被魏东平推醒，若有所思地问："你说说，你爸到底是怎么想的？"

"想知道我爸怎么想的，你自己问去。"陈诺儿不耐烦地说，翻了翻身继续睡下。

魏东平似乎不愿意和岳父正面交谈，只想通过陈诺儿把事情促成。

这一切，陈国豪都看在眼里，只是，第一，他希望魏东平能自己对他说出来。第二，国企不同于民营企业，关系错综复杂，做什么事都急不来，自己能在这样的位置稳住近十年，主要归结于他做事的小心和谨慎。

前几任的书记，都是以下水为最终结局，最轰轰烈烈的就是上任书记，贪污受贿达几千万，搞得满城风雨，他之所以能在这个位置上一干这么长时间，也在于他为人的清廉。

钢材原料的事就这样慢慢拖黄了，从那以后，魏东平就从心里对陈诺儿父女渐生芥蒂。

见钢材的事情没有着落，魏东平干脆和几个哥们合伙开了个电脑公司，在中关村。

运转了几个月，又恰逢百年不遇的金融风暴席卷全球，公司业务进展也不是很顺利，几个合伙人在经济利益上渐渐有了隔阂，很快便分道扬镳了。

陈诺儿劝他先找个大公司稳定下来，魏东平面试了几家公司，朋友也给介绍了几个职位，但一般公司或是一般的职位，魏东平根本就看不上。

渐渐地，魏东平开始厌烦了国内的环境，觉得在国内生活压力太大，远没有美国那么悠游自在。至少在美国，他凭借美国公民的身份靠失业救济金也可以过得无忧无虑，丰衣足食。

与魏东平相比，陈诺儿在事业上倒是一帆风顺，前段时间做成了几个大单子，被公司提拔为部门主管，工作上较以前忙了许多，经常加班加点，魏东平却天天在家里无所事事。

很快，魏东平无法忍受这样的生活，向陈诺儿提出，要回美国。

九

起初，陈诺儿并不同意魏东平回美国。他很快说服了陈诺儿，并答应陈诺儿，回去继续经营自己的餐馆，稳定下来就把陈诺儿接过去。陈诺儿要等一年，美国有规定，像他们这样的婚姻，结婚一年后才可以过去定居，三年后，才能符合移民的条件。

“移民”，这对陈诺儿的诱惑太大了。这不是她一直梦想的吗？考虑再三，陈诺儿终于放走了魏东平。但很快，她就后悔了。

魏东平刚回美国的那段时间，还经常给她打电话。一个月后，电话渐渐变少。

陈诺儿没有魏东平的联系方式，她只能等着魏东平给她打电话。

对此，魏东平的解释是，他还没有找到固定的地方住，没有稳定下来。一次，在电话里，他们为了这件事而争吵起来，挂断电话后，魏东平就再也没有给陈诺儿打过电话。

想到魏东平第一个国内原配妻子的遭遇，就是这样，为魏东平守了几年的活寡，陈诺儿可不愿意重蹈覆辙。

她跑到魏东平父母家里询问，结果被告之，他们的这个儿子，自从出国，一直都是他和家里联系，没有人知道他的联系方式。

这下，陈诺儿急了。最后，又是魏东平的表弟向她透露了一些事情。

陈诺儿才知道，原来，魏东平之所以回国，是因为他供职的那家银行由于受金融危机的冲击倒闭了，他成了无业游民。

而他在美国的旧情人重新回到前任老公的身边，在那边是实在呆不下去了，他才想到回国，他所拥有的光环，仅仅是一个美国公民的身份而已。

陈诺儿没有埋怨魏东平的表弟，他能做的也只能如此。在陈诺儿和魏东平结婚前，他自然是不会告诉陈诺儿这些实情的，特别是魏东平的潦倒。他们本希望这段婚姻可以栓住魏东平，让他能做一些靠谱的事情。当时的情况，即使说了，陈诺儿也不一定能听得进去。

不行，要去美国找魏东平，挖地三尺也要找到他。

陈诺儿前后三次向美国大使馆提出签证申请，最后都因为她和魏东平的婚姻太短暂而被拒签。

她甚至想到找旅行社套团再脱团，也就是先报名参加旅游团，以游客的身份进入美国，再逃跑。

就在她四处托熟人找旅行社的时候，她收到美国某律师事务所的来信。魏东平在那边，起诉离婚，作为中国公民，她连申诉的权利都没有。

这下，陈诺儿彻底傻掉了，她完全没有想到魏东平会来这么一出。

她想不出理由，魏东平为什么会那么做。她想跑到美国把魏东平揪出来问个究竟。

如果那样做，她付出的会更多。

她没有想到，她的跨国婚姻是这么的短暂和不堪。而魏东平没有给她留下一分钱的财产，他们作为夫妻双方共同拥有的财产几乎为零。

魏东平就这样消失了，从陈诺儿的世界里消失了。没人知道他去了哪里，他的父母也不知道。

过了很久，魏东平的表弟告诉陈诺儿，因涉嫌参与一起金融诈骗案，魏东平在美国被警方拘捕了。

这一次，陈诺儿彻底崩溃了。

她开始迷恋上算命，白云观、八大处、雍和宫，五台山，能去的地方她都去了，求遍了京城很多算命先生，最后得出一个结论，她不能早婚，而且，她的名字取得不太好，影响她的婚姻线。她立即决定改名，不叫陈诺儿，叫陈欣儿了。

一天，改了名字的陈诺儿，也就是陈欣儿，极度无聊地开着车在五环上。她不知道她能去哪里，不知不觉，又把车子开到了林鹏的楼下。

她脑海里闪过一个人的名字：林鹏，她的前夫。

她结婚时通知他了，但他没有去，之后就很久没联系了，不知道他现在过得怎么样，想着想着她就拨通了林鹏家里的电话。

“你好，哪位。”是林鹏的声音，他说话有着特有的简洁。

“我现在在楼下，马上就上去。”陈欣儿只说了一句，然后就挂断了电话。

林鹏打开门，一边埋怨她总是搞突然袭击，一边让她了屋子。

“谁啊？”一个身材高大的女人从厨房一路小跑出来，她是林鹏现在的女朋友。看到女人满眼疑惑地看着她，陈诺儿心里竟然有点不是味。

“我心情不好，不想回家？”陈欣儿讪讪地说。这原本曾经是自己的“家”，现在想要留下来却必须要经过主人的同意。

林鹏看看屋内的女人，没有犹豫，让她收拾了一下东西带着她的狗离开。

很明显，那女人尽管心里是一百个不乐意，不过嘴上却没有说什么，乖乖地照着林鹏的话做了。

陈欣儿看到林鹏把女朋友赶走而留下她，心里觉得很是安慰。起码能证明一点，不管现在和林鹏是什么关系，至少自己在他心里还是有一定份量的。

林鹏现在的女朋友是个运动员，学历不高，他们是在网上认识的。无论从哪方面讲，她都没法和陈欣儿比，可就是爱林鹏爱的要死。

第一次见面就和林鹏上了床，之后就带着她的狗一起搬到林鹏的住处，直到陈欣儿来找林鹏。这些，林鹏以前都对陈欣儿说过。

和魏东平、朱立峰比起来，陈欣儿觉得还是林鹏对她好。

他现在已经有了新的女朋友，一旦他们结婚，那陈欣儿还能来去自如地往他家里跑吗？要是再有孩子，林鹏就更不能在自己需要的时候出现了。一想到这些，陈欣儿就觉得心里特别不舒服，潜意识里，她认为林鹏还是属于自己。

“我要复婚。”

这话从嘴里蹦出来连自己也吃了一惊，但她想看看林鹏的反应。

显然，林鹏也有些吃惊。

每次陈欣儿来找他几乎都是有不开心的事，他总是能始终如一地开导她。而这次她的要求确实有点出乎意料。

“诺诺。”他习惯这么叫她。“这次是跟朱立峰吵架了还是跟魏东平？有什么事情好好说，我们都已经不是小孩子了，再也不能像以前那样轻率了。”

陈欣儿一听魏东平三个字，终于忍不住，放声痛哭。这些天的委屈，苦恼，一股脑全都发泄了出来。林鹏则坐在一旁，静静地听她诉说。

听陈欣儿讲完她和魏东平的事，林鹏的反应十分平静。他安慰她，告诉她一切都会过去。并让她在自己家里住上一段时间，调节一下。

之后一段时间，陈欣儿就住在林鹏家里，林鹏依旧像以前那样照顾陈欣儿。

对于复婚的事，林鹏表示虽然他现在已经有女朋友了，但他并不爱她。如果她愿意，他可以和现在的女朋友分手，和陈欣儿复婚。只是有一个条件：复婚，就得好好过日子，不能像以前那样胡闹了。

三个人坐在一起，陈欣儿、林鹏和他的运动员女朋友，等着陈欣儿做决定。

十

陈欣儿突然觉得，三个人未来的生活，都在她的一念之间。

和林鹏复婚吗？陈诺儿问自己。平心而论，林鹏的未来发展会很好。三年的时间，他从一个小职员做到区域经理，月薪上万。属于标准的白领阶层，而且是社会短缺的技术性管理人才。

关键是，林鹏爱自己要比自己爱他多，对自己也好，如果这辈子就和林鹏生活在一起，虽不会大富大贵，但也总是衣食无忧，不过也就意味着自己就这样平平淡淡的过一辈子了。最终，陈欣儿还是没有和林鹏复婚，她不想回到以前的日子，那样的生活她过怕了。

不久以后，林鹏就和她的女友领了结婚证，办了婚事。后来，听说林鹏出钱给自己老婆办了个服装店，专门做外贸服装，生意还很火爆。

在陈欣儿情绪最低落的时候，她表姐回来了。表姐嫁了一个大自己二十岁的泰国珠宝商人，一直过着富太太的生活。她们又谈到在西尼上学的表妹，听说找了个男朋友，澳籍华人，俩人准备毕业后就结婚。表妹也就会顺理成章地取得那边的居住权了。这对陈欣儿来说又是一个不小的刺激，从小到大，不管从比外型还是比学习，表姐和表妹都不如她，偏偏她们都能嫁个好老公，她陈欣儿就命中注定感情路上这么坎坷。

陪表姐的这段日子里，陈欣儿发现，表姐除了花钱大手大脚，身边总有年轻的男子作陪。陈欣儿不好意思过问表姐的私生活，只好睁一只眼闭一只眼。

一天，她们逛街逛累了，表姐请她去酒吧。两杯鸡尾酒下肚，她和表姐各点了支薄荷香烟，表姐吐了口烟圈说道："男人嘛，就那么回事，你对感情太认真了。只要有钱，还怕没有好男人，你看那个怎么样，让他过来陪咱俩喝喝酒怎么样。"

"别逗了姐，怎么你还喜欢玩这个，太不靠谱了。"陈欣儿笑笑，顺着表姐的手势瞟了一眼，那熟悉的身影却让她大吃一惊。

那，不是朱立峰吗，头发染得也和鸡尾酒似的，穿着一条紧身裤，上身穿着一个全是黑色亮片的马夹，俨然一副酒吧小生的装扮。

旁边的侍者听到了表姐说的话，立即凑过来："美女，需要我把那位帅哥叫过来吗，他是我们这的大红人，新来的，才来三个月，找他的客人可多了呢。"

"好，就他了。"不等陈欣儿阻止，表姐话音已落。不一会儿，朱立峰被一位侍者带了过来。看到陈欣儿，朱立峰微微一怔，但很快便恢复了正常。他给陈欣儿和表姐各倒了一杯酒，紧接着就和表姐有说有笑，眼睛不时瞟向陈欣儿。

陈欣儿只顾自己一杯接着一杯喝，趁着表姐下舞池跳舞的空挡，逃也似地跑了出来。朱立峰也跟着跑了出来，他企图抓陈诺儿的手，陈诺儿觉得恶心，使劲挣脱了他。

"干嘛！别人想让我拉还要付费的，对你就免了。"朱立峰一副玩世不恭的样子。

"你……"陈欣儿想问他怎么沦落到这个地步了，话到嘴边，没说出口。

"你是想问我怎么混到这份上了吧，告诉你吧，这还得拜你所赐。我在这举目无亲的能干什么呢？只能靠卖卖青春吃饭了，现在也挺好，告诉你，干这行来钱快啊。你表姐看起来很有钱啊，做什么的？看来我今天把她陪好又有小费赚了。要不你跟她说声，让她对我大方点……”

原来，店铺被拆后，朱立峰把店里的东西变卖了 2 万元现金，又给弟弟找了一所技术学校。除了给弟弟交学费，剩下的只够交几个月的房租。

他来这里，本来是想应聘服务生的。一次偶然的机会，他发现，酒吧里一个特殊的职业很赚钱，那就是公关先生，主要工作就是为女性客人提供服务。

看着朱立峰的样子，陈欣儿大脑一片空白，只觉得胃里一阵阵犯恶心，刚才喝的酒一个劲往上涌。扭头冲门口跑了出去，她实在是需要呼吸点新鲜空气。朱立峰看她的样子，冷笑了两声就回去陪表姐去了。

陈欣儿倚着门口的柱子，把刚才吃的喝的东西吐得稀里哗啦。

从刚才朱立峰看她的眼神及说话的口气里，她能感觉到，朱立峰对她还是怀着深深的怨恨，她也没有想到朱立峰会因为自己变成现在这个样子。

给表姐挂了通电话，可能是里面太吵，表姐没有接。陈欣儿顾不得许多，挥手拦了台出租车，逃也似地奔了出去。

出租车内，电台播出这样一条新闻：

今冬，在昆明避寒的红嘴鸥陆续大量成群结队迁徙回途，一支雌性红嘴鸥没有和同伴一起离开。经过工作人员的观察，原来，这只雌性红嘴鸥的伴侣，在前不久因为误食了被污染的鱼而死去，雌性红嘴鸥在雄性红嘴鸥尸体旁守候了三天三夜，一直在雄性红嘴鸥的上空划圈徘徊，不时地发出几声哀鸣。

工作人员介绍：这只雌性红嘴鸥是准备常驻翠湖了，它在湖边的芦苇荡里又搭了一个新窝。每天，很多听说这件事的游客都会到湖边喂食，它已经适应了这种方式和昆明适宜的气候。

陈欣儿的思绪仿佛被这条消息带回了美丽的翠湖畔边，想起她和朱立峰第一次相遇的情景。车窗外，霓虹灯配合着天上的星星有节奏地一闪一闪的，陈欣儿脸上也闪着光，分不清是霓虹灯、星光的映射还是晶莹的泪花。

蝶　　舞

雍　桦

花丛中，蝴蝶扑闪着翅膀，飞来飞去，像顽皮的花衣少女在嬉戏。似乎早已忘记，那一段从幼虫蜕变成蝴蝶的痛苦经历。无数只幼虫，耗尽了生命也没能挣脱那一层层白色茧壳的束缚。然而，那是每一只舞动的蝴蝶必须经历的磨难，只有不停撞击，血液才能充满翅膀使其变得有力，这个过程，无法代替，才成就了蝴蝶带血的美丽……

一

“小蝶，你去销售部送三个订书器，十个笔记本，签合同要用。”朱博西夹着公文包，从外面走进办公室，经过顾小蝶的位子时，撇下这句话。

“送过去？”顾小蝶扭头看着他的背影，重复他刚才的指令。

“对，送过去，销售部那边客户多，忙不过来。”朱博西转过身，口气里满含不容置疑。

“哦。”顾小蝶放下手头的活儿，讪讪地拿起桌上的办公用品领用表。从抽屉里取出一串钥匙，打开摆满办公用品的铁皮柜子，把他刚才说的几样东西装到一个袋子里。销售部距离办公楼有一段距离，这一趟来回要二十分钟。

在公司，别的部门领用办公用品都要先到行政人事部登记，签字后，顾小蝶才会把东西拿出来。唯独销售部例外，好几回了，朱博西总是命令顾小蝶送过去。每次，接东西的都是范薇薇。

范薇薇总是笑眯眯地把东西接过来，听不到一个谢字，俨然一副理所应当。

自从成立了销售部，招聘了这些销售员，公司很多制度都为此发生了偏移和改变。什么原则，什么制度，只对男性销售员有约束作用。而女销售员们，脸上的 BB 霜没有涂匀之前，绝不在工作岗位上露面。尤其是范薇薇这样，在公司有靠山的，更没人敢管。

虽然每次对顾小蝶下这样的命令，朱博西都能找到一大堆理由，例如销售部是公司的生命线，行政人事部就是要做好服务工作之类。其实俩人都心知肚明，那不过是自欺欺人的说法，地球人都知道，他对销售部另眼相看，只是因为范薇薇。

“小顾，帮我和博西说一声，今天我不值夜班，让他下班等我一起走。”范薇薇这次没有像前几次一样拿了东西走人。

“你自己给他打电话说吧，我还有很多事要做。”顾小蝶冷冷地抛下这一句，转身离开。她猜，范薇薇那张画得很精致的脸上，一定很扭曲。在公司，没有人敢这么对她。

你俩搞办公室婚外恋，还要拉个垫背传小话的。

有人好意劝说，人在屋檐下，不得不低头，他现在是你的上司，你就应该顺着他，爱屋及乌。

做人还是应该有点原则吧，对违背道德的事情，不仅不能谄媚，也不能苟同。

顾小蝶决定，不管别人咋样，我顾小蝶凭本事吃饭，认真做好自己的工作就好，不会因为你范薇薇傍上了我的上司就对你趋炎附势。还给你传话，门都没有，再说了，姑奶奶也没挣那份工钱。

朱博西原本是通过顾小蝶的介绍才进入公司，现在却成了她的上司，不管这是他的幸运，还是她的悲哀，总之她现在受朱博西直管。她在公司的一言一行，都在他的管理范畴之中。关键是，那要命的月绩效考核表，直接影响到月奖金，每月顾小蝶的完成情况一栏，是由朱博西来填写。

那又怎么样，我顾小蝶的工作成绩，大家有目共睹。你还能因为我没帮你棒尖带话儿扣我绩效考核的分不成。

想到这里，顾小蝶挺直了腰杆，向办公楼走去。

二

来到华风，顾小蝶的初衷，是圆售楼小姐之梦。

三年前，毕业的那天，恍如昨日。

顾小蝶走出校门，抬头向天空望去，天气格外晴朗，飘着几丝薄云，周围弥漫着自由清新的空气，不由闭起眼睛深吸了一口气。刚刚参加完学院安排的最后一次集体活动——学位照，此刻的她，感到无比轻松。

下意识握了握手中那本刚刚拿到的红色毕业证书，大四后半个学期，她一直在一个机关下属的外文出版社实习。她所在系的毕业生，成绩好一点的，都被学校陆续推荐到了这个单位实习。近半年时间，不仅一分钱酬劳也没有，还要自己搭交通和午餐费。社里没有年轻人，实习期间，自从社长看了她翻译的一篇稿子，便有络绎不绝的翻译工作落在了她头上。

对一个尚未毕业的实习生委以如此重任，这一点，她始终感激涕零。但她也看到，有的人不用做事，晚来早走，和每天伏案工作的人拿一样的工资和奖金。久而久之，工作量大的人便牢骚满腹，滋生不满情绪。她还年轻，不想整天无所事事，也不想这么快就成为一个职场怨妇。所以，她毅然拒绝了社领导的挽留，选择了离开。临走时，社长那惋惜的眼神让她内心深处感到小小的内疚，但就那么一小点，很快就消失了。她明白，社长之所以会产生那样的神情，不是因为她的离开，而是因为少了一个既会翻译资料又不会和领导顶撞还不用社里发工资的人。

早在几年前，大学毕业生实行双向择业，不包分配。各大院校为了在招生期间显露优势，会和一些社会单位建立联系，象征性地推荐一些毕业生实习。但大部分用人单位在实习期间都还好，真正落户转正之路可谓路漫漫其休远兮。尤其是一些机关事业单位，不是靠努力工作可以转正的。顾小蝶认识一位学姐，为了解决城市户口，毕业后留在了实习单位，一年后才拿到了每月400元的临时工资。之后两年内一直参加单位的招考，中间还被关系户插了队，不久前才刚刚转正。

所以，在找工作这件事情上，同学们是八仙过海各显神通。有的还没出校门，父母就给安排好了就业单位，那叫拼爹。顾小蝶的父母也调动了周围的资源，为顾小蝶安排了一个清闲的机关单位。只要她在学校通过公务员资格考试，毕业后就能被接收。谁想，学校那个考试，顾小蝶压根就没报名。这下，气恼了父母，对她找工作的事情不再干涉。现在不像以前，毕业后被分到一个工厂，一干就是一辈子。虽然有了一定竞争，但选择是双向的，你可以选我，我也可以选你。就和找对象一样，互相看对了眼才行。

现在，顾小蝶只有一个目标——进军房地产。

实习期间，她就去过几个房地产公司应聘，但她的英语专业让很多人事部经理频频摇头。

“专业八级，恐怕用不上，房子是要卖给中国人的。”

他们越是这样说，顾小蝶就越不服气，凭什么英语专业就干不了房地产！

抱着这样的心态，顾小蝶毅然踏上了漫漫的求职征程。

报纸、网络、招聘会，她没有放弃任何一个机会。每天做着重复的事情，看招聘广告、投简历，等待通知，参加面试、复试。

自从看了一个关于售楼小姐的电视剧，顾小蝶就喜欢上了这个行业。电视剧里的售楼小姐足智多谋，为了多卖出一套房子和不同的客户周旋，应付自如，处处透着高级白领的范儿。

据说售楼小姐们的月薪高则上万，已经有二十多年工龄的父亲月工资只有一千多。如果一个月可以挣到父亲一年的工资，父母应该会对她刮目相看。

三

第一次面试，她兴奋不已，穿了一身平时很舍不得穿的套裙，那套裙子，几乎用光了她大学期间打工攒下的所有积蓄。出门前，还化了点淡妆，第一印象很重要。

虽然出门很早，但还是遇到了塞车，她比约定的时间晚到了 10 分钟。

走进公司，看到十几个人正在围着一个比台球桌略大的台子。一位工作人员看到她，示意她过去一起听。

顾小蝶轻轻走近，站在旁边，屏住呼吸。她的常识告诉自己，这应该是沙盘。每个房地产项目在销售的地方都会做一个这样的东东，销售人员通过它向客户做讲解。讲解的工作人员身穿笔挺的西装，周围都是应聘者。

偌大的沙盘，正中间竖立着一个建筑物，旁边，都是绿地。

电视里的沙盘应该是高楼林立密密麻麻的一片，这个沙盘看起来怎么那么奇怪。看来，项目一定是档次非常高的小区。不然，这么大块地方，怎么会只有一栋楼房？

“项目虽距离市区比较远，但升值潜力很大。再说，有山有水，偏离喧嚣闹市，更适合罔升的人居住。

罔升？

顾小蝶打开脑海中的搜索引擎，琢磨着这个词的意思。环顾四周，发现四周的白墙上，贴着一张张佛像画。画面上，观音、如来等佛祖，微睁着双眼，面目慈祥。整个画面散发出金色的光，映照在沙盘中间那座建筑上，格外耀眼。这时，顾小蝶才看清楚，那不是楼房，而是一座塔。

“800 元一个墓位，价格很划算。可以向亲戚朋友推荐。说得直白点儿，我们自己买一个留着或者给家里人都用得上。等以后有需要的时候，这个价位肯定买不下来。”工作人员耐心而专业。

顾小蝶恍然大悟，为什么偌大的空地只有一个建筑。原来，是安放骨灰盒的灵塔，周围，除了草地，就是墓位。

公司是房地产公司，只不过，是开发阴宅的房地产公司。他们开发的项目，不是让活人住的，而是墓地。现在招聘销售人员的工作任务就是——推销墓位。

800 元一个，价格合不合算顾小蝶不知道。她从来没有买过，不太了解行情。至于销售人员所说，不管什么人，早晚用得上，似乎听起来也有些道理。

一想到自己要拉着亲戚朋友说：“买块墓地吧，便宜，早晚用得上，就算现在不用，还可以留给家人。”顾小蝶后背就冒凉气儿。

讲解间歇的时候，她借口去卫生间，之后便逃也似地溜了出去。

第二次，顾小蝶，拿着面试通知单，找到了那座有名的写字楼。这是在一个大型招聘会上发布招聘广告的房地产公司，招聘会现场进行初试，合格的，就发一张复试通知单，很正规。

她小心翼翼地推开一个大玻璃门，门内，一个身材高挑，打扮时尚的女孩站在前台。

“您是来面试的吧。”女孩礼貌地冲她微笑。

女孩像一个杂志的封面女郎，在大街上很难遇到这么漂亮、时尚的女孩儿，看来都被这样的公司纳入旗下了。

顾小蝶被女孩带到一个会议室，填了一张应聘表，之后被带到人事总监办公室。

人事总监看上去不过二十七八的样子，留着板寸，很明显头发打过定型发蜡，很酷。一身笔挺的西装，打着领带，浑身散发出一股贵族气质。

顾小蝶暗自琢磨，这里倒像个影视公司，职员长得都像明星。人事总监像极了一个当红港星。如果能和他成为同事，那倒是一件很惬意的事。

就在顾小蝶胡思乱想的工夫儿，人事总监已经看完她的资料。

“不错，刚毕业，就有这么多兼职经历。”人事总监指的是履历一栏中顾小蝶丰富的兼职经历。大学期间，顾小蝶相继做过饭店服务员、商场促销员、展会志愿者等。看来，人事总监对这点还很满意，顾小蝶觉得精神一振。

“我想，应该先让你了解一下公司的业务情况．我们是一家港商投资的房地产公司，大家都知道，咱们中国人，视死贵如生，尤其是香港人，更讲究风水……”人事总监例行公事似的向她介绍公司的主营业务。

说到一半的时候，顾小蝶便明白这个公司也是在开发墓地。不过，这次她没有表现得过于震惊。一方面，有先前的经验，另一方面，面对这么帅气的人事总监，总不能太过失态，要淡定。

看着帅气的人事总监依旧滔滔不绝地向她介绍公司的业务，顾小蝶实在不忍心打断他，于是，干脆把他想象成那个明星，不时附和着点头。

介绍完毕，顾小蝶忍不住发问。

“你……你们……做这个……不……害怕？”顾小蝶小心翼翼地。

看着人事总监疑惑的表情，顾小蝶又接着说：“我没别的意思，只是，您不觉得开发住宅、或是商业更好一些吗？现在这个总觉得有点……”

顾小蝶实在找不到合适的词形容，人事总监倒是领会了她的意思，显然没有想到她会问这样的问题。

人事总监耸了耸肩，两手在胸前摊了一下，一副无所谓的样子。

“不管什么项目，赚钱就好，其他都无所谓，我现在就可以告诉你，这个项目很赚钱。”人事总监在讲这句话的时候，眼睛闪着自信的光，目光直视顾小蝶，看得她很不自在。

“哦，这样。”

“如果通过复试，三天后会通知你，如果没有通过，我们就不发通知了。”

“哦，好的。”

顾小蝶走出人事总监办公室，只觉得面试时间太短了，还不到 10 分钟。

离开公司的时候，顾小蝶瞥了一眼旁边的会议室，里面，还有好几个人在伏案填表。从进来到离开，公司里都十分安静，只能听到应聘者笔尖和纸摩擦发出的瑟瑟声。

三天后，顾小蝶接到录取通知，底薪 2000，不包括销售佣金和奖金。她委婉地回绝了，毕竟是第一份工作，不是鄙视这项工作，但在心理上确实难以接受。没能和人事总监成为同事，顾小蝶颇有些遗憾。

四

最终，顾小蝶来到华风，华风的招聘广告刊登在一家权威报纸的醒目位置，按照报纸上的地址，顾小蝶投了简历。在接到录用通知，确定是开发住宅项目之后，顾小蝶便毫不犹豫接受了公司抛出的橄榄枝。虽然面试经理告诉她，公司目前处于前期开发阶段，没有效益，所以工资并不高。那有什么关系，至少，是给活人盖房子的。先进去再说，将来有机会再转销售。

公司只有三个部门，经营部、财务部和她所在的这个部门——行政人事部。算上新来的顾小蝶，只有 7 个人，除了总经理和财务大姐，其余都是年轻人。

那时，朱博西还没有到公司，行政人事部的经理叫付官。虽然有一个很有意思的名字，但从来都是不苟言笑，不喜欢开玩笑。他在公司任职已经有几个年头了，据说，之前在集团待过一段时间，是集团派过来的。部门只有两个人，顾小蝶做好了充分的心理准备，小心伺候。为了避讳他的姓氏，顾小蝶一直叫他“领导”，而不是“付经理”。付官是一位性格十分温和的人，戴着一副金丝边眼镜，说话声音总是很小，小得每次顾小蝶都要竖起耳朵，贴得很近才能听清楚。有一次不知因为什么事生气，说话声音稍微大了一些，顾小蝶就没敢走近，只是竖起了耳朵，最终也没听清楚他到底在说什么。有时候，顾小蝶甚至怀疑，他根本就不会发脾气，就像一杯温吞吞的白开水。

行政人事部实际上是公司的后勤部门，除了接电话，定午餐之类的琐碎工作，顾小蝶完成的第一项任务是打印公司章程。一天，付官在出门前放到桌上一本“公司章程”，让顾小蝶打印。

论打字速度，顾小蝶自然是不在话下。在聊天室，她能同时和八个人聊。但打印公司章程多少还是让她有些抓狂，不是打字速度问题，而是排版非常麻烦。看着厚厚的一本“公司章程”，付官回来之前要把它完成，吃过午饭，顾小蝶便埋头在电脑前，噼里啪啦地打了起来。

屋内，梁总和几位员工已经如火如荼地“战斗”上了。他们在玩牌，从会议室不时传出争执的声音。中途，梁总秘书出来接水，除了用目光表示同情外，还低声告诉顾小蝶，她刚到公司时也打过这个，整整用了一天半的时间才打完。

“慢慢打，急了容易出错，我打错了好多字，还串行了。”梁总秘书丢下这句话，又急忙钻进了会议室，里边的人已经在喊她的名字。

看来，还真不能小看这本“公司章程”，这是新人必须经受的入门考验。

幸好，顾小蝶泡聊天室的时间没有白费，噼里啪啦一阵敲击，一串串文字便很有节奏地跃然屏幕。

快下班了，付官回来了。得知顾小蝶已经完成了他出门前布置的任务，起初，略微显得有些吃惊，很快，便恢复了他特有的儒雅，让顾小蝶将打印好的文件电子版拷贝给梁总。

第二天，顾小蝶被告之，她通过了入职测试，下个月便可以转正。

她打印的文件，不仅没有错别字，排版也很工整。

“您之前不是说试用期三个月？”顾小蝶提出疑问。

付官微微一笑，没有正面回答，反问：“网上就有电子版，为什么没有到网上下载，再说，我并没有让你中午加班弄。”

之后，付官又告诉顾小蝶，开始可能会觉得打印这个没什么用，打完就会知道。公司章程涉及公司很多方面，他天天在外面，就是为注册新公司跑手续，章程是必不可少的材料。而且，为了尽快完成工作，放弃了午休时间，这一点，也得到了认可。

五

之后，顾小蝶知道，她接手的是梁总秘书之前的工作。梁总秘书比她早几个月进入公司，是房地产专业的应届毕业生。顾小蝶来了之后，她就荣升为总经理秘书。梁总秘书不过二十出头，留着一副内抠边学生头，这使她看起来全身散发着浓厚的学生气息。顾小蝶在上班时间会涂些淡淡的口红，她却从不化妆，越发衬托出她干净透明的象牙白肤色，像一块未经雕琢的璞玉。她穿休闲帽衫，牛仔裤上班。梁总便经常奚落她：看人家小顾，和你一样，都是应届毕业生，人家就像个公司白领，你也不学着点，置办几身行头。

梁总秘书撇撇嘴，不说话，但这之后，她开始穿套装。每次中午打牌，她都会很不习惯地把套装的扣子解开，长长地吁气，说一句：这衣服真憋屈。

经过几天的接触，顾小蝶开始佩服梁总秘书，其他人向梁总汇报工作都是小心翼翼。梁总秘书在梁总面前却从不唯唯诺诺，身上没有一点应届毕业生的青涩，经常当着大家的面和梁总调侃。奇怪的是，无论她说什么，梁总从来不恼，每次只是眼皮向上一翻，或者嘿嘿坏笑几声。

梁总十分符合顾小蝶心目中开发商的形象，一米八的大块头，方方的脑袋，体重将近200斤，眼角下吊，说话的时候喜欢将眼皮向上翻。

不管怎样，顾小蝶转正了，这让她越发认真地对待工作。付官依旧在外面跑手续，顾小蝶也渐渐和公司的几个人熟络了起来，对公司的背景有了进一步的了解。

公司隶属华风投资集团，是集团下有开发权的子公司。集团上上下下差不多上百号人，下属几个子公司。作为项目开发前期，公司目前主要业务是跑项目前期手续，不需要太多人手。待项目审批下来，要进行大规模招聘。

一个中午，吃过饭，顾小蝶像往常一样，在前台坐着，拿出当天的精品。这时，梁总秘书从会议室探出脑袋，冲她摆手，示意她过去。原来，经营部的职员在外面跑手续没有回公司，三缺一。

“我不会玩一副牌的升级。”看到摊在桌上的一副牌，顾小蝶有些为难。

“双升，行，再拿一副，小顾会玩两副的，今天咱们就陪她玩双升。”梁总眼皮向上一翻，吐出一句。

梁总秘书立刻熟练地从旁边抽屉里抽出一副牌，和桌上的那副合在一起，一边洗牌，一边说：“新牌上手洗八遍，小顾，咱俩打对家，你可不要手软！尤其是对梁总，让着他就是侮辱他。”说罢，冲梁总抬一抬下巴：“是吧，梁总。”

梁总身子微微向旁倾斜了一下，眼皮又向上翻了翻，没有吱声。这时，坐在梁总对面的人接了一句：“出牌不必手软，输了也要钻桌子，不能耍赖。”

顾小蝶正在为不会玩一副牌的升级感到不好意思，听到他们这样说，忍不住“扑哧”笑出声：“好，一定钻。”

“什么一定钻！还没打怎么就知道是自己钻了！”梁总秘书似乎是在给自己打气。

对手是两个清华建筑系的高才生，她俩能赢才算怪事。顾小蝶心里这样想着，嘴上却没有说出来。两个大老爷们，总不会和两个女孩那么计较的。

事实证明，顾小蝶错了。

梁总和对家不仅一点没有谦让，赢了以后，更是欢呼雀跃吵着要看两人钻桌子。以为随便说说，还来真的了。顾小蝶看向梁总秘书。梁总秘书一脸无奈，把椅子横到一边：“催什么催，钻就钻。”只见她弯腰一错身，出溜一下，很熟练地从桌子一边钻到了另一边。梁总饶有兴致地看着她钻完桌子，又看向顾小蝶。顾小蝶意识到该轮到自己钻了，低头看了看身上的套裙。

“小顾今天穿的裙子，不方便。”梁总秘书看她一脸的尴尬，想替她解围。

“要不你替小顾钻？”说这话的时候，梁总又习惯性地向上翻了翻眼睛。

“对，小顾打得不错，都是你拖了后腿。”旁边有人不忘火上浇油。

“别，我自己来。”顾小蝶看俩人将矛头指向了梁总秘书，连忙说。

为了给顾小蝶提供方便，梁总和对家各向后退了退。

就这样，在三个人的注目礼下，顾小蝶双膝并拢，两只手各扯住裙子的一个角，向前方一拎，裹住双腿，顺势向下一蹲，十分麻利儿地完成了在公司的第一钻。

“小顾，以后你就习惯了，咱们公司的男同志，是不懂什么是绅士风度的。”梁总秘书一脸不屑。

“绅士，那也要看是对谁了。”梁总眯着眼睛，似乎十分享受看到她不高兴的样子。

“哼”梁总秘书从鼻子里哼出一声。

自始至终，和梁总打对家的人一直在旁边笑呵呵地看着梁总和梁总秘书。

从那天开始，顾小蝶才真正融入了公司。

六

经营部越来越忙了，一到中午，总有一个在外面回不来。顾小蝶就经常被拉到会议室凑手，顾小蝶认为，她那一钻还是很值得。

一次，梁总输了，有人想替他打圆场。说他个头太大，钻到桌子下面会把桌子撑坏。梁总却执意要钻，说自己不能搞特殊化。看着他一米八几，将近 200 斤的大块头在桌子下艰难地移动。顾小蝶在自己大腿上使劲拧了两把，才没笑出声来。

公司目前开发的地皮是一个国有工厂，地处高科技园区，极具升值潜力。这块地不是任何开发商都能拿到的，据说是集团老板出面才拿下来。经过几个月的奔波，项目手续终于批了下来。当然，这主要归功于梁总和经营部。为了庆祝，集团总部的领导要请客，犒劳公司的人。

那天，付官在外面办事，没有回来。顾小蝶的部门只有她一个人参加了庆功宴。在集团领导的面前，梁总一改往日的严肃，突然变得和蔼可亲起来，说话声音小了很多，说话的时候，眼皮也不再向上翻。

集团领导对公司近一段时间取得的成绩给予了赞扬，让大家今后工作中继续发扬。梁总立即表态：一定带领全公司的人好好干。

顾小蝶觉得很别扭，大家都很熟络，只有她，像个外人。特别是付官没到场，她似乎一下子没了主心骨，不知该怎么应付。

“公司又添新人了？” 有人注意到了顾小蝶。

梁总这才想起来把顾小蝶介绍给大家。这时，顾小蝶也觉得自己该敬酒了，其他几个部门的人都已经敬过了。

“我们领导不在，我先替他敬您一杯。”说罢端起眼前的酒杯，一饮而尽。

“怎么没看见小付？”集团领导转向梁总。

“去跑项目公司注册的事，在郊区，中午赶不回来了。”梁总低声解释。

“嗯，好同志。”

“您还不知道嘛，小付成天在外面跑手续，还有其他子公司的事。家里主要就靠小蝶了，能干。”这时候，一直没怎么发言的财务张大姐说话了。

“是，小顾刚来公司不久，平时，也很少跟着我们出去应酬，要是有什么不懂规矩的地方还请您多包涵。”梁总看了眼顾小蝶，满面含笑地冲着集团领导。

“好，不错，酒量放在一边，一看就有酒胆，以后就要招这样的人。”集团领导看到顾小蝶把杯中的酒喝了个干净，也端起眼前的酒杯，抿了一口。

“小顾，这就是你的不对了。”一位随同的集团工作人员半开玩笑半认真。

顾小蝶忙坐直了身子，本来就很大的眼睛瞪得溜圆，看着说话的人。

“你说你的领导今天没来，那你把梁总放哪了？他不是你的领导吗？”说话的人眯着眼睛，一本正经。

“哈”众人哄笑。

“梁——总，他，他是总经理，我级别太低，不归他直接领导。”顾小蝶试图为自己辩解。

“说错话就要罚酒。”旁边有人开始敲边鼓。

看着众人都笑呵呵地看着自己，顾小蝶“腾”一下站了起来。

“好吧，我自罚两杯。”说罢，又接连干了两杯。

看到顾小蝶一会儿工夫三杯酒下肚，却还面不改色心不跳。集团的几个人不再起哄，直说梁总挑人有眼光。

吃过饭后，在众人的簇拥和注目礼下，集团领导坐上豪华大奔离去。顾小蝶虽然感到头有些晕忽忽的，但还算清醒。之前从没喝过白酒，不想自己竟还有些量。

七

梁总秘书喝多了，期间，顾小蝶扶着她到卫生间吐了一次。回公司走路也是摇摇晃晃，顾小蝶想上去搀她一把，却被梁总一把推开。

“我来。”梁总显得特别兴奋。

“看人家小顾，喝酒多有策略，你就知道傻喝。”梁总一边小心翼翼地搀着她，一边埋怨。

顾小蝶一行人跟在后面。顾小蝶看到财务大姐撇了撇嘴，公司里，只有财务大姐敢正面顶撞梁总。好几次，不知因为什么事，听到财务大姐和梁总在财务室争吵。财务大姐是集团派下来的，注册会计师，说话很冲。

回到公司，梁总把秘书搀扶到自己的办公室，他的办公室内有一张黑色真皮沙发，亲自给她倒了一杯水，让她躺在沙发上休息。其他的人，也都回到自己的办公室。办公室内，一下子变得很安静，只有奇怪的空气在蔓延。

前台的电话响起，顾小蝶习惯性地接起电话：“你好，华风房地产。”

“小顾，上我屋里来一下。”梁总操着一贯命令的口吻，顾小蝶忙放下电话向总经理办公室跑去。

“梁总，什么事？”当顾小蝶推开总经理办公室的门，看到梁总正小心翼翼地把秘书从沙发上扶起来。

“丫头要去卫生间，你扶着她点，注意别摔着。”丫头是梁总对秘书的日常称呼。

“哦，好。”顾小蝶连忙扶住摇摇晃晃的梁总秘书。

“不用扶，我没喝多。”梁总秘书起身晃了晃。

顾小蝶扶着梁总秘书去了卫生间，梁总秘书把胃里所剩无几的东西全都吐了出来。一边吐，一边告诫顾小蝶，如果喝多了，吐出来就会舒服些。

之后，顾小蝶又把她送回梁总办公室。她重重往沙发上一躺，这一觉，不知要睡到什么时候了。顾小蝶也觉得头有些晕，回到前台，趴到桌子上迷瞪了一会儿，一直到下班，也没见梁总秘书从梁总办公室出来。

第二天，梁总秘书一上班就喊头疼，引来众人的一番奚落。

紧接着，又发生了一件事，梁总毫不掩饰对秘书的袒护。

梁总秘书和梁总一起外出办事，回公司时，梁总秘书气呼呼地走在前面，梁总紧随其后，身后，是几位大厦物业部的工作人员，表情凝重。

原来，刚刚在大厦入位停车，梁总秘书开车，被门口的保安拦住。大厦发的车证一直在办公室扔着，从来没往车上放过。以前的保安都认识，所以从来不拦。这是新来的保安，只认证不认人。梁总秘书和小保安说了半天，小保安就是不放行。梁总秘书一着急，踩了下油门，想吓唬吓唬小保安。没想到，小保安一下子躺到地上。梁总秘书踩油门的时候，没有松离合，车子只是往前挪了一下。所以，她认定没有撞到那个保安，是小保安想借机敲诈。

随同前来的大厦物业部工作人员其中一位是保安班长，看到梁总秘书不承认自己撞了人，冲到前面要和她理论。看他攥紧拳头向梁总秘书冲过来，梁总一下子挡在了前面。梁总秘书在梁总的后面大呼："我没有撞他，是他自己躺地上的。"最终，在梁总的协调下，小保安从财务室领了两百元现金，作为压惊费，事情就此平息。

梁总秘书来公司不过几个月，就可以让公司领导如此出面为她解围。正当顾小蝶沉浸在对梁总秘书的各种羡慕之中，接下来发生的事情却让人大跌眼镜，始料不及。

八

梁总秘书辞职了，她和经营部的一位职员同一天递交了辞呈。

经营部这位职员是公司出了名的慢半拍，做什么都慢一些，好几次重大的事情上都出现了失误。虽然梁总没有过于追究，但这位职员压力一直很大，觉得自己不适合这里的工作环境和节奏，最终提出了辞职。这位职员的离开，众人都相当理解。而梁总秘书的辞职，顾小蝶就怎么也看不明白了。专业对口，公司领导又对她如此优待，今后的发展一定会很好，为什么辞职呢？

"你俩商量好的？"顾小蝶认为梁总秘书和经营部职员是商量好的。

"什么？除了我还有人辞职？"梁总秘书反问。

她并不知道别人辞职的事情，她辞职，纯粹是个人原因。

个人原因？显然，梁总秘书并不愿意把自己辞职的真实原因告诉顾小蝶，顾小蝶也就不再追问。

梁总秘书辞职那天，梁总情绪十分低落。他在辞职书上签了字，梁总秘书拿着他签好字的辞职信，到财务结算了这个月的工资，把办公用品之类的东西交给了顾小蝶，之后就离开了。

付官私下告诫顾小蝶，以后要少说话，最好不要再提起这件事。

公司一天内走了两个人，一下子显得冷清起来。中午打牌凑不够手，梁总也很少回公司吃饭，即便回公司，也是让顾小蝶把饭直接送到他办公室。付官给顾小蝶布置了一项任务，在没有任何投入的前提下发布招聘广告，寻找合适的人员填补空缺。这一次，不招总经理秘书，只招一个经营部的工作人员，这是梁总的意思。公司以前在报纸上花费上万元做过招聘广告，这一次，招聘人数不多，不发广告。付官告诉顾小蝶，项目公司成立后，会大规模招聘工程和销售人员，那时，集团会统一发布招聘广告。

项目公司招聘销售员，也就是自己转行做销售的最佳时机，成为售楼小姐的梦想很快就要实现了。一想到这个，顾小蝶就充满了干劲儿。她在网上发布了招聘广告，这是她能想到即省钱又快捷的办法。

在顾小蝶的安排下，几位应聘者进行了面试，其中一个进入了试用期，但是，干了不到一个月就离开了。条件不好的公司看不上，条件太好的又看不上公司，这下可难坏了顾小蝶。

一个偶然的机会，顾小蝶遇到了一位初中同学。顾小蝶知道，同学以前在一个售楼处干过销售。以前的项目卖完了，售楼处也就散了。顾小蝶让同学把简历发过来，找机会给她安排面试。

第二天，同学发过来一份简历。简历上的照片不是同学本人，而是一个二十七八岁的小伙子。同学说这是她的一位朋友，更需要这份工作。

顾小蝶很快把“朋友”的简历递了上去，在她的安排下，“朋友”被梁总接见，聊了近二十分钟之后，梁总同意让他试试。

九

同学的“朋友”，就是朱博西，二十七岁，个子不高，浓眉大眼，圆圆的脑袋和眼睛，一副憨态可鞠的样子。出于对顾小蝶的感激，在干完自己的工作之余，还时常帮顾小蝶做一些事情。朱博西进入公司一段时间后，顾小蝶在以前收到的简历里发现了朱博西的。他曾经给公司投过简历，只是，一直都没有得到面试的机会。

朱博西显然比之前那位辞职的仁兄会做事。去市政部门报批手续，一个文件错了一个字，负责审批的人要把资料退回。他一口一个大姐，想方设法和办事的人套近乎，大姐竟然高抬贵手放了他一马。还向他传授经验：“小伙子，你刚开始干，你这差使是最苦的，房地产公司，干销售挣得多，干工程是甲方，策划部每天和广告公司谈广告，也是吆五呵六。只有你这个部门，天天跑政府口，又苦、又累，不仅没油水，还要看人家的脸色。”回到公司，朱博西当笑话讲给公司人听。梁总笑着说：“你小子挺有办法，把市政的大姐都拿下了。这要是放在以前那兄弟身上，八成老老实实地把材料拿回来重新改了。”从那以后，渐渐有更多重要的工作落在了朱博西身上。

随着项目公司成立，经营部的工作量越来越大，集团派来一名工作人员支援。据说，她以前在集团干过销售，项目卖完后，留在了集团的物业部。这次，是她自己主动提出来到这边，在集团卖了一年多的房子，就在三环边买了一套一百多平的大房子。

当过售楼小姐，一定是一位美女，一定要好好向她请教销售技巧。但当见到朱思菲本人的时候，顾小蝶才知道售楼小姐里也有实力派选手。

集团派过来的朱思菲，不仅不是美女，还是一位“重量级”选手。一米五五的身高，体重近 150 斤，头发短短，有些微卷，和那飘逸的名字完全不搭。幸好皮肤很好，白皙粉嫩。俗话说得好，一白遮百丑，虽然人很胖，整体看上去还算协调。

第一天上班，朱思菲穿了一身职业套装，带着一条珠宽足有 12MM 的珍珠项链。这条项链，如果带在顾小蝶脖子上，肯定会显得又粗又大。戴在她脖子上，却十分和谐。

在房地产销售界，朱思菲算得上一朵奇葩。房地产行业不养销售人员，她之前所在的项目，是集团一手开发的，房子卖完后，其他的销售人员都离开集团，她却在美女如云的销售部脱颖而出，最终进了集团总部。

朱博西和朱思菲的到来使公司恢复了以往的生机，中午的时候，又能凑够手打升级了。朱博西提议，钻桌子不过瘾，要动真格的，怎么个动法？输了请客。

“梁总爱吃梦龙，就赌梦龙吧。”朱博西这话一说出口，立即招来梁总“嘿嘿”的笑声。

经过一中午的战斗，结果不言而喻。顾小蝶和朱思菲输了。

梦龙是贵族冰激凌，一支五元。朱思菲没让顾小蝶出钱，说自己初来乍到，应该请客，除了打牌的几个人，给财务大姐也买了一支。

十

从此以后，一到中午，几个人就齐刷刷地到会议室报到。有了赌注，大家热情高涨。顾小蝶和朱思菲输的次数比较多，偶尔也会赢，赌注也从梦龙演变为水煮鱼。顾小蝶出牌很慢，经常为了出哪张牌犹豫不定，朱博西就编了一串顺口溜。

“你们知道吗？当今有四大难受。”看着大家都看着他，朱博西慢吞吞地。

“花轿没人抬，死了没人埋，钞票贬值快，你们说难受不难受？”

“你才说了三种，还差一种呢？”

“还有一种——”朱博西特意拖长了声音，“顾小蝶玩牌啊！”

“哈”——众人哄笑。

“讨厌，对 A。”顾小蝶正在纠结不知道该出哪张牌，听到朱博西这样说，抽出一对红桃 A。

“有大牌不舍得出，留着看画，是你的风格。”朱博西跟了两张小牌。

朱思菲在旁边“咯咯”地笑个不停，朱博西大呼：“思菲，你别笑了，再笑衣服上的扣子要崩开了。”不管朱博西说什么，朱思菲白胖的脸上始终面带微笑。众人将目光投向朱思菲，朱思菲笑得更厉害了。胸前的扣子随着她的笑声有节奏地颤抖，像跳跃的蝌蚪。

一次，顾小蝶和朱思菲破天荒赢了一顿水煮鱼，这是她俩第一次赢。埋单的时候，听服务员报完账单。朱思菲两只小眼眯成了一条缝：“什么？二百三十九？你再算算，把账单拿来让我看看。”不一会儿，服务员走过来，手里拿着打印好的账单。

“不好意思，刚才算错了，应该是二百三十六，刚刚多算了一套一次性餐具。”

“这还差不多。”朱思菲的眼睛略微睁开一些。

服务员拿着钱讪讪地走开，大家立即对朱思菲竖起大拇指。

“就三块钱的差都能算出来，简直是神算。”朱博西口气里满含佩服。

朱思菲嘟囔道：“好多餐馆都这样培训服务员，在账单上多加几元，客人结账时一般看不出来，一天下来，餐馆就多几百元净利润。”刚刚点菜的时候，她就已经心算过了，结账时，果真发现和服务员报的对不上。

“这算什么，以前在集团卖房子的时候，帮客人算面积，房价算得多了，从来没出过差错。”

朱思菲只有中专学历，年纪比顾小蝶小一岁，能在集团立足，看来果真有过人之处，这一件事，便让顾小蝶对她刮目相看。

从此，顾小蝶爱上了上班。每到周末就盼着周一的到来。每天上班就盼着中午，打牌，打赌，梦龙或是水煮鱼。

从朱思菲嘴里，顾小蝶知道了一个秘密，梁总秘书的辞职，是因为梁总的老婆。

原来，有一天，两人一起外出办事。开车的时候，梁总接了一个电话，口气十分温和。坐在副驾驶的梁总秘书便开玩笑：“一听就是你老婆。态度那么假。”梁总顺着她的话说了几句老婆如何如何之类的话。不想，电话没有挂好，两人的对话，电话那边的人听得一清二楚。

梁总的老婆比他小十几岁，是一个很漂亮的东北女人。第一次见她，顾小蝶心里就犯嘀咕，梁总的儿子一点都没遗传到母亲的基因，像极了梁总。后来才知道，她不是梁总的结发妻子。她嫁给梁总时，梁总的儿子已经 9 岁了。

自那次无意中听到梁总和秘书的对话，她就认定了梁总秘书在勾引自己的老公。不知从哪里弄到了梁总秘书家里的电话，一连几天，夜里 12 点给她家里打电话，放狠话：“你勾引我老公，我要杀掉你全家。”把梁总秘书家里搞得鸡犬不宁。梁总对这位小媳妇的行径似乎毫无办法，在父母的重压之下，不得已，梁总秘书决定辞职。

“梁总秘书走的时候你还没来？你怎么知道？”当朱思菲把事情的经过告诉顾小蝶，顾小蝶张大嘴巴问。面对顾小蝶的疑问，朱思菲笑而不答，眼睛又眯成了一条缝。

十一

随着项目开工日期的临近，梁总往项目公司跑得越来越勤了。公司在距离项目工地 200 米的地方，盖了一个两层的小楼，作为项目公司的办公地址，附近还盖了一个售楼处，房子卖完后，就充当小区的会所。新公司什么都好，就是交通不太方便，为方便员工上下班，公司要购置班车，早晚接送员工上下班，平时做看房班车使用。

正当公司大张旗鼓地招聘新人，一个重要的人事变动让顾小蝶猝不及防。付官要离开行政人事部，到经营部当经理助理。这让顾小蝶很是不解，一个部门经理要给另一个部门经理当助理，新公司成立，对多数人来说意味着更多的机会，他为什么要向公司提出这样的要求？付官是集团派过来的，他和朱思菲十分熟络，顾小蝶经常见到他俩私下嘀咕一些集团的事情。可这次，神通广大的朱思菲也搞不清楚了。

面对顾小蝶的疑问，付官轻声说：“我在这个部门待得太久了，都是干一些琐碎的事务性工作，到那边可以接触点公司的主流业务，也算是学习。”

付官的调动让顾小蝶彻底打消了当销售员的念头，如果一个部门两个人同时调动，工作会失去延续性。再说，如果进了销售队伍，就意味着进了游击队，将来便是打一枪，换一个地方。重要的是，顾小蝶发现自己越来越喜欢现在的工作了，她觉得自己越来越重要，不仅能发挥个人价值，无论多忙，她都能忙而不乱把事情处理得井井有条，很有成就感。

几天后，付官的办公桌挪到了经营部，由于他资历老，待遇没有降低。顾小蝶也升为部门主管，公司招了一个更年轻的小姑娘做前台。朱博西接替了行政人事部经理的位子，这是公司领导的意思，认为他的性格在行政人事部更合适。就这样，朱博西成为顾小蝶的顶头上司。

梁总换了一个进口宝马，之前用的自动挡捷达扔给了朱博西。

“一辆车一百多万？有这个必要吗？”听到宝马的价格，顾小蝶不禁咋舌。

“你懂什么，公司总经理的座骑可是门面，体现公司的实力。”

顾小蝶想想也有道理，如果总经理开个破捷达，那看房的客户八成会认为公司没有实力，搞不好房子盖到一半就没有资金成了烂尾楼，哪有客户敢出手下单。

朱博西和顾小蝶在工作上的配合还算默契，比起付官，朱博西的性格更加开朗外向。爱开玩笑的他，把上上下下的关系处理得十分融洽。再加上顾小蝶高效的工作作风，行政人事部在公司赢得了良好的口碑。一提起这个部门，众人都直竖大拇指。

在紧锣密鼓地开展招聘工作之余，朱博西开始每天开着捷达在外面询价，主要是跑家具厂，比较价格，新公司要添置大量的办公桌椅。顾小蝶，还像以往一样，留在公司负责内务工作。

一天，顾小蝶和朱博西一起到新办公楼为采购办公设备做准备。朱博西已经把二楼的总经理办公室和接待室布置好了，一层办公区的东西还没有采购。在新办公楼前，朱博西突然踩了刹车。

“怎么了？”

“等一会儿，没看见大老板的车吗？”

顾小蝶定睛一看，一辆黑色的奥迪 A8 正缓缓向外驶出，后面，跟着集团领导的豪华大奔。

“啊，集团领导来视察了？”

“应该是大老板来了。”

“大老板？集团领导不就是大老板吗？”顾小蝶回头看看两辆高档轿车。集团领导的奔驰是白色的，前面的奥迪车窗玻璃很黑，从外面看不到里面的人。

“别问那么多了。”把车子停好，朱博西连忙下车，一溜小跑向梁总跑过去。梁总和几位新来的副总还站在平台上，向着奥迪和奔驰离去的方向行着注目礼。

十二

新办公楼装修得十分豪华，除了采购新的办公用品，朱博西和顾小蝶一直忙着接待应聘的人员，每天都有许多俊男美女来到公司面试。顾小蝶将所有的简历进行分类，交给朱博西，然后，再分别安排面试。

在前来应聘销售员美女如云的队伍中，有一位非常漂亮的女孩，叫范薇薇。望着范薇薇的背影，顾小蝶不由感叹：“美女！这才是售楼小姐。”

朱博西看了范薇薇一眼，流露出不懈的神情：“什么审美眼光，没见过美女。”

朱思菲则眯着眼睛用过来人的口气表示：“销售人员只靠外表不行，关键要看销售技巧。”

新入职的销售人员被安排参加拓展培训，朱博西和顾小蝶要赶在销售人员到位之前把所有的办公用品配备好。为了方便大家吃饭，办公楼后面盖了一个小食堂，公司请了一对夫妇做员工午餐，夫妇俩满口东北腔，据说是梁总爱人老家的亲戚。朱博西告诉顾小蝶，无论饭做得怎么样，都不要乱讲话，有事私下商量。

销售员们培训回来了，项目要开盘了。开盘前，黑色奥迪又来了一次，依旧很神秘。董事长，梁总以及集团的几位重量级人物在会议室研究了很久。这一次，朱博西也没能参加会议。期间，顾小蝶进去送茶水，梁总亲自把放有水杯的盘子接过去，顾小蝶用余光扫到，梁总小心翼翼地把第一杯水送到坐在中间的人眼前。那位客人只顾着和董事长说话，连头都没抬一下。

顾小蝶听朱博西说，大老板是一位级别很高的政府领导，也是公司一直以来的幕后支柱，集团就是因为一直有他做后盾，才能一直很顺利地拿到很多黄金地段的开发权。

朱思菲也去了销售部，不是做销售，而是被分到了客服中心，负责售后服务。虽然客服人员也有佣金，和销售人员比起来却差很多。朱思菲显然对这个安排不是十分满意，但她并没有表现出来。项目的目标客户群是高科技园区的白领，招聘的销售人员都是清一色外表时尚靓丽的帅哥美女。她离这个条件显然有一些距离。她和销售员们一起参加了拓展训练，拓展中，有一项是要每个人站在一个很高的台子上，背朝下下摔，下面的人毫无防护，手拉手，织成人网，接着从上面摔下来的人。朱思菲站在上面，足足僵持了20分钟，任凭下面的人怎么喊，就是不敢下摔。她害怕自己太重了，摔下去，接不到就惨了。最后，销售总监做通了她的工作，摔下去后，大家安全地接住了她。

朱博西往销售部跑得越来越勤了，他要和销售部的负责人一起为销售员选工服。朱博西对销售部提出的要求一路开绿灯，不仅自己服务周到，还经常指派顾小蝶给销售部送这送那，对此，他这样解释：咱们的年终奖，全靠这些销售员的业绩，我们是行政部门，主要是做好服务。可是，对其他部门，他又要求：要按制度办事，公司是有制度的，任何人也不能搞特殊化。他的话让顾小蝶越发糊涂了，到底是该按章办事，还是该提供人性化服务。总之，他怎么指挥，顾小蝶就怎么做，无论是顺理成章，还是自相矛盾。直到后来，顾小蝶才发现了其中的奥妙，原来，朱博西是醉翁之意不在酒。他所谓的人性化服务，是要见人才下的菜碟。

十三

为销售员置办了工装之后，朱博西又开始张罗着租房的事情。销售员大都是外地人，要在项目附近的小区租房。周末，朱博西开着捷达帮范薇薇搬家。一上班，立即被大家取笑，说他成了搬家公司的搬运工。他则一本正经地搬出他那条惯用的理由：“我们部门就是要为各部门服务，销售部是公司的重要部门，公司的生存就靠她们。”

虽然朱博西隐藏得很深，但没有不透风的墙。要想人不知，除非己莫为，这句话在他身上得到了充分的印证。自那次搬完家不久，朱博西就在范薇薇租住的房子里过夜了。这八卦新闻，顾小蝶当然是从朱思菲的嘴里得知的，朱思菲对销售部发生的事情了如指掌。很快，这消息便像风一样吹到了公司的各个角落，成为大家私下里悄悄议论的话题。

范薇薇和另一位销售员合租的房子并不大，一室一厅。卧室里只能摆放两张床和一个衣柜，厅里有一个沙发和茶几。和范薇薇住在一起的销售员透露，有一天，朱博西玩到很晚，之后便睡在了客厅的沙发上。半夜，销售员睡着之后，朱博西就跑到了范薇薇床上，两人就在那一张单薄的单人床上毫无顾忌地一番折腾。两张床间隔很近，销售员被旁边床上发出的声音吵醒之后就睡不着了，又不好意思起身制止。第二天一早，她起床前，朱博西又跑回沙发上，销售员就装作什么都没听见。第二天，销售员便向朱思菲抱怨，朱博西和范薇薇在床上弄出的声音很大，丝毫没有考虑另外一张床上的人，销售员大呼受刺激，一晚上都没睡好。

所有的疑问迎刃而解，顾小蝶终于明白为什么朱博西那么爱去销售部了。

从那以后，顾小蝶一见到朱博西就总是想起销售员讲的事。特别是当朱博西一本正经地向她指派工作时，顾小蝶就觉得恶心。朱博西之前提过，他经过长达七年的马拉松式恋爱才修成正果，但他却始终没有透露过老婆的姓名，也从不带老婆参加过公司聚会。在认识范薇薇之后，就再也没提过老婆的事。不过，这毕竟是朱博西的私事，和自己没太大关系，朱博西不过是借用工作之便为自己创造了一些接近范薇薇的机会。只要不影响工作，别人也不好干涉。所以，在朱博西面前，顾小蝶并没有显露自己知道这些，她不想多生事端。

公司搬家之后，顾小蝶面临一个现实的问题。她家离新公司很远，每天要换乘四路公交车，再打一个摩的才能到公司。所以，和很多员工一样，她最盼望的，就是公司的班车快点到位。一个月后，班车在众人的期盼中终于到位了。两辆大金龙，车身被两只扑扇着大翅膀的彩色蝴蝶图案铺满。

蝴蝶，这是专业的设计公司为项目设计的主打图案。

蝴蝶的美丽，来源于它破茧而出的过程。从一只丑陋的幼虫，变成一只拥有一双美丽翅膀的蝴蝶在空中飞舞，蝴蝶经历的磨难，是人们无法想象的。

英国，有一种稀有品种，蝶衣是蓝色的，异常美丽。它不仅要经受普通蝴蝶所要经受的一切，还要善于在红蚁窝中伪装，靠着红蚁卵的营养支持到自己破茧而出的那一天。应该说，和普通蝴蝶相比，在美丽的外表下，又多了几分狡黠。这就是大自然优胜劣汰，适者生存的法则。

公司班车上用的图案，就是这种蝴蝶。每一只舞动的蝴蝶，都是蝴蝶幼虫中的佼佼者。

项目的定位客户群是高科技园区的白领，大都是靠自己的努力和奋斗取得成绩的。所以，策划部在几经斟酌后，最终定了蝴蝶的设计方案。

十四

两辆大金龙，一辆主要用来接送上下班的员工，一辆主要用来做看房班车。在环路上穿梭来往的车辆中，显得格外惹眼。顾小蝶不用再换乘四趟公交车了，只需要倒一趟公交车就可以到班车经过的站点了。为了让她坐班车方便，朱博西在设置班车停靠站点时，特意设了这一站。所以，顾小蝶认为，不管在生活方面怎么样，工作方面，朱博西还是很照顾自己的。

班车司机是朱博西的哥们儿，和朱博西有十多年的交情，他认识朱博西的老婆，但却守口如瓶。

快到年底了，公司要召开年终工作会议，朱博西带着班车司机到远郊的一个度假村去踩点考察。那天，正好范薇薇休息，朱博西就把她带上了。

一路上，朱博西和范薇薇坐在后排座位上亲热，搂搂抱抱。晚上，开了两间房，朱博西没有和司机住一个屋，而是住到了范薇薇的房间。

司机回来之后，开始为朱博西的老婆打抱不平，他了解朱博西和老婆之间的一切，在朱博西最困难的时候，老婆都没有离开他。现在刚混出点样，就开始朝三暮四。

直到有一天，同学在网上找到顾小蝶，向她询问朱博西在公司的事情。顾小蝶才知道，同学就是朱博西相恋七年后才领结婚证的老婆。两人在高中的时候就认识，大学毕业后，朱博西玩过期货，曾经挥金如土，每天住五星级酒店。但后来，期货全线崩溃，一夜之间，他把所有家底都赔了进去，还落下一身的外债。前几年，朱博西一直在外地。在他最贫困潦倒的时候，同学始终在他身边。他从外地回来，到了很多公司面试都无果。同学又张罗着帮他找工作。同学之前没有向顾小蝶吐露实情，是因为怕朱博西被认为是靠老婆才找到工作。自从公司搬了家，同学就觉得朱博西越来越不对劲。无奈之下，只能向顾小蝶求援。面对同学，顾小蝶不知道该说些什么，答应帮她留意朱博西的动向。

纸里终究包不住火，不知同学是怎么知道的。总之，同学找到范薇薇的住处，而且是在一个大清早，朱博西也在。看到赤着上身的朱博西，同学什么都没说，提出离婚。这件事惊动了朱博西的家人，朱博西的母亲十分生气，她十分满意现在的这个儿媳妇。朱博西在外地期间，全靠这个儿媳妇的照顾。朱博西的母亲把朱博西臭骂一顿，她很不喜欢范薇薇，表示：即使朱博西愿意，家里永远不会承认范薇薇儿媳妇的身份。

朱博西十分气愤地找到顾小蝶，向她质问。

顾小蝶没有过多解释，她告诉朱博西，同学确实向她询问此事，她没有说什么，是因为不了解情况，如果了解，也会如实相告。顾小蝶的态度让朱博西哭笑不得，不过，他已经无暇顾及到底是谁告的密了，因为，范薇薇怀孕了。

十五

范薇薇和朱博西前女友完全不同，和朱博西交往还不到一个月，已经缠着朱博西给她买了一块名表，一条白金项链。两样东西花掉朱博西三个月的工资。朱博西也渐渐意识到这一点，但后悔已经来不及了。和范薇薇比起来，以前的老婆温柔体贴又会过日子。朱博西曾经试图挽回，可是，没有得到原谅。况且，范薇薇也不是那种可以轻易打发掉的人。

和范薇薇在一起，唯一让朱博西感到欣慰的是，每次带她出去见朋友，朋友都会对范薇薇的外表大加夸赞一番，说朱博西交了一个漂亮的女朋友，让朱博西脸上很有面子。

和老婆分手后，朱博西就慢慢公开了和范薇薇的关系，不再遮遮掩掩。朱博西做通了范薇薇的工作，到医院打掉了孩子。如果他俩这时候结婚，就必须有一位离开公司，公司有明文规定，公司内部职工谈恋爱，结婚后必须离开一个。以前是暗渡陈仓，公司领导可以睁一只眼闭一只眼，可如今，事情被抬到桌面，再演变成实打实的，那不是明摆着挑战公司制度的底限。项目正卖得如火如荼，两人自然谁也不愿意离开。最终，范薇薇接受了朱博西的建议。

公司的中层管理者和销售部工作人员公开谈恋爱，这无疑在公司树立了一个标杆。很快，销售部的销售员内部也速成了几对。

梁总对这一切仿佛视若不见，表面上，对这些事不做任何表态。但在几次公司办公会议上，他要求销售部拿出方案，整顿队伍。

范薇薇虽然长得漂亮，销售业绩却一直不好。销售部在研讨实行“末位淘汰制”。每个月，按销售员的销售业绩进行排名，排在最后一名的被淘汰，以此激励销售员的业务能力。

虽然这个措施没有正式出台，但销售部人人可危。为了能卖出更多的房子，销售员们使出浑身解数。有的销售员给客户打电话，谎称自己得到公司奖励的特价房，仅此一套。客户一听便抱着现金慌慌张张地跑来，恐怕被别人抢了去。

范薇薇在这方面显然是束手无策，除了对客户报以美丽的微笑，业务上也不精通，客户的问题，经常解答不了。其他销售员使用套客户的办法，一到她手里就不灵，经常就被客户问得漏洞百出。

这样一来，周末的时候，朱博西就经常主动到销售部坐班，帮助范薇薇卖房子。在他的帮助下，范薇薇竟然还签了几单。

十六

一次销售部聚会上，有细心的销售员发现范薇薇和酒吧服务生很熟，在问过服务生之后，销售员获得了一个可靠的消息：范薇薇曾在夜店做过驻店歌手。说得好听一些是驻店歌手，除了唱歌，还要陪客户喝酒，说白了就是坐台小姐。

顾小蝶渐渐地对范薇薇的做法抱以理解，别看这些销售员每个月工资奖金多则上万，其实她们也很不容易，从外地漂在北京，尤其是女孩，又要自己租房子，像范薇薇这样能在公司找到靠山的也是少数。

那天，顾小蝶毅然拒绝了帮范薇薇带话。这让顾小蝶心里多多少少产生了一些不畏强势的痛快。还有一些小小的窃喜，但很快，朱博西的不满也劈头盖脸袭来。

第二天上班。朱博西便以送文件之名把范薇薇叫到他的办公室。

“你昨天跟薇薇说啥了，她哭了一个晚上。”

“我……”顾小蝶一时语塞 。

“就不能照顾点嘛。”

“额……我其实啥也没说”

“那她哭一晚上，不就是带句话嘛，又不费劲，你就算再讨厌她，也要给我点面子嘛。”

顾小蝶长吁一口气，看来，范薇薇虽然工作业绩不咋地，枕头风吹得可算是一流。

这算什么，要挟?

虽然朱博西的口气不似布置任务下命令般强硬，语气里貌似含着一半埋怨，一半恳求，不过，也摆明了是在告诉顾小蝶，她是我的女人，你是我的下属，蔑视她就是蔑视我，都算藐视上官。

这时，从财务室传来一声：“小顾，快来一下，不好了。”这是财务大姐的声音，这段时间，她一直在忙于年终决算，每天头也不抬地埋在一大堆账目里。

“张姐叫我。”顾小蝶三步并作两步从朱博西的办公室跑出去。“什么事?张姐。”

“小顾，快来帮我看一下，刚刚不小心踢了下电源，电脑一下子黑屏了，刚输入的数据还没保存呢，这可怎么好，这几天白干了。”财务大姐的声音微微颤抖着。

“别急，我看看。”顾小蝶低头一看，电源的插座松了，电脑突然断电，虽然财务大姐已经重新启动了机器，但是屏幕显示的状态是“非正常关机。”

顾小蝶又按了一下启动键，电脑主机的机器里开始转动启动程序。一会儿功夫，就把刚刚财务大姐操作的表格找了出来。表格的名字是“成本核算明细”。

“是这个吗？”顾小蝶看向财务大姐。财务大姐顺着表格仔细看了看，大呼：“就是这个，刚才输入的都在，太谢谢你了小顾，要不可要了我的老命了。”财务大姐再三谢过，顾小蝶无意中瞥到了项目每平米成本核算的数目。

十七

从财务室走出来，顾小蝶回到朱博西的办公室。

“拜托，就算帮我个忙，要不那位姑奶奶得磨死我。”朱博西的语气已经是近乎哀求。

看着他那副无奈的样子，顾小蝶在心里说了两个字：活该。嘴上却说：“真没把我当外人，这种事还要我帮忙。”

“绝不把你当外人，你是自己人，内人，必须的。” 此刻，朱博西又恢复了平时的腔调。

“就是说，自己人要照顾自己人呗。”

“这就对了嘛，真不愧是我的得力助手，悟性高。”

见顾小蝶终于被说动，朱博西如释重负。朱博西的问题解决了，顾小蝶却又陷入了困惑。刚才在财务室看到的那一串数字始终在顾小蝶眼前打转，顾小蝶知道项目的市场卖价，比刚才看到的数字多了好几倍。难不成，中间的那些都是利润？这却是顾小蝶不曾想到的。她把这个疑问抛给了朱博西，朱博西显得很不屑：“这有什么，你以为我们的工资奖金，年终分红从哪里出？还有跑手续请客送礼这些事，羊毛出在羊身上，当然都要转嫁到买房人身上了。”

“客户攒够一套房子钱多不容易！”

“你还嫌咱房子卖贵了不成，这话可别让别人听到，能买得起房子的都是有钱人，再说，房子便宜了，买房子的高兴了，我们喝西北风去。”朱博西抛下这句话，便上楼找梁总汇报工作去了。

顾小蝶可不这么认为，她身边就有很多人，有的因为没有房子结不成婚，有的一家三代人挤在一套不足30平米的小屋里，还有的，辛辛苦苦攒了一辈子钱，东拼西凑凑够了房子的首付款，却从此成了房奴，每月省吃俭用，只为还月供。真真正正能轻轻松松买下房子的人，只是占少数。不知从什么时候开始，房子成了人们生活中的首要大事，却原来，房子的开发成本却远不如想象的那么高。

又快到春节了，公司将会迎来一个销售高峰，用不了多久，资金差不多都回笼了。大家都在各自盘算着今年的红包应该比去年翻一番。已有小道消息散布出来，将要到来的春节，红包的数额会更大，至少翻一番。除此之外，还有一个消息悄悄地在各部门流传。由于公司业务拓展需要，需要重新规划部门设置，要增设几个部门，有的部门将面临重组。在公司年终总结会上，这个消息被得到了证实，公司增加了两个部门，预算部和工程部。顾小蝶所在的行政人事部，被重新规划，将人事工作撇了出来，独立出一个部门——人事部。由于公司人员扩展，很多人事和劳资方面的事情需要专门的部门和人手负责，所以，经过研究，公司决定将行政人事部分为两个部门，独立出的人事部，专门负责公司的人事工作。

显然，预算部和工程部都是专业性很强的部门，要对外招聘预算师和工程师，人事部就不一样了，所以，所有人都认为人事部经理应该由顾小蝶来担任。第一，她在公司已经干了很长时间，资历也有了。第二，人事工作一直是由她负责，业务上比较熟练。综合上述两点，接任人事部经理似乎是顺理成章的事。但也有消息说人事部经理可能要内部员工竞聘上岗。顾小蝶并不在意，她更加喜欢轻松自由的工作氛围和同事关系。所以，顾小蝶已经想好了，如果开展内部竞聘，自己并不想报名。

很快，朱思菲便向顾小蝶透露。因为在销售部的业绩一直不太好，范薇薇想调到新成立的人事部当经理，有销售员看到她在更衣室向朱博西哭诉，想让朱博西做顾小蝶的工作，要顾小蝶退出人事部经理的竞争。销售员的业务压力太大，每次排名，范薇薇都排在最后一个。

这似乎让朱博西很为难，他不知道，这个时候，他应该站在自己助手的一边，还是站在女朋友的一边。

期间，梁总秘书出现过一次，在梁总办公室待了一个多小时。之后，顾小蝶被梁总用内线电话叫到办公室。梁总示意顾小蝶带秘书到档案室查一个材料。

梁总秘书淡定地起身向梁总告别，顾小蝶的余光瞥到，梁总的眼神十分难懂，有些不舍，又有些无奈。

在档案室，梁总秘书一边翻着档案资料，突然间蹦出一句：“终于轻松了。”

看着顾小蝶恍惚的神情，梁总秘书笑笑：“小顾，我说的是我，不是你，你可并不轻松哦，刚才在梁总办公室，那个朱什么的经理，推荐一个叫什么薇的负责人事部，总之不是你。”

“哦。”

“不过梁总也没答应他，说考虑考虑，正好我进来，就让他出去了。”

未了，梁总秘书告诉顾小蝶，她现在供职的也是一家房地产公司，这次来是为了找之前做过的一个项目可研报告做参考。就是因为她开口，梁总才会同意，否则，这样的材料是绝不外流的。其实，当初，她不过是不谙世事，和梁总玩了点办公室小暧昧，不想招致梁总爱人的如此轰炸，现在想来有些后悔。她叮嘱顾小蝶好好干，和其他公司比起来，华风的风气算好的。房地产公司卖项目的时候最挣钱，要抓住机会多挣钱。她现在的公司不太好，人际关系太复杂。自己在华风的时候，梁总对她太过宠爱，惯出来一些毛病，说话太直，在新公司总得罪人。

梁总秘书说的一点不假，自从项目公司成立。公司几个老人工资都翻了一番，去年年底，进公司不满一年的顾小蝶就拿到一万元红包。

发红包的场面是极其戏剧性的，每人轮流走进梁总办公室，出来的时候，脸上都是笑盈盈的。红包大小不一样，除了梁总和财务大姐，没人知道其他人究竟得了多少。

红包很重要，是人都想要，越多越是好，然而，在顾小蝶这里，和红包相比，还有一件更重要的事，那就是朱博西的人事建议。尽管因为顾小蝶的引荐朱博西才得到进公司的机会，尽管顾小蝶一直不遗余力地支持朱博西的工作，那又怎样，关键时刻，朱博西依旧做出了一个让人心灰意冷的决定。

“不过，你还不算最倒霉的，付官才是真可怜。”

“付官？怎么？”

“他太老实，太实在，人善被人欺呗。”梁总秘书向顾小蝶透露，原来，付官去经营部，本不是自己情愿。朱博西在去过几次集团之后，不知道他用了什么办法，集团的几位高层对他是赞赏有加，印象极好。渐渐的，便对付官有了微词，认为他儒雅有余，魄力不够，公司扩大规模，行政人事部负责很多部门的协调和统筹，集团领导认为付官的能力无法胜任新公司的职务。最后，是梁总做通了付官的工作，要他去经营部。为了给他保留一些面子，对外宣称是付官主动申请调动。

原来如彼！看来，朱博西还真是有一套，连集团领导都站在他这一边。

顾小蝶不想让朱博西为难，也不打算再领一个大红包，她已经决定——离开华风。一位大学同学开了一个翻译公司，力邀她加盟。

顾小蝶辞职的那天，朱博西见到顾小蝶，像往常一样开玩笑，交代工作。见顾小蝶递过来的是辞职报告，朱博西一惊：“开什么玩笑，别捣乱，干活去。”他认为顾小蝶又在耍小孩脾气。

半年前，顾小蝶曾经要求辞职，朱博西在一件事上误会了顾小蝶，顾小蝶觉得自己没错就据理力辩，两人发生争执，朱博西气急之下说：“你明天不用来上班了！”结果，第二天，顾小蝶真就没来。朱博西一进办公室，习惯性地喊顾小蝶的名字，喊了半天没人答应，问别人她去哪了？大家提醒他前一天发生的事，他反问，“我说过这话吗？就是说了也不能当真！”最后，梁总出面和解，顾小蝶才又重新回到公司。

“别义气用事，好不容易熬出来，现在是公司最赚钱的时候。”

“我考虑很久了，想换个环境，发挥专业特长，而且……我一点也不想竞聘人事部经理。”顾小蝶停顿了一下。

朱博西沉默了。

顾小蝶的交接干净利落，她把自己手头的工作一项项交给部门另一位同事。朱博西一整天都没有出去，在填写顾小蝶月绩效考核表时，在完成情况一栏中毫不犹豫填了满分。财务大姐把一个鳄鱼钱包塞到顾小蝶手中，说一位朋友送的，她舍不得用，一直锁在柜子里。财务大姐平时做财务报表的时候，总喜欢叫顾小蝶帮忙，她这一走，财务大姐心里觉得空落落的。

顾小蝶收拾了一下，叫了一辆出租车。她不想坐公司的班车，在班车上会遇到更多人。坐在出租车内，看着公司办公楼和那座被蝴蝶图案装饰的售楼处，这个她曾经快乐工作的地方，顾小蝶心里默默地说：“再见了华风，我将奔赴更美好的前程。”

夜爬香八拉

雍　桦

翅膀是我的小学同学，我们俩住在同一个小区。虽然是一名医务工作人员，她却酷爱户外运动，加入了一个户外群，给自己取了一个网名“隐形的翅膀”，群里的人都叫她“翅膀”。

禁不住翅膀的再三诱惑，内心经过一番纠结，终于下定决心，挑战一下传说中的“香八拉”。据说，这是一条驴友的拉练路线，香山——八大处穿越之旅。新驴们如果通过了这条线路的考验，就可以背起行囊，正式踏上驴友之路，老驴们则是在这条路上不断提高速度，从而达到更高的强度。

驴友是时下对热衷户外运动人群的统称，翅膀自从涨了工资，就多了这么个烧钱的爱好。冲锋衣裤、背包、保温壶、登山鞋这些必备用品，无一不是价格不菲，让人乍舌。此外，头巾、汗巾、头灯、护膝等零碎用品，还变着花样地购置，俨然从一种运动和爱好演变为享受了。虽然翅膀一直在鼓动我，西灵美、北灵秀、五台静、箭扣险，穿越的喜悦，挑战的乐趣，我都不为所动。在我的世界，虽然老公和孩子并不是我的全部，但也早已过了在平淡中寻求刺激的年龄。尤其是多年的办公室工作助长了我的惰性，这把年纪的人了，早就对翻越一座座大山失去了兴趣和信心。

最终，三个因素促使我决定尝试一下：第一，香八拉对我来说并不陌生，很多年前，在学生时代就穿越过，算有些基础，况且，在八大处山脚下长大，香山也是再熟悉不过的地方，应该不存在危险系数。第二，翅膀说我年纪不算最大，还有一位美籍大哥，把国内所有能拿的学历都拿到了，现在除了给很多公司做顾问，其他的事就是爬山，年纪大我10岁。再说，别人也有带“外挂”的。这样看来，无论从年龄或体力上，我都不算是最弱的。第三，路线设定在夜间8点至12点，正是儿子睡着我无事可做的时间。从这个意义上，也算是用无聊的时间做件有意义的事。

经过翅膀的一番精心装扮，我被从头到脚全副武装。翅膀想得很周到，除了将擦汗的汗巾替我绑到手腕上，甚至连擦鼻涕的纸巾都替我塞到了冲锋衣的兜里，一整包，两个半包。我疑惑地说：“我不爱出汗，也不爱流鼻涕，这些东西用不上吧。”

翅膀想了想说：“还是装着吧，会用得上的。”

翅膀把所有带的东西都装到她的背包里，让我轻装上阵。当一切装备完毕，翅膀审视地看着我说：“恩，除了这张脸，其他地方看上去像个老驴了。”我想是因为我的脸看上去不像是饱经风霜洗礼，脸上的肉看起来也不够紧实以及缺少一些坚毅表情的缘故。

商量再三，我俩决定把车扔到家里，从八大处打车到香山，下山可以直接回家。翅膀告诉我，有几位驴友，先开车到八大处，从八大处打车到香山，从香山爬到八大处再开车回。我们打的是一辆黑车，司机听着我们俩说话一路上一直在乐，估计是在想：多碰上一些你们这样的我日子就好过了。

大家约好在香山脚下的邮局前集合，路上我们顺便搭了另一位驴友的外挂。外挂也是行话，指群里的老驴临时带来参加活动的新人。外挂在下车前很懂规矩地把自己那份车钱付清。到了之后，翅膀把我介绍给大家。想着此行的目的就是趁机拉拉自己的老胳膊锈腿，平时和这个户外群的人也没有太多的交流，礼貌的招呼之后，我就在一边静静地待着。

看着翅膀和他们有说有笑，互相打趣。低头突然发现自己右脚的鞋带开了，不由嘟囔：“呀，鞋带又开了，怎么这边总是开”。

翅膀听到，转向人群：“谁会系鞋带，系了不会开。”

话音刚落，立即有人响应，我还没反应过来，一位叫河马的驴友已经蹲在我面前。随即，旁边几盏微弱的头灯不约而同聚焦我的鞋子，充当照明。我连声道谢，心里立即升起一股暖流。老多年没受过这种待遇了，印象中，还是和老公谈恋爱的时候被老公这样呵护过。这样的情况，现在和老公一起外出已经不会有了。朋友之间似乎也不曾如此。单位？就更不可能了。因利益而合，因利益而分，谁会去在意别人脚上的鞋带是死扣还是活结。

之前，翅膀给我做过培训。跟不上队伍没有关系，每个人速度的不同会让队伍拉开一定的距离，但就算走在队伍的后面也不用担心，一定会有一个专门负责收队的人走在最后。

因为是新人，我受到很多额外的照顾，喝的是别人的热水，完全没有任何负重。如果再做了队尾拖了整个队伍的后腿，这张老脸真是没地方挂了。所以，一路上我很少说话，为的就是节省体力，累的时候不敢大声喘息。老驴和新驴的不同在于，新驴爬一会就会气喘吁吁，而老驴几乎听不到喘息声。如果新驴不停地在老驴身边喘息，会影响老驴的心理和行进速度，很多老驴因为照顾新驴最终自已被拉劈。

翅膀给我准备的东西几乎全用上了，使用频率最高的是那擦鼻涕的面巾纸。由于之前翅膀的熏陶，用过的纸巾都被团成团又塞回兜里，这自然是不能作为礼物送回大自然。

一路上，我看到翅膀刻意踢开路上的大块碎石，不让后面的队友绊到，走在前面的人发现路上的泥泞会用手台提醒后面的队员。河马负责收队，我问翅膀为什么要他收队，翅膀说因为他很强，这趟用的时间以他的速度可以走两个来回。

夜晚，除了那一盏盏微弱的头灯，可以依靠的就是那皎洁的月光，毫无风景可赏，但队友们仍然是有说有笑。前队的人不时停下来等后队，队伍一直没有拉开太远，间歇的时候，几次回眸，城市里那一片片万家灯火，似乎还比不上那几盏微弱的头灯发出的光，向前望，虽然道路是漆黑一片，但那几盏头灯的光芒告诉我，前方有队友在探路。

走着走着，突然，前面的人停了下来。

“什么事？”翅膀问。

“方向不对，我们迷路了。”有人回答。

这时，河马从后面跑到前面，冲着走在队伍前面的人说：“不应该，这条线你都拉了几回了，还能走错？”

“真是见鬼，上次明明走的就是这个路口。”打头的撇了撇嘴，显得有些无奈。

“先清点人数，从头到尾报数。”河马一边说，一边把背包放下，拉开拉链。

“1、2、3、4……25”

“少一个？”河马皱了皱眉头，再来一次。

“1、2、3、4……25、26、27”

“又多一个？什么情况！”

“鬼打墙”不知是谁低声冒出这么一句，引起队伍的一阵骚乱，几位年轻的女孩子抱成一团惊叫着。

“别瞎说，我就不信，大家靠近一点，再重新报一次数。”河马显得异常冷静。

河马又清点了两遍，终于，数字和人数对上了。确认人员没有丢失后，大家都松了一口气。

翅膀拿出随身携带的指南针，旁边一位队友也掏出一个罗盘。

“你们都 OUT 了，还是用我这个吧。”河马从背包里掏出一个方方的东西。

“呵，还是你的装备给力。”几位队友凑上去，河马带的是最新升级版的 GPS 卫星定位仪器。

他们很快找到了正确的方向，到达终点的时候，比预计时间还提前了二十分钟。

在下一个陡坡的时候，耳边传来一个声音：“你的鞋带开了。”

低头一看，原来是另一只脚的鞋带又开了。我只顾弯腰系鞋带，甚至不曾看清那位驴友的容貌，连个谢字都没说。我惊异这位驴友的眼力，一片漆黑的路上，我自顾不暇，他竟然看到了我散开的鞋带。

因为觉得头灯挂在头上很不习惯，又不美观，我用了翅膀的手电照亮，路上，还是不小心被一块大石头绊了一下。河马上前要把他的头灯摘下给我用，当得知我是怕带在头上影响形象时，直说我和翅膀一样得瑟。

下山时，翅膀又把她的护膝让给我，并坚持为我捆上，她说：“如果不用第二天膝盖会痛。

我问：“那你呢？”

“这种强度我可以不用。”翅膀只顾给我扎护膝，头也没抬一下。

我欣然接受，想起一句广告词，拿来篡改一下：做新驴——真好。

天气很冷，心里很暖。下山的路颇不平坦，自认为对八大处很了解，下山的途中才惊奇地发现原来它也有险和陡的一面，在这里生活了几十年竟浑然不觉。小心翼翼地越过突兀的岣石，不时被山间带刺的植物挂住。

下山后，翅膀问：“感觉怎么样？”

我回答：“终于明白你为何如此热衷户外运动了。”

其实我想说的是：不管以后我这个新驴会不会变成老驴，能走的强度是 1.0 还是 4.0，可以直言不讳的是我喜欢这样的团队和人与人之间的关系。

谁说夜晚的香八拉没有风景，我明明看到了，看到了头顶皎洁的月，看到了风拂云舞的景，踩到了脚下泥泞的土，闻到了心灵散发的芳香。

回小区的时候，小区值守的门卫看着我俩的大包小包表示疑惑：“这么晚了还爬山？”

我自豪地回答：“是，我们——从香山爬过来的。”

梦西游

雍 桦

一

笑笑在一家银行做大堂副理，在外人看来，这是一份羡煞旁人的工作。薪水高，工作环境好，又很体面。可笑笑干得并不开心，她喜欢唱歌，总想着有一天能进入音乐圈。所以，她坚持每周去几次KTV，在那里，她可以尽情释放，一展歌喉。平时，兜里也总揣着一个touch，一有时间便从流行音乐排行榜下载歌曲。最近，有一首特别好听的歌曲，她练习了很久一直唱不好，趁着这会儿银行的客人不多，笑笑从兜里掏出touch，带上耳机。

一曲曲欢快的歌声使她瞬间从枯燥的工作中解脱出来，随着音乐的节拍，笑笑不由自主地随着音乐舞动起来。

“笑笑，你在干什么？”笑笑刚进入放松的状态，一个声音从背后冷冷地传来，不知道什么时候，大堂经理已经站到了身后。

“胡经理，我……我……现在没什么客人，所以……”笑笑支吾道。

“就算一个客人没有这也是上班时间。”大堂经理的脸色更加难看。

笑笑立即摘掉耳机，放回兜中。

“这个月的奖金扣掉30%，再给你一次机会，再有下次奖金就别想了。”大堂经理冷冷地抛下一句，掉头走开。

“更年期并离婚综合症！”

笑笑用眼神对胡经理的背影表示鄙视。胡经理离婚很多年了，没人知道胡经理究竟为什么离婚。众说纷纭，有人说胡经理在家里太强势，爱人受不了她的性格，还有的说是被第三者插足，胡经理每天忙于工作，胡经理的爱人就和本单位的一个女员工发生了婚外情。总之，离婚后，胡经理爱人曾到银行找过她几次，想要复婚，但胡经理倔强的性格注定了她不会回头。就这样，她一直一个人带着孩子过，虽然年龄不是很大，但脾气极其古怪，每天都板着一副扑克脸，就像人人欠她钱，私下里，大家给她取了一个外号“扑克脸”。

看到胡经理离开，另一位大堂副理凑上来。

“呦，怎么，又被逮了个正着。”大堂副理一副幸灾乐祸的样子。

笑笑挥了挥拳头，从牙缝里挤出一句：“没准下一个就是你。”

大堂副理咧了咧嘴，哼着小曲回到工作台。四点半了，银行大厅停止发号。笑笑发完最后一个客户号，拔掉了打号机的电源。

终于快下班了，这一天又熬过去了。

虽然被扣了一点点奖金，笑笑心情还不算太坏。因为，今天有一件让人特别振奋的事，晚上，她要去看演唱会，演唱会上，有她最喜欢的牛奶·咖啡组合。一想起这些，所有的不快立刻烟消云散，还有什么比这个更重要呢。

时针刚刚指向五点，笑笑便抓起包冲出了银行大门。

门外，大力和小南早已在车内等候多时了，他们先去星巴克吃点东西，然后再奔赴演唱会现场。

二

首钢群明湖畔，人头攒动，一片欢腾。在巨大的高炉和车间厂房的掩映下，水面上升起绚丽的舞台，被巨大的蓝色灯光笼罩起来，仿佛漆黑天穹下的一抹亮丽。

笑笑、大力和小南随着人群一起高呼：“牛奶·咖啡，我们爱你。”呼声像海浪，一浪高过一浪。

三人在大学期间就喜欢看吸血鬼电影，听牛奶·咖啡的歌，吃星巴克的巧克力慕斯。毕业后，笑笑和大力从同学变成了情侣，小南总是埋怨自己早晚有一天要落单，笑笑和大力便放出狠话：绝不会让小南落单。为了证明这一点，笑笑和大力看演唱会的时候，总是不忘叫上小南。牛奶·咖啡是当下一个十分受欢迎的乐队组合，在慈善基金会工作的小南爱死了咖啡，特别是几次公益巡演，小南场场不拉。

正当FANS们欢呼雀跃呼唤着他们喜爱的歌手，场内一下子变得漆黑，所有的灯光全部熄灭。突然，几束绿色的光束从舞台中央打出来，在观众席中快速交相辉映。舞台中间，缓缓升起一个移动的小舞台，牛奶和咖啡站在中间，像两个机器人，一动不动。从舞台两侧，周围的几个高炉和凉水塔陆续被3D投影打照出青花瓷的图案，湖边的水榭、远处石景山上的功碑阁也被依次打亮，在水面上形成亮丽的倒影，人群中又响起一声声的惊叹。

小宇宙 燃烧吧！

我要变得更强大
变强大 一刹那
让心中的力量
全部爆发

我是辛蒂瑞拉
我就是辛巴达
我就是梦想家
谁也别想 主宰
我奇妙的想法
我会施展魔法
王子变成了青蛙

牛奶和咖啡一个举着麦克，一个抱着吉他，边舞边唱。

“哇塞，太棒了。”笑笑和小南齐声欢呼。

“大力，你干了一件无与伦比的事。”笑笑一边跟着人群晃动手里的荧光棒，一边冲大力竖了竖大拇指。为了买演唱会的票，大力凌晨5点半便起床在网上抢票。

“好戏还在后头呢。”大力得意地看了看笑笑，神秘兮兮地自言自语。笑笑只顾看台上的歌手，显然没有听到大力的这句话。

三

几首热歌之后，四周的灯光突然变得柔和，音乐也变成舒缓的旋律。

看昨天的我们　走远了
在命运广场中央　等待
那模糊的　肩膀
越奔跑　越渺小

曾经 并肩往前的　伙伴
在举杯 祝福后都　走散
只是那个　夜晚
我深深的　都留藏在心坎
明天，你好

这是一首舒缓的歌曲，歌曲的名字叫明天你好，笑笑和小南跟着音乐一起吟唱，大学时，她俩就曾经在校联欢会上表演过这首歌，大力在旁边弹着吉他伴奏。

“快到了，走。”大力一边拉起笑笑，拽着她向外走，一边叫小南。

“干嘛！演唱会还没结束呢。”笑笑大喊。

“跟我来，别问那么多。”大力的脚步加快。

三人走出观众席，在大力的带领下，沿着舞台西侧水榭旁的小路，向舞台相反的方向跑去。不一会儿，来到了一个小山坡下，在一个铁皮门前停住。大门紧锁，门内闪着微弱的光。大力轻轻敲敲门，不一会，门开了，一位大爷站在门内。

大力示意笑笑和小南先进去，自己紧跟后面。大爷又默默地把门关上，嘱咐大力要注意安全。

“放心。”大力说罢继续带着两人向上跑。

又跑了大约五分钟的路，笑笑才发现，他们三人已经来到了功碑阁下面。

大力用手指指上面。

“大力，你太给力了。”站在这里，下面的演出现场一览无余。

“嘿嘿。”大力发出得意的笑声：“这个亭子现在属于咱们三个人专用了，怎么样，VIP 包席，哦不，是包亭。”

这时，从首钢石景山主厂区各个方向射出数道光芒，与高炉和厂房上探照灯的光芒交汇，这令人激动不已的灯光，使舞台对面几千名观众笼罩在一片光影之中。

在光影的照耀下，水上舞台变成火焰般的颜色，伴随着如同天火击中森林发出的爆裂声。少顷，一道绿色的巨大光柱从舞台射出，直射至群明湖水上 38 米处。音乐响起，舞台后面突然喷射出十几注高达几十米的喷泉，随着激昂的交响乐高低跳动，与自然夜空融为一体，舞台上的探照灯，齐刷刷地向天地间发出耀眼的光芒。探照灯的灯光时而整齐划一地游动，时而又各自飞舞，与天地辉映。

在功碑阁的亭子上观看演出果然不同凡响，不仅能俯视整个演出现场，所有的灯光夜景尽收眼底。

人群中又传来一声声的呼喊，这是一首快节奏的歌曲，曲子中间部分，音乐嘎然而止，牛奶和咖啡两人又“僵”在了舞台上。正当人群骚动，不知发生了什么事情。突然，从舞台和观众席的四周迸发出几缕烟花，嗖的一声窜入上空，在天空中消失。

音乐声又接着响起，更多的烟花窜入夜空，在夜空中，汇聚成几个大大的“心”字。

“焰火表演，好美啊！”笑笑、大力和小南不由齐声拍手赞叹，为了看得更清楚一些，三人跑向功碑阁后面的山头。

过了一会，音乐又变成了舒缓的旋律，这是最后一首歌曲，台上的歌手一边唱，一边向现场的观众告别，音乐会结束了。

大力突然大叫一声："不好，这是山顶，哪条才是下山的路呢？"原来，刚才三个人只顾抬头看天上的焰火，没有注意上山走的路线，眼前有几个岔路口，不知道哪一条才是通往下山的路。

"喊几声，看看有没有人能听到。"小南说。

"恐怕没用，看门的大爷晚上 10 点就下班回家了。"大力环顾了下四周，看了看演唱会的方向。观众正在撤离，现场放着撤场音乐，一片嘈杂。

四

现在只有两个办法，大力思索了一下："第一，咱们摸黑下去，三条路都试试。"

"万一走错那不是越走越远了，黑灯瞎火的。"小南嘟囔着。

"是啊，我出来前也和家里打了招呼，如果晚了就住单位宿舍了，这要是迷了路回不去，家里八成以为我在单位呢。"笑笑说。

"那就只有一个办法了，等明天早上再下山，就算走错路也好识别方向，如果咱们走错路，沿着山路走到厂区外面可就麻烦了。"大力看了看信号格显示为零的手机。

最终，三人决定在山上逗留一晚。炎热的夏天刚刚过去，天气不是很冷，这座山在首钢厂区内，应该不存在什么危险。以前，他们就经常一起在外面露营，只是这次没带装备出来。

大力找了几块大石头，又到周围的草地拔了一些野草铺在地上，靠着石头，正好仰望天上的星空。笑笑和小南从背包里把随身携带的冲锋衣拿出来，之前，他们知道演出是在户外，所以都带了外套。

"你们知道这石头以前是做什么用的吗？"大力神秘兮兮地，见笑笑和小南面面相觑，大力又接着说："这些石头，搞不好，就是以前唐僧师徒晒经书用过的。"

大力是个西游记迷，对于里面的故事如数家珍，他开始娓娓道来。原来，这山叫石景山，原名"湿经山"，山旁边的河是永定河，也就是原先的无量河。传说，很多年前，唐僧师徒西天取经回来的路上，曾经过这里，过河的时候，因为忘记向佛祖询问托付的事项，被千年老龟翻到河里，这也是他们师徒经历的第九九八十一难。师徒几人护着经书上了岸，在这个山上的几块大石头上晒被浸湿的经书，经书上的经文也就因此印在了这些石头上。

"我要是孙悟空就好了，现在一个跟头就翻下山去。"大力一边讲故事，一边说。

笑笑和小南依偎在一个大石头旁边，听着大力讲西游记，慢慢地就睡着了。

不知过了多久，笑笑才有了知觉。耳边似乎有人在轻声细语。

“师傅，她刚才动弹了一下，看样子要醒了。”

笑笑慢慢睁开眼睛，一副眉清目秀的面庞映入眼帘。

“醒了，快，取些水来。”眉清目秀扭头说。

笑笑眯着眼睛，微微张开嘴，只觉得一股清泉注入，瞬间，一丝清凉在体内游走，整个身体变得十分舒坦。笑笑运了口气，想对眉清目秀道谢。刚刚抬起头，便扫见旁边的几个人，不仅失声大叫了一声。

“啊！你们，是什么人？”

眉清目秀旁边，还有三个人。一个尖嘴猴腮，毛头毛脸毛手的瘦子，一声的黄色紧身衣，头戴一顶黄色的僧帽，上面印着一个大大的佛字，从肩膀及腰斜披着一个虎纹皮袄，蹲在最远的地方。一个肥头大耳，人脸猪鼻的大肚汉，一身黑色装扮，可能是体型的缘故，衣服只卡在腰的两侧，整个肚子露在外面，头戴一顶黑色的僧帽，坐在笑笑旁边的一个小坡上。另外一个看上去还算正常，脖子上挂了一串超大号的罗汉珠，浓眉大眼大嘴巴，头发长及肩膀，此刻，眼睛正瞪得像铜铃一般，站在眉清目秀的旁边，三人面相好生眼熟。

“你们三个向后，怎么又凑上来了，别吓到女施主。”眉清目秀又发话了，看来，他是这几个人的头。

“这是我的三个徒弟，虽然相貌奇特了些，但心地都不坏，我让他们保持距离就是了，贫僧唐三藏，法号玄奘，来自东土大唐，前往西天，不知女施主为何晕厥在此？”

唐三藏，不就是唐僧吗？那么，另外三位不就是……笑笑脑海里浮现出西游记的师徒几人，再定睛一看，一点不差，旁边，还立着一匹白龙马。

“师傅，这是什么地方？”笑笑环顾了下四周，不见了大力和小南。

“这里是白沙湾，再向前面就是火焰山了。”

五

火焰山，就是孙悟空三借芭蕉扇的那一出了。自己怎么跑到这了？笑笑依稀记得自己是和大力、小南一起看演唱会的时候跑到石景山上，

笑笑打量着眼前的唐僧，头戴僧帽，身披袈裟，手持九环锡杖，僧帽两侧的带子随风飘动。果真是慈眉善目，一脸清秀。和电视里的几位唐僧相比较，身上的袈裟不似那般鲜艳，皮肤也没有那么粉嫩白净。但是，眉宇中透露着一股非凡

的气质，若不是一身僧人的行头，倒更像哪朝的王爷，浑身透着一股王气，看来，这是与生俱来的贵族气质。

“师傅，我还有一位兄长和一位妹妹，在途中走散了。”笑笑坐起身，她想到了大力和小南，不知道他们到哪了，她必须想办法找到他们。

正当笑笑向唐僧提出请求，请他帮忙寻找大力和小南。这时，肥头大耳一下子蹿到了前面。

“女施主，我们师徒救了你一命，你倒不说个谢谢，还要我们帮你找人，也太贪心了。”肥头大耳一边跳着脚一边说。

“此话差矣，出家人以慈悲为怀，忘了师傅平时怎么教你的了。”唐僧的表情顿时变得十分严肃，见他这么说，肥头大耳扭过头去，嘴里还在嘟囔着什么，声音却越来越小。

好个猪八戒，心眼果真比针眼儿还小，要不有些诱饵，恐他总喜欢在旁边干些落井下石的事。笑笑想到此，忙陪着笑脸。

“八戒师傅，我没别的意思，早听说师徒几位神通广大，没想到今天见了真人，就是想跟着你们一起走些日子，我那位兄长和妹妹一定也就在不远处，我寻见他们就离开，如果日子长了还寻不见，我也不会总牵绊着几位师傅，自然会自谋出路。况且……”笑笑顿了顿，接着说：“小女没别的能耐，就是会烧一些素斋，祖传秘方，能遇见几位师傅也是一种缘分，也想请几位师傅尝尝我的手艺。”

“你怎么知道他叫八戒。”这时，一直蹲在旁边的毛头毛脸蹿了过来，目光直视笑笑，嘴里还发出“嗤嗤”的声音。

“对啊，你怎么知道我叫八戒，难不成，你是妖怪。”笨八戒也反应过来。

笑笑佯装害怕的样子，向后躲闪，心想，自己一下子说走了嘴，就这猴子机灵，他一定就是孙悟空了。笑笑正想找借口掩饰，唐僧走上前，向孙悟空摆了摆手：“悟空，好了，不好乱猜，难不成在你眼里，她也是妖不成，哪个妖会把自己弄成这般狼狈。”

“她嘛，倒不是妖。”孙悟空围着笑笑转了一圈，上下打量之后，又跳到了一边。

见八戒眼睛还在盯着自己脚上那双猪皮短靴，笑笑忙说：“遇上几位师傅，真是我的造化。”

六

笑笑跟着唐僧师徒上路了，唐僧把白龙马让给了她。几个人越向前走，天气越发炎热，如蒸笼般。八戒受不了这热，急得大叫：“猴哥，我们找个地方凉快凉快，你赶紧到铁扇公主处把那仙扇取来吧，省得我们都在这里烤着，再走下去，要成烤乳猪了。”

刚才，他们已经向这里的老乡打探过了，唯有附近翠云山上铁扇公主的芭蕉扇，能熄灭这火焰山，这是他们西天必经之路，除此之外别无他法。

“呆子，这事你倒是稍后了，吃饭的时候怎么就知道抢先。”

“你法力比我高强，我要是去了，三日内都回不来，耽误了取经的大事，你来担当，是吧师傅。”猪八戒一边和孙悟空抬杠，一边把唐僧搬出来。

“你们二位都什么时候了还要争嘴，到底谁有办法借来这芭蕉扇？”唐僧毫无对策，眼巴巴地望着孙悟空。

孙悟空见师傅望着自己，冲猪八戒挥了挥拳头，跳到唐僧身边。“师傅不要着急，你们在这里稍等片刻，老孙这就去会会那铁扇公主。”说罢，孙悟空又转向沙僧和猪八戒：“你们俩个在这里好生看着师傅，不能让妖怪接近。”

“孙师傅，先不要去……”笑笑想起孙悟空三借芭蕉扇那一出，第一回，孙悟空被扇了回来，第二回，借了个假扇子。所以想提醒那猴子，让他不要上铁扇公主的当。不想，她话还没说完，那猴子一个跟头，不见了踪影。

“当真是个猴急的性子。”笑笑叹道。

一柱香的工夫，孙悟空便扛着一把大扇子回来了。

“假的。”笑笑看着孙悟空身上扛的扇子，撇了撇嘴。

“你说什么？”孙悟空大吃一惊。

“我说这扇子是假的。”笑笑十分肯定。“不信你可以试试嘛。”

孙悟空不相信，拿起芭蕉扇，一个筋斗，腾起云雾，飞到火焰山的上方，使足了力气，冲着火焰山使劲挥了几下。不想，这一扇，不仅没有把火焰山上的火扇灭，这火似乎还有随风增长的趋势，几撮火苗蹿到孙悟空的身上，把他的毛烧焦了一片，孙悟空大叫一声飞了回来。

“可恶的妖妇，当真给了我一把假扇。”孙悟空的红脸被烟熏得黑一片红一片，那片烧焦的毛上还冒着烟儿。

看到孙悟空的窘样，笑笑不禁“扑哧”一声笑出声来。心下想到，让你这猴子不信我说的话。

“大师兄，快，喝口水。”沙僧赶紧递给孙悟空一个水壶。

“你这女施主，好没有同情心，什么时候了还笑。”猪八戒在一边敲边鼓。

笑笑告诉孙悟空，要他变成牛魔王的样子，方能将真的芭蕉扇骗来。悟空听罢，嗖的一声又蹿到了天上，撇下一句：“老孙去也，你们看好师傅。”

笑笑当时便傻在那里，无语了。她话还没说完，还没提醒孙悟空，在回来的路上，牛魔王还会变成猪八戒的样子把真的芭蕉扇再骗回去，孙悟空又不见了踪影。

“想不到，他竟是这般性急，当真是见识了。”笑笑扭头冲着猪八戒。“八戒师傅，你还要去助悟空师傅一臂之力。”听笑笑讲明原因，猪八戒当下扛起大钯，纵起云雾，向云翠山的方向飞去。

猪八戒发挥出前所未有的战斗力和气场，与孙悟空一同与那牛魔王斗了一天一夜，将那老魔牛斗得精疲力竭，最终，在托塔李天王和哪吒三太子的协助下，降伏了牛魔王和铁扇公主，取得芭蕉扇灭了火焰山的火。

正当笑笑准备和唐僧师徒几人过火焰山时，突然，牛魔王出现在笑笑身后，手里拿着一个黑色的披风，冲着笑笑扑过来。嘴里说着：“都是因为你，才让那猴子把我的宝扇抢了去，我要把你带回去，分给我那些小妖们做美餐，你就别想回去了。”笑笑大惊，眼看牛魔王离自己越来越近，自己使尽了全身力气却窝都没有挪一下。笑笑大叫：“唐僧师傅救我。”

七

笑笑两只手比划着，努力向前跑，嘴上喊着：“师傅救我。”喊着喊着就醒了过来。大力正在一旁摇晃她，“嘿，快醒醒，你不想回去了？”

原来，自己做了一个梦。天刚蒙蒙亮，大力和小南早就醒了，两人已经收拾好背包，准备下山了。

“真是服了你，在哪都能睡那么香。”小南冲笑笑撇了撇嘴。

笑笑恍惚着，刚才的梦境是那么真实。还不等她把梦境讲给两人听，大力和小南已经催促着她赶紧下山。

“大力，我昨天晚上梦到牛魔王了，他要吃我。”笑笑一边走一边对大力说。

“哈，是昨天听我讲西游记听的吧。”大力不以为然。

他们很快找到了下山的路，仅用了半个小时，就来到了车场。

三人决定各自奔赴单位，大力先把笑笑送到银行，再送小南到公司。笑笑到银行的时候，还不到八点。离银行开门还有一个半小时。平时笑笑总是掐着点上班。正想着怎么打发这一个多小时的时间，突然听到外面有开门的声音。

笑笑向外看去，和从外面进来的人正好对上眼。

“啊！胡经理，早。”

胡经理看到笑笑，显然也有些吃惊，很快就恢复了她特有的表情。“早。”胡经理淡淡地回了句，便走进自己办公室。

这时，笑笑觉得肚子里叽里咕噜地叫，想起还没吃早点，便奔向对面的肯德基，要了一份早餐。吃过早餐，笑笑想，胡经理还在办公室。于是，又要了一份外卖。笑笑提着外卖，来到胡经理办公室。

“经理，我给你买了一份早餐。”

胡经理抬头看着笑笑：“谢谢，我没有吃早餐的习惯。”

“这可不是什么好习惯，还是吃点吧。”笑笑曾听别人说过，胡经理每天要开近一个小时的路，把女儿送到学校，女儿在学校吃早点，她就直接到银行，每天都是第一个来，到银行便一心扑在工作上。如果不是今天碰巧遇到，笑笑还真有点不相信，胡经理竟然每天都到得那么早。

笑笑把外卖放到桌上，转身要离开，却被胡经理叫住：“今天怎么这么早就来了，你精神看起来不太好，是不是有什么事？”

胡经理可真够厉害的，一眼就看出笑笑昨天晚上没睡好。笑笑心下想，觉得也没什么好隐瞒的，就把昨天看演唱会，在山上迷路之后便在山上露宿一宿的事原原本本说了出来。胡经理听后，表情变得更加严肃：“在山上住了一夜，你们这些年轻人太没有安全意识了，要是出了事可怎么好。”

“是，山在厂区内，没什么危险。”笑笑试图解释。

任凭笑笑怎么解释，胡经理都认为她不对，最后，胡经理命令笑笑回家洗个热水澡。

“那，上午我的班谁盯。”

“你别管了，我来安排，你回去洗个热水澡，再休息一会，下午再过来吧，山上山风大，要是凉气侵入体内就麻烦了。”

“好，谢谢经理。”笑笑第一次觉得，胡经理还是很有人情味的。

笑笑回到家，洗了个热水澡，之后又美美地睡了一觉。一想到大力和小南可没自己那么幸运，笑笑的心里就一阵窃喜。一觉睡过来，已经艳阳高照，正当午了。吃过午饭，笑笑晃晃悠悠地坐着地铁回到银行。

银行门口，几辆警车停在门口，蓝色和红色的警灯忽闪忽闪交相辉映。笑笑突然有一种不祥的预感。不会出什么事了吧。往常这个时间，应该是运钞车运送现金的时间。怎么会有这么多警车停着。

银行内，已经被拉了警戒线，几位工作人员正在向警察说明情况。笑笑忙拉住一名工作人员询问。原来，上午，有一个持枪劫匪抢银行，银行的工作人员和劫匪发生了争斗。一位工作人员受伤被送到了医院。劫匪是有备而来的，在运钞车来之前，他持枪走进了银行。恐吓工作人员拿出刚刚整理好的现金。就在劫匪要退出门口的一瞬间，门口的一位工作人员冲了上去摘下劫匪的面罩，劫匪情急中冲工作人员开了一枪后逃跑。现在警察正在调取监控录像，找寻线索。受伤的那位工作人员就是胡经理，当时，她正在大堂替笑笑值班。

八

听到胡经理受伤的消息，笑笑大惊失色，急忙询问胡经理的伤势如何。一位工作人员告诉笑笑，胡经理刚刚被救护车送到医院，现在还在抢救中。笑笑听罢，忙提起包奔向医院。如果不是替她值班，胡经理也不会遭遇这样的危险。笑笑赶到医院急救室，急救室的门口闪着红灯，手术还在进行。银行的两位工作人员在门外徘徊，胡经理父母的年纪都大了，他们只好通知了胡经理的前夫。

两个小时后，胡经理被从手术室推出来。医生走出来：“谁是伤者的家属？”

“我是。”胡经理的前夫迅速走上前。

“子弹已经取出来了，幸好没伤及脏腑，休养一段时间就好了。”

听到胡经理的伤势没什么大碍，笑笑才松了一口气。胡经理的前夫坚持留下来，笑笑便和银行的工作人员一起返回银行。

第二天，笑笑一心想着胡经理的伤势，趁着中午休息的空当，她又来到医院。胡经理正躺在病床上，看到笑笑，示意她走过来，并向她交代了一些手头的事情，让她代为处理，末了，她要笑笑安心工作，不要总是往医院跑。事实上，就这一两天胡经理不在，笑笑已经有些手忙脚乱了。部门月绩效考核、投诉处理、创新服务、贷款业务等等一系列的事情，一个上午，都堆到了笑笑桌上。胡经理不在，这些事情就由分配到部门的其他人身上。笑笑就整理了一个部门的绩效考核表，便有些应接不暇了。一连几天，笑笑都在忙于应付银行的事情，没有到医院。她开始佩服胡经理了，她是怎么把这些事务处理得有条不紊呢？笑笑把不懂的事情写了一个清单，准备到医院向胡经理请教。

“胡经理，您快点好起来吧，咱们部门没你不行啊。”当笑笑把清单递给胡经理，胡经理笑了笑，接过单子，轻轻扫了一眼，便放到床头，一项项地说了起来，笑笑认真做着笔记，不一会儿，便密密麻麻地记了一大页。待胡经理说完，笑笑把记录的纸张小心翼翼地放回包里。

“笑笑，你要帮我做一件事。”胡经理一边说着，一边从枕头下摸出一个银行卡。

“里面有 2 万，帮我全部取出来按这个地址送过去，记住，一定不要透露我的名字。”胡经理把一张写有地址和密码的纸条递到笑笑手里。

看着笑笑疑惑的表情，胡经理告诉她。这几天，警察又来了几次。劫匪已经被抓到，原来，他是急需用钱给老婆做换肾手术，百般无奈才出此下策。

“为了老婆选择铤而走险这条路，这样的人已经不多了，如果不是我把他的面罩抓下，他也不会那么快被抓到，没准他老婆的手术也就做成了。”

“胡经理，你……”

胡经理摆了摆手，示意笑笑把银行卡手起来。笑笑十分郑重地把银行卡放到包里，抬眼看到胡经理旁边的柜子上放了一本“西游记”，不禁问到：“您也喜欢看西游记？”

“当然，看着这个长大的。”

“您就像里面的孙悟空一样厉害？”

“呵呵，我最不喜欢的就是孙悟空。”

“为什么？”这显然引起了笑笑的兴趣。

“当孙悟空有什么好，虽有一身的本领，可很多时候却并不被人理解。”

“那……您喜欢哪个？”

“牛魔王。”

“哈，为啥？”

“听老婆的话，一介魔王，对铁扇公主言听计从，现在哪找这好男人去。”

“哈，原来如此。”笑笑突然想起自己在石景山上做的梦，于是便讲给她听。胡经理听后笑得前仰后合：“还有这好地方，有时间去看一看。”

“其实，我也不想当孙悟空。”笑笑一边笑，一边继续说：“我想当猪八戒，每天吃饱了睡，睡够了吃，醒了就吼上两嗓子，干点自己喜欢的事多好。”

“这也是一种活法。”胡经理赞同地点了点头，两人相视而笑。

半个月后，胡经理出院了，前夫来接她出院。住院的这段日子，前夫跑前跑后，除了每天给胡经理送饭，还负责接送女儿上下学。

笑笑通过小南，在基金会为劫匪的老婆设置了一个捐助帐号。大力也充分发挥他电脑的优势，在网上发布了很多贴子，不到一个月，便收到了近20万的捐款，两个月后，在监狱中的劫匪收到家里的消息，老婆换肾手术的钱已经凑齐了，就等着医院安排手术了。

樱 桃 劫

雍 桦

一

凡樱失踪了，这个周一没来上班，也没向单位请假，就这样消失了。

她的家人寻遍了她有可能去的所有地方，也没找到她的踪影，只好报了案。作为凡樱最好的朋友胡桃，这两天除了安慰凡樱的家人，就是配合公安机关做调查了。

胡桃怎么也想不明白，周末，凡樱和她一起上美容院做头发、美容的时候还好好的，像是要见什么重要的人似的。当时，胡桃还笑话她说："呦，往常不是做个基础护理就好了，今儿咋还整个精致护理啊？见哪个大领导啊？"

"去你的，别瞎说，一点儿正形儿都没有。"凡樱当时躺在美容床上，虽然看不到表情，但以胡桃对她多年的了解，肯定是有什么特别的事情。

胡桃当下将她一军："行，有事儿瞒着我啊，哪天让我知道了非敲你一顿大餐，叫你对我还保密。"

那天，胡桃隐约看到凡樱冲一辆停在马路对面的黑色伊兰特跑去，当时并没有特别在意，以为她要去参加什么外事活动。分手之后，胡桃就再也没有见过凡樱。周一上午，胡桃接到凡樱老公吴征的电话，问凡樱是不是在她这里。胡桃告诉他没有。原来，凡樱出门的时候，告诉吴征说去找胡桃，晚点回来。谁知这一去就再也没有音信。吴征知道她俩一直关系很好，以为她和胡桃在一起，也就没有再找。不想，周一的时候，凡樱单位打电话过来，说凡樱早上没有去单位，也没有请假，单位有急事找她。

吴征拨打凡樱的手机，不在服务区。这下，吴征才想起来给胡桃打电话，这一打才知道，周六下午，凡樱就和胡桃分开了，她俩没有在一起。

那么，凡樱究竟去了哪里呢？现在人在哪呢？

找了一圈儿也没找到人，吴征便有一种不祥的预感，无奈之下，只好报了案。

公安局接到报案之后，第一个就向胡桃了解情况。胡桃把那天和凡樱去美容院的经过原原本本告诉了办案的警察，警察做了记录，发现没有什么有价值的线索，就告诉胡桃，如果记起黑色伊兰特的有关情况要随时向公安机关报告。

一个星期后，公安局接到线索，在一个荒山上，发现了一具女尸，经法医鉴定，是凡樱。凶手极其残忍，杀人碎尸。

吴征去认尸的时候，从脖子后面的一颗红痔判断出是凡樱。如果不是几个驴友爬山经过这里，这里是很少有人经过的。

听到这个消息，胡桃第一时间就赶到了凡樱家里，凡樱的父母和吴征都在家里，胡桃去的时候。有两名警官也在，刚刚给凡樱的父母和吴征做过笔录。知道来人就是凡樱最好的朋友胡桃后，其中一位中年警官起身打了个敬礼：

“胡桃同志，案子已经由派出所转到我们刑侦组了，这已经由一起失踪案演变成为恶性刑事案件了。我们要排查的名单里有你，希望你能配合我们的调查工作。”那位警察很有礼貌地说。

“好的，我随时可以配合你们的调查工作。只是，她怎么会遇上这样的事呢？”胡桃还想继续问下去，但看到凡樱的父母在一边，惟恐二位老人过度伤心，没有继续询问。

“发生这样的事情，我们也很难过，请你们节哀，我们能做的就是早日查出真凶，让逝者早日安息。”中年警官一边起身一边说，旁边那位年轻的记录员也站了起来。

吴征让凡樱的父母回屋，自己和胡桃把两位办案人员送了出来。等办案人员一走。吴征便拉着胡桃问到：“桃子，你真的没有说谎？凡樱和你分手的时候没有告诉你她去哪了？人命关天，都出这么大事了，你就不要再替她打掩护了？”

“打掩护？我替她打什么掩护？我们俩那天是一块去美容院做美容去了，但出来就各走各的了。她确实没告诉我要去哪？我以为她回家了”胡桃声音略高，显然有点急燥。

吴征回头看了看屋里，示意她小点声，怕他们的话让屋内凡樱的父母听到。

“你知道吗，我根本就没敢跟两位老人说，杀——人——碎——尸，太惨了。谁的父母要是看到自己女儿这么惨都受不了。你是她最好的朋友，难道樱子平时真没跟你透露过什么吗？”吴征压着嗓门，低声问到。

“真没有，我骗你干什么，她真是什么都没跟我说。不过……”胡桃略有所思地，但她看了看吴征，不知道该不该说。

“不过什么？都什么时候了，你是她最好的朋友，还替她打掩护？人命关天啊！”吴征声音低沉有力，眼睛直视着胡桃。

“也没有什么了，她真是没跟我说什么，但我觉得那天她好像是要去见什么重要的人，看着挺高兴的，不过这是我自己猜的，她没跟我说要去见谁？”胡桃顿了顿，又接着说：“我觉得她有什么事瞒着我，肯定有事，总觉得她最近像是有什么高兴的事，神秘兮兮的。对了，吴征，我跟她再好也只是朋友，你们是夫妻俩，睡一个炕头的，你自己不知道吗？”胡桃反问吴征。

吴征听胡桃这样说，眼睛看向远方，嘴里喃喃地说道：“她真的连你都没有说，我一直以为你都知道，不过是在替她打掩护罢了，看来，她真是很想保护这个人。”

“保护？什么人？你在说什么？”胡桃一头雾水。

“算了，告诉你吧，樱子没跟你说吧，我们俩最近在协议离婚，事实上，我们已经分居半年多了，只是怕两位老人受不了所以一直瞒着。吴征低头压低声音说。

“离婚？分居？你们才结婚一年多啊”胡桃张大了嘴巴。

吴征示意他小点声，把她往外拉了拉。

原来，在结婚半年的时候，凡樱便借口身体不适，和吴征分房了。

其实，从结婚那天起，吴征就一直感觉，虽然俩人天天睡在一起，但凡樱的心似乎总不在他这，总像是有什么心事似的。只是，她对吴征也很客气，一个妻子该尽的义务她也都尽到了，这让吴征也说不出什么来。

直到半年前，凡樱发现自己怀孕，自己偷偷跑到医院做了人流。之后他们就一直分房了。

前不久，凡樱提出协议离婚，理由是性格不合。让吴征很是摸不着头脑。吴征感觉凡樱在外面有人，而且这个人一定是对凡樱很重要的人，一直在凡樱心里，在他和凡樱之间。吴征虽有这样的疑虑，却拿不出什么证据。这次凡樱出事，吴征想趁机问问胡桃，他一直认为胡桃知道凡樱的秘密。很多次，凡樱都说是去找胡桃，一去就是大半天。

吴征一直怀疑：凡樱肯定是去找那个人了。他从没有向胡桃求证过，他认为，作为凡樱多年的姐妹，胡桃肯定要替她掩护。不想，连胡桃也不知道实情，凡樱对那个人的身份越是保密，就越说明那个人在她心里的份量越重，她是出于对那个人的保护才如此保密的。一想到这，吴征就一阵揪心。可如今，人都没了，说什么都没用了。

回到家中，胡桃觉得，凡樱有太多的地方是她所不知道的，早已不是她过去认识的那个凡樱了。

二

凡樱和胡桃是大学时代的同学，她们俩被同学并称为外语系双花，两个人相同之处就是长得都很漂亮，身材都很好，学习也都名列前茅，追求者甚多。不同之处是凡樱皮肤白皙，更瘦一点，性格比较文静，而胡桃皮肤偏黑，偏丰满一点，性格比较爽朗。

虽然性格迥异，但这丝毫没有影响她们俩人的关系。自习间、图书馆、饭堂、甚至外出打工，到处都能看到她俩的身影。

对众多的追求者，她俩似乎都看不太上，两个漂亮的女生天天搭伴在校园中穿梭，已经成了一道亮丽的风景，在午饭后，很多男生都会特意选择她俩经常经过的小路回寝室。

同学们都打趣说：樱花盛开处必桃花朵朵，桃花贻人地则樱花留香。所以，大学期间，她们俩都没谈过男朋友。原因很简单，那些追求者，大都是年龄相仿的毛头小子，她俩都看不上。

毕业后，凡樱按照父母的意愿考取了公务员，在某区外事办。而胡桃则进了一家文化公司当经理助理。凡樱在区外事办一待就是好几年，从一名普通的科员到现在的主任科员，一直没动过地方。

后来经父母朋友的撮合，认识了吴征，两人谈了不到一年就结了婚。而胡桃则比较波折，在文化公司干了半年，嫌那里待遇太低，就跳槽到一个外企，当了一年翻译，又跳到一个房地产公司当总经理助理。最近几年，干脆自己出来单挑，自己注册了一个文化公司，揽了几个项目，还挣了点钱。

这几年搞公司全凭实干，其中的不易只有胡桃自己心里清楚。这年头，女人在外面干点事，尤其是年轻美丽的女性，仅凭个人的能力，面临的困难可想而知。期间，胡桃也遇到过形形色色可以给她提供帮助的男人，其中，有政府官员，有地方老板。但那些大都是有老婆有家室的，胡桃心里明白，若是跟了那些人，只能从经济上得到一些帮助，最终沦为被人唾弃的小三。在房地产公司当总经理助理的时候，她接待过一个区主管工程的副区长，政府官员比较含蓄，曾经暗示她，如果做他的情人，几个重点工程项目都能给她们公司，胡桃婉言谢绝了，就因为这件事，她不得不离开公司，另起炉灶。还有一个煤老板，身家过亿，曾经对胡桃展开过猛烈的追求。煤老板在包养情妇方面很有经验。见到胡桃第一眼就很喜欢，直截了当地表示，一年给她 60 万，外加一套别墅、一辆宝马车的使用权，但是要随时听候召唤，该出现的时候出现，该消失的时候消失。除了结婚，什么条件都能答应。甚至还说，如果能生个儿子，生活费就涨到 100 万，别墅和车子也能划到她的名下。对那个煤老板，胡桃满是不屑，很不客气地回绝了他。

靠着自己的吃苦肯干，她在北京也买了一套一百多平的大房子，开上一辆大别克，每年还要给家中寄弟弟妹妹的学费。家里的亲戚动不动就开口向她要钱，那么多亲戚，都是向她求助的，没一个是能帮她的。

胡桃心里很清楚，自己究竟想要什么样的生活，她也希望能遇到一位志趣相投的人，建立一个家庭。无奈一方面自己要忙于打理公司的业务，另一方面，她的强势也让很多年纪相仿的仰慕者望而怯步，不敢对她发起攻势。所以，这些年来就一直单着。这一点，和凡樱不一样，凡樱的根儿在北京，父母都在身边。自己是北漂一族，虽然在北京念了几年书，归根结底也是外地人。

作为大学同学兼好友，婚后的凡樱甚是为她着急，甚至还张罗给她介绍过几个政府的干部。几年社会上的历练，让胡桃练就了一种大大咧咧、非常豪爽的性格。见过几个之后，她发现，政府的干部，说话做事都唯唯诺诺、小心翼翼，没碰上有眼缘的。最后，也就抱着随缘的态度了。

对于凡樱的婚姻，胡桃从开始就不太看好，她总认为凡樱和吴征不太合适。吴征在一个研究所，年纪轻轻就评上了副研究员，身上充满了书呆子气。胡桃觉得搞科研的人都有些呆板，和凡樱不是一类人。虽然和凡樱是好朋友，但却和吴征没什么共同语言。还有关键的一点，他们不是自由恋爱。大学毕业后，凡樱遵照父母的意愿相了几回亲，最终和吴征确定了恋爱关系。对于这一点，凡樱并不否认。她看重的是吴征的人品，老实，可靠，再加上是外地考学过来的，亲戚都不在身边，婚后就是上门女婿，可以帮自己一起照顾父母。

结婚一年多，起初，胡桃一直以为她们夫妻关系很好。后来，凡樱渐渐流露出对吴征的不满，说他没有情调，不懂得浪漫。胡桃经常安慰凡樱，说这是她自己的选择，应该放低要求，吴征虽然不懂得浪漫，但却是踏踏实实过日子的人，不像一些男人，稍微有点权势或是有点钱就在外面花心。再后来，凡樱就不再提吴征了，却常常问胡桃对婚外情或是办公室恋情的看法？当时胡桃很坚决地表示：要么不结，结了就不能轻易离，婚外情不靠谱，那可是害死人的，没见过哪个有好下场。办公室恋情也比较麻烦，最终会导致一方放弃事业迁就另一方。这两种情况，吃亏的大都是女方，身边这样的例子举不胜数。所以，公司有这样一条制度，员工之间谈恋爱必须有一个离开公司。政府部门也有这样的规定，夫妻俩不能在同一个部门任职，上下级要规避亲属关系。见胡桃这样说，凡樱没有继续说下去，只是若有所思地说："你又没结婚，懂什么啊，有的事情，不是你想怎样就怎样的。"所以，有一阵子，凡樱总是心事重重的样子，一说起这些事就遮遮掩掩，吞吞吐吐，似乎有什么事情瞒着胡桃。

公安机关那边，除了例行公事的调查、询问，似乎也没有什么太大的进展。负责这件案子的李警官曾经私下里向胡桃透露，最近几年，刑事案件都不太好破，真正能破的没有几个。

这两天，胡桃一直在忙自己的事，刚刚接了一个晚会的承办权。这两天只顾着跑这事了，刚刚把灯光、舞美、导演敲定下来，总算可以喘口气儿了。一边开着车，一边想着，有两天没去看凡樱的父母了，不知道两位老人这两天怎么样，眼看快中秋了，应该买些东西去看看。这时，手机响起，她拿起电话。

“胡桃吗，我是吴征啊，有个事要麻烦你，今天，凡樱单位的同事打电话给我，说她们收拾凡樱的文件柜，收拾出一些凡樱的东西。我在外地开研讨会，回不去，你跑一趟吧。另外，拿过来就先放你那吧。应该都是凡樱平时用的东西，我怕两位老人看了伤心。”

“好的，没问题。我去吧。回头上我这拿。”

“不急，就先在你那放着吧。”吴征顿了顿。

胡桃车头一调，直奔凡樱的单位。凡樱所在的单位在一个政府大楼，进门就费了半天劲，里面的人不打电话，门卫就不让进。进了楼，就能感觉到政府机关特有的严肃和冷清。偌大的一个楼，听不到一点声音。静得有些可怕。胡桃最不喜欢这样的工作环境，太压抑，她真是不明白，凡樱怎么就受得了，一待就是好几年。

凡樱的同事把一盒子东西交给胡桃，并告诉她：有一些是凡樱桌子上的东西，还有一些是锁在铁皮柜里的，她们没有钥匙，但是柜子要腾出来，所以就请了开锁公司的，打开后发现里面有一些凡樱平时保存的东西。

胡桃看了看，是一些邮册、杂志、笔记本之类的。有几本《知音》杂志，还有一瓶玉兰油和一瓶郁美净擦手霜。凡樱从大学的时候就一直用这两个牌子，一直订阅知音杂志，这么多年了，胡桃早就欧伯莱、高丝换了好几个牌子了，现在，她只用日本资生堂的牌子。可凡樱还一直延续着以前的习惯。看着这些东西，胡桃又觉得，凡樱还是以前她认识的凡樱。

三

回到家里，胡桃把装着凡樱遗物的盒子放到桌上。她觉得浑身酸疼，也许是这两天跑晚会的事太累了。这时，雪儿“喵喵”叫了两声跳了过来，撒娇般用脸不断在她的腿边蹭着。她弯腰抱起雪儿，亲了一下：“雪儿，等我洗个澡出来咱们就睡觉。”雪儿是一只纯种的波丝猫，也是她家中唯一的伴儿。

从浴室出来，胡桃准备找吹风机吹干头发。突然听到“咣当”一声，扭头一看，原来，雪儿在盒子里抓东西，可能是没有完全放稳的缘故，雪儿和盒子一起摔到了地上。受惊的雪儿大叫一声就钻到了床下。看着散落一地的东西，胡桃一边叫着雪儿，一边赶紧过来收拾。忽然，一张照片歪歪斜斜地露了出来，胡桃停止了动作，盯着照片。照片中，美丽的凡樱身穿一条浅兰色连衣裙，冲镜头微笑着，脸上洋溢着幸福和一点点羞涩，旁边，一位穿深蓝色T恤的中年男子，搂着她的肩，他们后面是一块大石头，石头上写着两个字“天涯”，看得出来，应该是海南三亚的“天涯海角”石。

胡桃知道，凡樱去海南应该是几年前的事了，她是和单位一起去的，回来还给胡桃带了一串很漂亮的红珊瑚手链。因为那条链子很精致，至今胡桃还留着。

旁边的这位胡桃也知道，那是凡樱的前任上司王志刚。凡樱刚到外事办的时候，他在外事办当主任，也就是一把手。

两年前，王志刚调到区政府办当主任，一年前提了区委副书记。说起来，胡桃对王志刚这个人并不陌生。听凡樱说，这是一个很有才华的人。凡樱在外事办，每年都有出去玩的机会，说是公务考察，其实就是去旅游，这也是唯一让胡桃羡慕的地方。胡桃见过她和王志刚的合影，但没见过这张。看着这张照片，一半露在外面，一半还夹在本里。抽出来一看，是一个淡粉色带锁的笔记本。

凡樱把自己和王志刚的照片夹在这个带锁的本里。胡桃直觉感到这个本里肯定隐藏着什么秘密。虽然笔记本带着锁，但类似这种锁其实起不了什么作用，胡桃犹豫了一下决定把它打开，这种笔记本的锁其实很容易开，她没有费多大力气就把锁打开了。但当她翻开一页又一页的时候，里面的内容让胡桃震惊了。原来，这是凡樱的日记，里面记录着很多她和王志刚之间不为人知的事情。

……

我知道这样不好，但是我却控制不了自己。事情已经发生了，从那个晚上开始，就没有回头路了。这一切，我不能和爸妈说，甚至不能和最好的朋友说，如果我说出去，万一传了出去，他就完了。区里正在考察他，现在是关键时刻。所以，我只能把这些都记录下来……

2004 年 7 月 13 日 夜

……

今天，我听到刚和其他人聊天的时候说起自己的老婆，他和自己的老婆是在老家的时候家里人给定下的。但现在，孩子都那么大了，他的同学好多都离了，他依旧没离。我觉得他是太有责任感了，对自己太不好了，这让我很心疼……
2004 年 8 月 10 日 夜

……

我决定和吴征结婚了，虽然我不爱他，但能怎么办呢？我毕竟是要结婚的，而刚也不可能离婚。吴征是个好人，有点书呆子气，对那事要求也不高，他应该不会察觉到吧……2005 年 10 月 2 日 夜

……

明天，我和吴征要办婚礼了，今天晚上，我去了刚那，刚让小冯来接的我。我们疯狂地做爱，一直抱着，一句话也没说。今天，让我再完完全全属于刚一次吧。明天，我就是别人的老婆了……2005 年 10 月 15 日 夜

……

好长时间了，例假还没有来，今天去医院做了个检查，怀孕了。不是吴征的，我告诉他是一个月，其实医生说已经快两个月了。但两个月前吴征在外面开研讨会。要吗？对吴征太不公平。不要？真是舍不得……2006 年 4 月 15 日 夜

……

孩子没了。刚知道我怀孕的消息后挺紧张的。还是不要了，不能让他有太大压力……2006 年 4 月 17 日 夜

看完这本日记，胡桃彻底惊呆了。日记里多次提及的“刚”就是王志刚，从普通的上下级到地下情人，凡樱把和王志刚的种种，都原原本本记录在这个日记本里了。

从里面的记录的内容，胡桃终于知道，原来，凡樱之前提过的那位对她很好的同事，就是前任上司王志刚。她刚到外事办的时候，王志刚对他格外关照，有几次被老一点的同事欺负，都是王志刚出面替她主持的公道。所以，凡樱对他是十分感激的。除了对凡樱关照比较多外，王志刚还把很多机会给了凡樱，比如，外出学习，考察之类的。慢慢的，凡樱就对王志刚从敬佩变成了喜欢。直到一次和王志刚一起外出，两个人喝了很多酒之后，终于迈出雷池，超越了上下级关系。但王志刚是不可能因为她和老婆离婚的，凡樱也就一直做着王志刚的地下情人。

从日记上记录的时间可以看出，在认识吴征之前，凡樱就和王志刚好了。而凡樱之所以选择吴征，也正是看上吴征老实憨厚的性格，似乎对夫妻之事要求也不是很严格，这正好可以让她继续延续和王志刚的关系。凡樱甚至怀过王志刚的孩子，但因为怕他有压力，自己偷偷去医院做了流产。

日记上还记录着，自从王志刚从外事办调走升迁后，她们也一直保持着联系，每次见面都是王志刚的司机小冯来接她。小冯也是唯一知道他俩秘密的人。最近一段时间，凡樱发现有一个区政府机要处的秘书和王志刚来往比较频繁，那女人主要负责给王志刚走文件交换，虽然年龄比凡樱还小两岁，但却是离了婚的。

王志刚告诉凡樱，他和那女人只是工作上的接触。但一次凡樱无意中看到了那女人给王志刚发的一条短信，一个黄色笑话，甚是露骨。她就认定不管王志刚对她有没有意思，那女人对王志刚绝不是工作关系那么简单。再加上和吴征的婚姻生活过了一年，确实感到没有爱情的婚姻生活索然无味，有点坚持不下去了。所以，她不想再做王志刚的地下情人了，于是，就向吴征提出离婚，并要求王志刚也离婚。她对王志刚，已经从单纯的喜欢到深深的爱了。这一点，从她日记里就能看出，日记上记录的都是她对王志刚的点点滴滴。在日记的最后一页，记录着这样一段话：

“今天，刚给我打电话，说和他老婆谈了，明天，小冯来接我，我要好好问问。吴征条件挺好的，他肯定能找一个比我更好的。只是，对刚的老婆不公平，她本来就是农村的，也没什么一技之长，刚应该把财产多给她分些，我这还有些积蓄，可以都给她。明天，我要和刚好好谈谈这个事，毕竟，她成全了我们……

这是凡樱日记里记录的最后一段，胡桃看了一眼日期 2009 年 12 月 24 日，顿觉身后直冒冷气。

12 月 24 日，这不正是胡桃和凡樱去做美容的前一天吗？按照日记上所说，12 月 25 日她们做完美容之后，凡樱应该是去见王志刚了。之后，就一去不回了。

四

胡桃直觉感到，凡樱出事肯定和王志刚有着莫大的关系。

那这本记录着凡樱秘密的日记，究竟要不要交给公安机关呢？凡樱陷入了沉思。如果这件事真和王志刚有关系，日记交到公安机关，也就将凡樱和王志刚之间的关系暴露于世了，凡樱且不是在过世后还要被人议论。

胡桃辗转要到了王志刚的电话，一通电话，王志刚就如约而至了。因为，在电话里，胡桃告诉王志刚她是凡樱最好的朋友，而且手里有一本凡樱的私人日记。

他们约在了“真锅”咖啡厅，王志刚指定的地方。是一个很小的咖啡厅，屋内灯光很昏暗，都是带拐角的桌子，桌子与桌子间的隔断也很隐蔽。即使坐在对面，胡桃只能隐隐约约地看见王志刚的轮廓。这是胡桃第一次近距离接触王志刚。

透过昏暗的灯光，胡桃审视着这个让凡樱如此深爱的男人。王志刚进门的时候穿着一件黑色呢子大衣，头戴一个黑色的鸭舌帽，压得很低。进门就径直走到事先定好的位置。胡桃比他先到一会儿。

“你就是胡桃？”王志刚首先打破了沉默。

“您就是王书记？”胡桃停顿了一下说道。

“小凡跟你提过我？”王志刚皱了下眉头。

“是的，她跟我提过，说你以前对她很照顾，是政府里少见的有才华的领导干部。”胡桃低头喝了一口咖啡，抿了抿嘴，继续说：“她只对我说过这些，不过……我知道更多的，是从这里面知道的。”胡桃一边说，一边从包里拿出了那本日记。

王志刚看着日记里夹的那张照片，良久没有说话。

当他翻开一页又一页，胡桃看着他的脸抽搐着，如果不是灯光暗，他的脸色一定很难看。直到翻完最后一页，王志刚把那张照片抽出来，反扣在桌子上，长叹一口气：“为什么要给我看？没有交到公安机关？你怀疑我？”

胡桃身子向后移了移，轻声说：“王书记，我没有怀疑你。只是，按照日记上的记录，凡樱那天确实是去了你那。”胡桃身子往前倾了倾，用手按住那本日记，继续说：“您还没看出来吗，我没有把它交出去，就是不想把这事捅出去，我和樱子多少年关系了，她都没告诉过你们的事，樱子就是想保护您啊！怕您受影响，您还不明白吗？所以，我当然不会就这么把它直接交出去了。我知道你不方便说，但能不能透露点那天的情况，给破案提供点线索？”

看着胡桃殷切和真诚的眼神，王志刚终于放下刚才一直端着的架子。把桌上反扣的那张照片翻过来，一边抚摸着照片里的凡樱，一边低声哽咽着说：

“傻樱子，我说送你回家，你偏不让，要自己打车回去。你这是碰到什么了？好好的人突然就没了……”王志刚哽咽着有些说不下去了。胡桃感觉，原本那么严肃和高高在上的区委副书记，此时此刻，也只剩下男人最脆弱的一面了。

王志刚情绪稍微稳定后，告诉胡桃：凡樱失踪那天，他们确实见过面。不过是在远郊的一个度假村。因为那个度假村比较偏远，去的人不多，但环境比较安静。他们之前就经常去那个地方见面。那天，他和凡樱也谈好了，他回去会和自己老婆谈协议离婚的事。他们还决定给他老婆留一笔钱，弥补心理上的愧疚。但在回去的路上，区里有事找他，要他临时去一个地方开一个市里的紧急会议。由于和进城的方向相反，凡樱怕耽误他的事，所以半道下了车。凡樱下车的地方比较偏僻，天也比较晚了，王志刚叮嘱她一定要打正规的出租车。所以，王志刚猜测凡樱可能是在路上遇到抢劫的。快到年底治安就不好，市里已经通报了好几起入室盗窃的案子了。

“咳……”说完，王志刚叹了一口气。“如果那天，我看她打上正规的出租车就不会这样了。都是我把她给害了。”

听完王志刚所说的，胡桃觉得王志刚提供的线索似乎对破案也没有什么大大帮助，就把凡樱的日记留给了他，并决定，保守这个秘密。

从咖啡馆走出来，胡桃看到冯晓伟上前给王志刚打开车门，他一直就在车里等，王志刚的专车是一辆黑色奥迪。胡桃多看了他一眼，因为从凡樱日记里看到，每次和王志刚约会都是司机冯晓伟来接，也就是说，冯晓伟是知道王志刚和凡樱关系的，也一定是王志刚非常信任的人。之后，冯晓伟又到公司找过胡桃一次，这次是白天，给胡桃送了两箱火龙果，说是刚从海南空运过来的，王志刚的意思。冯晓伟一直把火龙果搬上胡桃车子的后备箱才离去，末了，还提醒胡桃车子的右后胎瘪了，需要补气。看样子，冯晓伟还真是个称职的司机。

五

见过王志刚之后，胡桃就把精力都放在了公司上，一直在忙项目的事，每天都做到很晚。一天，她把公司的人都放走了，自己在公司处理了点事。基本上都准备得差不多了，她也可以松口气了。回家又是一个人，所以，不管有事没事，她都愿意在公司多呆会儿。

在车里，她打开 CD，车内缓缓流淌出她最喜欢的“Returning Heart Garden”（重回心灵花园）。这是一首减压音乐，作曲者为了谱曲曾经在野外和狼群生活了很长一段时间。每当感到疲惫的时候，胡桃就喜欢放这首曲子。每每听到这首曲子，胡桃就宛如娴静地走在树叶飘落的林间，呼吸着树木和草儿散发的芳香，静谧得连鸟儿的鸣叫都听不到，只有脚步轻踏在撒满树叶的小道上。暮色渐浓，远处的物仿佛只看得到模糊的影子，夕阳向大地泼洒着余辉，依依不舍地滑入地平线，一对对恋人才在余晖的映照下拾起归家的步伐……一边游车河，一边听音乐，这也是胡桃的爱好之一。每当这时，胡桃都会把车子开得很慢很慢，和音乐非常合拍。

再盘最后一个桥，下桥，从出口处，就到家了，胡桃走着熟悉的路线。突然，一辆黑色的车从夜色中冲出来，直奔她而来。怎么回事？胡桃心里一惊，这条路，她闭着眼睛都能走下来，这是上桥的路口，怎么会有下行的车呢？只听“咣当”一声，胡桃眼前一黑，就什么都不知道了。

不知道过了多久，再醒过来的时候，胡桃睁开眼睛，觉得眼前白花花的，好多穿着白大褂的在眼前晃来晃去。表弟在旁边坐着。原来是在医院，胡桃还以为自己到了天堂呢。表弟看她醒过来，喊了一声：桃子姐。胡桃想用手支撑身体坐起来，只觉得一阵剧痛，原来，手和脚都被打上了石膏。“桃子姐，别动，你这伤势，怎么也得养个把月，医生说了，不能动，动就好得慢。”

“别告诉我爸妈，他们要是知道不定急成什么样呢。大老远的，要是再跑过来，我可受不了。没事，养养就好了，死不了。”胡桃扭了扭头，一个姿势让她觉得很别扭。

“什么没事，你都躺了两天了。怎么下班那么晚？幸亏有辆路过的车发现了你。你的车前轱辘卡在了桥上的一个石墩上，差一点就掉下去了。要是真掉下去了就完了。这年头，怎么开车的都有，真够可以的，肇事了还逃逸，交警说可能是上错路口了想调头，正好就和你撞上了。”表弟一边削苹果，一边继续说：

“车子都报废了，警察前两天过来了，你当时还没醒。他们好像在查肇事的车辆。对了，他们还说等你醒了要通知他们一下。他们要过来做笔录什么的。表弟把洗好的苹果递给胡桃那只还能动的胳膊，就出去给警察打电话了。

胡桃把苹果放在床头，她什么都不想吃。环顾了下四周，看了看旁边几个床上的病友，都有家人陪着。她摸了摸被白纱布缠得严严实实的头，觉得还是懵懵的。回想起那天的事故，她隐约觉得好象撞她的车压根就没开前灯，但凡是有点光她也能注意到的，等发现的时候就已经撞过来了。怎么走错路车灯都不开呢？

胡桃在医院住了一个多月。这期间，吴征来看望她，胡桃没有告诉他日记的事。王志刚也来了，来的时候见到了表弟，表弟工作的单位恰好是王志刚主管的区域。表弟看到平时只能从在台上讲话时望见的人，竟然来看望自己的表姐，一时手足无措。走的时候，王志刚还拍拍表弟的肩膀说：“小伙子，好好干，有什么困难来找我。”这让表弟有些受宠若惊。

期间，交警来了两次，告诉胡桃，肇事的车辆已经查出来了，是从汽车租赁公司租的车。但租车的人用的是假身份证，所以调查就有了难度，但还是会继续追查。

一个月后，胡桃出院搬回了家，请了一个临时护工照顾自己。公司的业务也早就交给一个副手打理了。没事的时候，她就翻翻凡樱的日记，从日记里，她越来越觉得凡樱对王志刚的感情是很复杂的。从最初的崇拜到喜欢，从喜欢到爱，知道其他女人纠缠王志刚之后的恨和埋怨。所以，最后就走了极端，其实她是害怕，害怕王志刚另有新欢。他和王志刚之间本就没有婚姻基础，再有人横插一杠，她害怕王志刚会因此而变心。和王志刚之间，自始至终，凡樱都缺乏安全感。所以她才变得神经质。到最后，就到了见王志刚和别的女人喝酒碰杯、开玩笑心里都会不舒服的地步，更不要说那么露骨肉麻的调情短信了。所以，为了得到王志刚，她最终决定和吴征离婚，用婚姻关系把王志刚栓牢。

胡桃在家中休养的这段时间，交警又来了。这次，随同而来的，还有负责凡樱案子的警官。凡樱以为是凡樱的案子有了什么进展，不想，警察说的却让她大跌眼镜。她的这场车祸，像是有预谋的。

原来，市里要搞一个国际赛事，在比赛路段及几个重要节点安装了一批摄像头，其中一个摄像头就按在了在她出事的那个桥上，因为是新安装的，系统还在测试阶段，所以调取资料慢了些。近日交通部门把资料调出来，发现肇事车辆是事先开上桥的，看到胡桃的车之后才发动撞上去的。

在几位警察的随同下，胡桃看了现场的录像。从调取的摄像资料里，胡桃看到，夜色中，一辆黑色伊兰特驶上桥，因为很晚了，来往车辆很少，伊兰特在应急车道上挑了个头后就停住了。车内走下一个瘦高个男子，站在桥边，向下看了看。站了一会儿，点了根烟。看到胡桃的车盘上桥时，把手里的烟头摔在地上，扭头进车发动。在他转身开车门的时候，正好冲向摄像头。

警察把画面定格，随着画面的放大，胡桃不觉倒吸一口冷气，这不是王志刚的司机冯晓伟吗？刚才看录像的时候就觉得身影好熟悉，只是一时想不起来。现在把图像放大，虽然不是很清楚，但还是可以分辩的。而那辆伊兰特，像极了那天凡樱上的车。

住院期间，王志刚来的时候，冯晓伟也一直跟在后面，只不过把东西放下后就离开了。

那么，冯晓伟为什么要这么做呢？

六

冬季，天黑的本来就早，还不到下班时间，天色就暗了下来。办公室内也显得昏沉沉的，王志刚站在窗户旁边，看着隐隐约约已经亮起来的几盏路灯，继续沉默。他已经听说公安机关调取车祸录像资料的事。在这个区里，以他的能力，这点消息很容易就能得到。冯晓伟坐在旁边的沙发上，将还未抽完的一支烟在满是烟蒂的烟灰缸内捻了捻，站起身来："王书记，我现在就去自首，都是我一个人干的，不能连累您。"

"人命关天，这么大事，你一个人扛得住吗？你走吧，能走多远就走多远。钱已经给你舅舅的帐户打过去了，足够你们下半辈子用了。"

"那……您呢？，眼看这人事命令就要下来了。冯晓伟咬了咬嘴唇。

"结束了，都该结束了，这都是命！"王志刚叹了口气。

冯晓伟暴露了，他势必会受到牵连。如果胡桃认出冯晓伟，她肯定会把他和凡樱的事捅出来，并说出日记的事。日记虽然已经被他销毁了，但公安机关肯定以此为线索展开调查，调查结果怎么样就不好说了。再说，自从凡樱出事后，他每天晚上都会梦见凡樱向他哭诉，指责自己不应该这么对待她。

其实，对于凡樱，他是有感情的。如果不是她一直逼着自己离婚，他也不会默许冯晓伟对凡樱下如此之毒手。他也是被逼得没办法了才出此下策。区委书记要退休了，他作为第一副书记，接手第一把交椅是水到渠成的事。就等上面正式任命了。谁知道凡樱就在这个时候提出要他离婚的要求。别说这会儿不能离了，就是命令下了也不能离。在党政机关，要是背上个离婚的头衔，那也就意味着仕途的终结。尤其是他这样党口的领导干部，如果有离婚史，上面在任用的时候就会认为作风有问题，小家都经营不好怎么经营大家！

冯晓伟，是部队的特种兵出身。在部队，受过专业的训练。但因为几次打架斗殴，部队本打算开除他。他是孤儿，从小跟着舅舅，舅舅对他还好，但是因为舅舅家里也有一双儿女。供自己的孩子读书都成问题。舅妈为这个事和舅舅总是吵架。懂事后，他就一气之下当了兵。凭借天生强壮的身体，竟被特种部队选上。在部队，结识了几个战友，养成很重的哥们意气。几次和人打架斗殴，都是因为自己的战友被欺负，所以挺身而出。部队打算开除他的时候，正好王志刚和他们领导比较熟，听说这件时后就把冯晓伟要到了自己身边，给自己开车还兼保镖，一跟就是好几年。王志刚的很多事冯晓伟都知道，由于受过专业的训练，这方面他是守口如瓶。

所以，当看出凡樱对王志刚的纠缠，冯晓伟表示可以帮他解决这个问题，要凡樱永远不会纠缠他的时候，他也曾一度纠结过。区里马上就要进行公示了，正是紧要关头，不能出一点纰漏，否则，自己任职的事情就泡汤了，一届政府是五年，五年后，自己就快到退休的年龄了，更没什么希望了。凡樱却在这个时候提出离婚的要求，这是万万不能的。当时，对于冯晓伟的做法，短暂的犹豫之后，他就给予了默许，并看着冯晓伟用他的手机给凡樱发短信，让凡樱按时赴约。

其实那天，王志刚压根儿就没出现。

事实是，冯晓伟开着伊兰特接上凡樱后，走的盘山路。黑色伊兰特是冯晓伟用假身份证从汽车租赁公司租的，专门用来帮王志刚办一些特殊的事情，也是接送凡樱的专用车。当时，凡樱也心生疑问，问为什么他们约会的地方换得这么偏僻。冯晓伟以原先约会的度假村有政府会议接待为由，骗过了凡樱。并告诉凡樱，他要带她去的地方是一个新建的原生态度假村，在半山腰。这样打消了凡樱的顾虑。途中，又以车胎漏气为借口，让凡樱帮他支轮胎，就在凡樱帮他扶支轮胎用的架子时，他从后面用事先准备好的铁棍猛击凡樱。自始至终，凡樱毫无防范和抵抗。至于碎尸，一是为了便于掩埋，二是为了即使被人发现，也不会轻易辨别出凡樱的身份。

这些，对于受过特种兵训练的他来说是轻而易举。只是，他没有料到会有驴友经过这里。几个驴友在爬这座山时迷了路，找路的时候，恰好坐在掩埋凡樱的地方休息，一位眼尖的发现了露在外面的手机，那是凡樱被拔出电池的手机。

后来，胡桃约见王志刚说日记的事。这些冯晓伟都知道，他决定一不做二不休，要彻底清除胡桃这个麻烦，所以就制造了车祸。他很清楚这个区域摄像头的设置，只是没有想到会因为市里搞赛事经过这里，新装了摄像装置。其实，那次市里开赛事协调会，王志刚本应参加，但由于他当时有一个重要的事，没有参加那次会议。所以对具体工作布置不是很清楚。就这样，冯晓伟就被原原本本录了下来。可能，这就是所谓的因果报应，天意。

现在，眼看事情就要败露了。如果冯晓伟投案，王志刚怕他会说出自己和凡樱的关系，那样的话，书记也是当不成的了，另外，会不会怀疑自己“指使杀人”，也是未知数。所以他打算让冯晓伟逃跑，给他打过去一笔钱，这边他一个人抗着。虽然和自己脱不了干系，但毕竟自己不是真正的凶手。大不了双规，免除职务，开除党籍。

然而，事情并没有按照王志刚的预料发展。冯晓伟在返乡的火车上便被公安机关抓获。虽然他做了假身份证。但他的名字已被列入重大通缉犯，照片也已经在全国各个公安系统进行公布了。

面对公安机关的审讯，冯晓伟自始至终没有透露王志刚，只说这都是他一人所为，是想对凡樱图谋不轨。但是，很快他的说词就漏洞百出。以冯晓伟的水平，开车打架没有问题，但至于编故事可就差远了。

很快，王志刚也被停职，接受公安机关的调查了。据说他在接受公安机关的盘讯时，一直痛哭流涕，并且承认了他利用职务之便，和凡樱以及其他几位女下属发生不正当关系。也许是良心发现，觉得自己太对不住凡樱了。

冯晓伟肯定是死路一条了，杀人偿命，天经地义。至于王志刚怎么判，那要看法院的裁决了。20 天后，法院正式裁决，冯晓伟是直接凶手，被判死刑。王志刚负间接责任，被双开，判处有期徒刑三年，缓期二年执行。

不管怎样，凡樱的案子是水落石出了。法院终于还了凡樱父母一个公道。

而日记的事，胡桃自始至终也没有向公安机关及凡樱的家人透露。她准备替凡樱永久地保守这些秘密，那里面记录着好友凡樱的爱、恨和命中的劫数。

山花烂漫

雍　桦

一

和辉的相识出于偶然，那是在父亲开的小商店里。父亲退休后，在八大处附近开了一个小商铺，卖些小商品和食品。八大处山上有一座佛牙舍利塔，塔里供奉的是释迦牟尼佛祖的灵牙舍利。我虽不是佛教徒，却总被那些善男信女震撼。一些虔诚的佛教信徒，背着背包，沿着路边，一步一磕，朝着供奉舍利子的方向，五体投地式的膜拜，一直到塔前。这儿还是有些灵气的，也许是因为这个缘故，山上的树都特别茂盛，花儿也开得异常鲜艳，尤其是春天，漫山遍野开满了杏花、桃花、迎春花、玉兰花等等，一片片、一簇簇，各有姿态。所以，有不少人不是来朝拜，而是来踏青赏花的。

被父亲称作“辉子”的这个人，以前从没见过，不知道他怎么跟父亲熟络上的。毕竟不熟悉的人不靠谱，这年头，有人专门骗老人的钱。尤其是父亲这样的老实人，容易相信人。所以，我格外留意辉这个人。生怕有什么闪失，善良的父亲被他骗。

那阵子，辉像是在等什么人，经常在商店里和父亲下棋。父亲是个挺腼腆的人，不知道辉用了什么办法，沉默寡言的父亲在他面前竟然变得开朗了起来，下棋的时候经常笑出声来。一天，几盘之后，只听见父亲大喝一声“将军”，然后大笑：“哈哈，我赢了，这回服了吧。”辉站起来，一边将象棋收到包里，晃了晃身子，漫不经心地说：“呵呵，叔，实话告诉您吧，我就知道赢不了您，我是个臭棋篓子，跟谁下棋都没赢过。行嘞，这回愿赌服输，哪天请您钓鱼。”

说完冲父亲和我摆了摆手，跳上白色金杯，发动车，白色金杯在小店门口扭了个大圈，挑了个头，留下一股尘烟后离去。看着白色金杯迅速在视野中消失。我问父亲：“什么时候认识这么个人？”

父亲笑着回答：“就是来店里买东西的客人，这两天老来，每天都买一包烟，前几天陪我下过两盘棋，说是来讨债的，欠他债的人就住对面小区内，他在这等着欠债的人出现。”

“什么，讨债？”我睁大眼睛，没听过这样讨债的，这不是守株待兔吗？这样能找到欠债的人吗，人家要是知道他在家门口守着，一直不回家怎么办？

“那和咱们也没什么干系，不过，小伙子挺有意思，明明棋下得不怎么样，还老张罗着跟我下棋，上次已经跟我打过一回赌，输了还在咱店里买饮料请我喝。有意思。”父亲笑呵呵地，好象碰到什么怪人一样。

听父亲这样说，我也觉得挺奇怪的。心想：别是想通过这种方式拉近距离再行骗。或是讨债的时候发生争执，影响小店的生意。父亲听到我的担忧，又笑说不可能，他不过是买买烟，下下棋什么的。父亲还说，有一次买烟，他零钱不够，父亲想少收点，他不干，坚持让父亲给他破开一张百元的大钞。

听父亲这样说，虽然觉得他有些奇怪。再一想，只要来店里买东西付钱就行，其他的，我也犯不上干涉。后来，在等人的空闲，辉还开着那辆白色金杯帮铺里拉过几回货，让我逐渐改变了对他的看法。

那段时间，辉几乎每天都来。有时候和父亲下棋，有时候和我聊天。辉自始至终没有向我透露过年龄，但据我判断，他至少要大我 10 岁，我一直以为和他不会有什么共同语言。不想，通过和辉的几次交谈，我发现，虽然没受过什么高等教育，但他的经历是相当丰富，知道的事情也特别多，不管说什么都能聊上几句，还有最关键的一点，他很会聊天，经常能把人聊得前仰后合，慢慢地，他和全家都熟络了起来。

辉是老北京人，说话十足的京腔京调，所以，容易被人认为是油腔滑调。对此，辉也很无奈，经常自嘲：“我说话就这样，改不了。其实人挺实在，老被人误会，真没办法。”

相比较之下，和他一起的“老胖”给人的感觉就要憨厚许多。“老胖”是辉的朋友，在一个酒店的工程部上班，上一天歇三天，所以，不上班的时候，就和辉一起来盯梢。两人是鸽友。老北京人的爱好很多，有遛鸟，太极。我从认识他俩之后才知道，玩鸽子也能挣钱。

辉和老胖都养鸽子，据说一年还要到外地好几次，用自己的鸽子打比赛。这对我来说是一件挺新鲜的事。老胖显然年龄比辉小很多，但远不如辉健谈。不过，老胖是那种看上去很实在的人。有老胖那样的朋友帮着做事，辉这个人应该也差不到哪里去。

辉后来履行了承诺，他请父亲到不远的一个鱼塘去垂钓。走的时候撇下一句话，你们应该给老爷子放一天假了，天天站商店不怕累着。之后就带着父亲坐上金杯车扬长而去，父亲那天虽然没钓上几条，但那叫一个乐。我那天担起了重任，和母亲卖了一天东西。

就这样，辉和老胖在我家小店门口，蹲点似的蹲了三个来月。期间，有时候是辉自己，有时候是和老胖两个人一起。两个人的时候，辉都是在店里和父亲聊天，老胖在车里盯着小区门口。一个人的时候，辉就一直坐在车里，偶尔下来买包烟。基本上一蹲就是一天，到了饭点就在旁边饭馆要两个菜。他们知道父亲有时候忙，中午吃不上饭，经常会给父亲叫上一碗面条，搞得父亲很不好意思。

后来我才知道，他们开的那辆金杯车，是租的，一个月租金 3000 元。我不禁瞠目，心想，那个欠辉债的人，一定欠了辉很多的钱，不然，辉怎么会为了讨债下这么大本儿呢。

二

我给辉出主意，这么蹲点盯梢不是办法，实在不行可以报警，让警察来处理。再说，辉有时候陪父亲下棋的时候，是完全暴露在外面的，如果被欠债的人看到，人家还会出现吗？

有一次，我实在忍不住，好奇地问，什么人欠了他的债，欠了多少？辉没有正面回答，反问我的年龄。我告诉他后，他迅速说出了我的属相。我们年龄并不相仿，他能这么迅速说出我的属相，一定是有熟悉的人和我同龄。接下来，他的问题却让我感到很奇怪。

辉深深地吸了一口烟，似乎想到了什么。一会儿，慢慢地问：“你一直在这里住吗？从小就在？”

“当然了，我从小就在这住，上小学的时候，体育老师经常带我们爬山，我爬着它长大的。”我一边说，一边指了指八大处一座最高的山峰。”

辉吐了口烟圈儿，目光没有顺着我手指的方向，他双眼眯着，看向远方，若有所思地说：“我知道，不就是虎头山嘛，前市长不就是把别墅建在了这个老虎头嘴的下面才下台的吗。”

“呦，这事你也知道啊！行啊，我听别人说，就是这别墅盖得不是地方，风水不好。”我对八卦新闻一向兴趣浓厚。

“管他呢，反正和我也没什么关系。”辉又恢复了他一贯的油腔滑调。“那……你小学也是在这里念喽？”他指指远处一座矗立的教学楼。

“是啊，我睁大了眼睛，看来你对这还真是挺熟。”

“也许，我还认识你同学呢？”辉耸了耸肩。

“不可能，我的同学你怎么会认识。你那么……”我本来想说“你那么老”，但觉得那么说话不太妥，话到嘴边又收了回去。

“哈哈，你是想说我老吧。”辉自己把话接了过去。“这跟年龄没关系，不信我给你说几个名字听听，你看看认识不认识。

我很是不以为然，认定了这是不可能的事，不想，辉紧接着就说出了几个名字。让我张大了嘴巴。他说的这几个人，其中有两个，不仅和我在一个学校，还是一个班级的，小学六年，都是一个班的，也都住在附近的小区。

“呵，真是我同学！”我饶有兴趣。“你怎么认识我的同学？”

“我怎么就不能认识你的同学？还不止认识，应该说，很熟。”辉淡淡地说。

这件事让我产生了一定的兴趣，因为，辉说的几个人，都是和我年龄相当的女孩，由于是小时候的同学，目前也都没什么联系了。在我看来，她们和辉根本不是一类人，更不可能做朋友。我要不是因为替父亲看小店，估计和辉做朋友的几率也不大。辉似乎并不愿意多说，在几次追问无果后，我也就不再纠结。出于好奇，偶尔还是会提出来问一下。辉每次也总是笑笑，不告诉我答案。

那时，我和辉已经成了很好的朋友。我偶尔在朋友聚会的时候叫上他，他特爱讲笑话，经常把我们逗得忍俊不止。我也融入了他的朋友圈。我发现，他的朋友，有玩鸽子的，有做生意的，很少有像我这样的上班族。他们隔三岔五地就在一起聚聚，夏天吃羊肉串喝啤酒，冬天打游戏。他的好些个朋友，不知道是做什么的，但都开着价格不菲的车，看起来却又不像白领，多是老北京。还有几个哥们是靠玩鸽子发的家……我也是认识辉之后，才知道，原来世界上还有这样一类人，不用上班，还可以生活得很好。

我逐渐对辉有了新的认知，但我认为辉做过的最不简单的一件事，就是他上演的那一出“罚款门”事件。

由于我刚刚拿到的驾照，开车经常被开罚单。一次，在刚被警察开了 200 元罚单之后，碰到了辉。

辉当笑话给我讲了一件他亲身经历的事。我才知道，虽然交通警察有处罚违章的权力，但个别时候，被处罚者也有权申诉。只不过，大部分时候受罚者不会对警察开出的罚单产生质疑。

一个下午，他独自开车在三环路段。在一个上坡路上，刚上坡就被一个交通警察拦下。理由是，辉的车压实线了。辉当时下了车，站在警察的位置，向刚才行驶的路段看去。事实上，警察站的位置是看不到坡下的交通线。然而，那位交警不管辉的辩解，二话不说就开了罚单。

被开了罚单的辉没有像其他人一样老老实实地去交罚款。他回到家，拿出摄像机，又回到刚才“违章”的地段。此时，警察早已离去。他站在刚才警察的位置，用摄像机把视野范围内的路段拍了下来。之后，就径直到交通队，要给自己这张罚单讨个说法。

最终，这件事以辉的胜利而告终，交通队不仅撤销了对辉开的罚单，开罚单的交警直向他道歉。

这在我看来，是不敢想象的事情。自从拿了驾照，我就深刻地体会到司机对交警的惧怕。

对此，辉这样解释，警察没什么好怕的，如果你没有犯什么错误，就什么都不用怕。当然，如果确实是自己有问题，态度还是很重要的。还曾经有一次，辉从环路出口把车子开了进去，开进去之后才发现辅路内侧站着一位交警，显然交警也已经看到了他。辉当时的反应当即又把车子倒了回来。警察看到他的“知错就改”，也就网开一面，没有拦他。

这就是我认识的辉，总之，在我看来，辉和我是完全不同的两类人，辉所在的人群，是我非常陌生的世界。他的很多做法，是我根本就想不到的。

三

有一段时间，辉显得特别高兴，说找到欠债的人了。当被问及债务是否都讨回来了，他又笑而不答。紧接着把金杯车还了，买了一辆全新的绿色吉利。每天，他还会在商店待一会儿，却不再向小区门口张望，一到五点就走，说是去接人。后来，辉渐渐来得少了，快打比赛了，他要忙着训练鸽子。听老胖说，辉和欠债人之间的问题已经解决了，辉自然也就不需要在商铺门口守候了。再后来，又听说辉交了一个女朋友，大部分时间都在陪女朋友了。老胖那时也辞去了工作，开了个鸽子公棚，当起了老板，生意做得还不错，所以，也很少和辉在一起了。

很长一段时间之后，辉带了个女孩出现在商铺。辉介绍是他女朋友，岚儿。岚儿是一个小学教师，个子不高，皮肤白白的，不怎么爱说话，很文静，但对辉的话是言听必从。看得出来，她非常喜欢辉。

我私下里对辉说：“能找到岚儿这样的女孩是你的福分，奇怪岚儿怎么会看上你？”辉满不在乎地说：“你说我应该找什么样的？你没见过我的前妻，和我前妻比差远了。”

“前妻？”我张大嘴巴，惊讶地问：“你结过婚？”再一想，辉这个年龄，结过婚也不是什么稀罕的事。只是，认识这么久，第一次听他提起前妻。

“结过婚有啥稀罕的，实话告诉你，我结过两次婚，有一个前妻还是你同学，信吗？”

“结过两次婚？前妻是我同学？不可能。”我大声问：“谁？”

一阵沉默。

我顺着他之前说过的几个名字想去，一下子，想到了夏子。

“夏子？”我脱口而出。“不可能。”不等他回答，我随即自己否定了这个可能性。

夏子是我的小学同学，我们在一个班级。在我印象里，夏子是个乖巧得不能再乖巧的女孩了。和她比起来，我便显得十分叛逆，而她绝对是乖乖女。

为什么直觉想起她呢，因为她和辉前面提到名字的几个人关系很好。在学校的时候，这几个女孩经常在一起，她们其中有班长、学生委员、卫生委员，都是班里的学习尖子兼班干部。和她们相比，我则显得叛逆和另类了。所以，我也不认为夏子会和辉这样的人走到一起。别说夏子，就连我看辉的世界都是完全陌生，夏子和辉更是两个空间的人，完全不搭界。

在经历过自我否定的纠结之后，我又说了几个人的名字。辉没有回答我，任凭我怎么询问，他都笑而不答。只是淡淡地说，到时候会告诉你的。

这大大引起了我的好奇，他前妻竟然是我的小学同学，我对这件事产生了更浓厚的兴趣。

这个问题在我脑海里划了大大的一个问号，以至于让我时不时就拿出来提问一下。每次，辉总是笑而不答。

过了段日子，辉和岚儿也领了结婚证，却没像其他人一样举办婚礼，只是两家人坐在一起吃了顿饭。

我惊异于岚儿是如何做通家里人工作的。我相信，和所有女孩一样，她一定对自己的婚礼曾经充满了憧憬和期待，并做过很多种的假设。即使不是铺天盖地的隆重，至少也要身着婚纱，有个类似的仪式，接受亲友的祝福，一定不会想到是如此的操办。

然而，这一切，都没有。就这样，辉又一次迈入了婚姻殿堂。

对于辉来说，这些似乎早已不再重要。好在，岚儿看起来还是很幸福。婚后的她，脸上总是洋溢着幸福，尤其是看辉的时候，充满了喜悦和满足。

一年后，岚儿为辉生下了一个可爱的男孩。那时，一个小小的生命也正在我体内悄然滋长，等待成形。

辉在孩子半岁的时候，带着岚儿来到我家里，那时候，我已经大腹便便，一副待产的准妈妈状。

岚儿带了一堆孩子用过的东西和衣物，说新的衣服要经过多次滤洗才可把上面的浮色或杂质澄清，刚出生的婴儿用旧的衣服或东西干净卫生，更舒适。辉在一边静静站着，听我们说话，

岚儿非常细心地一件件地教我使用方法，什么吸奶器、温奶器、奶嘴，甚至防渗漏的奶垫。我惊异于养孩子的程序如此之复杂。辉还时不时地在旁边插上一句，俨然一副专家的样子，让我忍俊不止。

看着他俩日子过得有滋有味的，心里很为他们高兴。

四

儿子顺利出生了，期间，辉子和岚儿又来了好几次，每次都会把他宝贝儿子“淘”下来的东西给我带过来一些。

由于要照顾儿子，我和辉一家的聚会渐渐少了。只是偶尔通通电话，辉在电话里传授我一些育儿经验。岚儿工作的单位比较远，辉的时间相对比较自由，他看孩子的时间反而多一些。忙的时候，他们请了一个老人照看孩子。

时光荏苒，转眼间，儿子到了上幼儿园的年龄。

有一次，儿子腹泻，辉专程送来了鸽子蛋，说是老方子，可以稳固小儿的肠胃。

老公经常出差，我就经常和辉夫妇带着孩子去大大小小的儿童娱乐区。辉很有经验，什么地方适合儿童玩耍，他如数家珍，每次都能找到又好玩又经济实惠的地方。

夏子也出现在我家小店两次，毕竟是多年同学了，虽然不常联系，但当她第一次出现在我家小店的时候，我还是一眼就认出了她并立即叫出她的名字。第二次她是和父母、哥嫂在旁边的饭馆用餐，我们又寒暄了几句。

她已经不在小区住了，和老公在四季青附近的一个小区买了房，老公是位名律师，一直没要孩子。偶尔回小区看望父母，那次相遇就是她回来看父母的时候，进我家小店买东西，正好那天我在。

当我得知她在一家房地产公司做销售时，直呼那收入一定很高了。她笑笑说还可以。一如以往的腼腆，在她脸上，丝毫看不到岁月留下的痕迹。

聊了一会儿，夏子就走了，我们互留了电话号码，这并没有增加我和夏子联系的频率。后来，接到夏子的一个电话，她跳槽了，到了一家保险公司。知道我和旅行社打交道比较多，所以希望我帮助她介绍些可以做旅游意外险的旅行社。夏子虽然只负责内勤，不做业务，但毕竟刚到公司，希望能调动自己的资源为公司做些事。我欣然应许，表示如果有机会可以帮她留意。

挂电话时，夏子显得有些吞吞吐吐，我不知道她想说些什么。末了，她支吾道：“这是我现在的联系方式，我的手机号也换了，一会发给你，如果有事你可以打这个电话找我，但……我……不想让别的同学知道我在做保险，所以，别把我的联系方式告诉其他人，其实就是……其他的同学。”夏子特别强调了“同学”这两个字。

我毫不犹豫答应了她的要求，夏子一直是个很内敛的女孩，还有一个原因，当下很多人对做保险业务的人带有色眼镜，对于脸皮比较薄的夏子，她提这样的要求我一点也不觉得奇怪。

我把夏子的嘱托铭记于心，试图在周围挖掘客户资源。在一次带孩子游玩过程中，我向辉提起这个事。本以为他一直处于自由职业状态，不会有这样的资源。不想他说起一个哥们是开旅行社的，我的心不由动了一下。

我调侃到：“你不是认识我的同学吗？这也是我同学，小学的，和你上次说起名字的几个人关系还不错呢，没准你也认识呢。帮个忙呗。”

当提到夏子的名字时，我看到辉眉头微皱了一下，瞬间又恢复了平静。

“不认识，我问问我哥们，看看他们有没有需要的。”

几天后，辉主动约我带孩子去一个新开业的儿童城。两个小家伙，一见到儿童城的充气滑梯，就欣喜若狂地扑了进去。

因为是第一次来，我怕儿子不熟悉环境出现磕碰，想跟在身边。辉拦住了我，说男孩子应该多锻炼独立性，不能太粘着父母。应该放他们自己到里面玩耍，即使有磕碰，他们也会从磕碰中找寻经验，从而避免下一次的磕碰，大人不能跟他们一辈子。

看着辉的儿子很快融入，在儿童城里上窜下跳。儿子却还在站到一边懵懂着，只能做个观战者，我下决心，鼓励他自己去尝试一下。不一会儿，儿子也很快融入，体会到了自由的快乐。

我和辉坐在一边，看着儿子没有我的跟随，也玩得不亦乐乎，我吁了一口气，感到无比的轻松。辉今天看起来却是心事重重，不如以往那么健谈。

我了解到，岚儿换到了另一所私立学校，当人事经理，干得还不错。业余时间，还和一个朋友做起了服装生意，在一个商贸城做起了服装生意。今天岚儿休息，辉把岚儿送到商贸城后带儿子来了这里。岚儿真是能干，我又一次发出赞叹。

辉没有顺着我的话说下去，却说了一个让我极感兴趣的话题。

“你不是一直想知道我前妻是谁吗？

“是，可你一直都没告诉过我。”

“你上次说你的那个做保险的同学，可以把她新的电话号码告诉我一下吗？”

“我同学？做保险的那个？夏子。你要她电话做什么？啊……难道……她就是…你的前妻？”我无比震惊。

“她是什么时候开始做保险的？”辉的语气充满了关爱。

辉终于开启了他心中的那道闸门，原来，在小店守候的几个月，并非是在等待什么欠债人，而是在等候他的前妻——夏子。

五

在日子过得还算甜蜜的时候，夏子突然失踪。换了工作单位，也没有回父母的住处。之后，辉就收到律师事务所的代理函和法院开庭通知书。没有争吵，没有任何的解释，夏子单方面提出离婚。

辉知道，从一开始，他俩的事就遭到夏子父母强烈的反对。夏子不顾父母的反对，最终和辉领了结婚证，婚后，始终没有得到父母的认可。特别是父亲，认为辉欺骗了夏子，是社会上的混混，配不上大学毕业的女儿。但这次夏子却单方面提出离婚，好不容易才冲破重重阻碍走到一起，她究竟遇到了什么难题？辉的心中充满了疑问。他要尽快找到夏子，不管有什么事情，他都要和她一起面对。

辉如期出现在了法庭上，他想，夏子一定也会出现。他要夏子亲口回答，为什么要和他离婚？辉没有想到，夏子并没有出现，而是全权委托给了律师。辉当即向法官提出疑问，以当事人没有在场为由拒绝开庭。

辉不甘心，发誓要找到夏子，要她当面解释，为什么要这样做？那些日子，他什么都不干，为了不被认出，把先前开的车子卖掉，租了一辆大金杯。

他不知道夏子住在什么地方，但想她一定会回来看父母的。所以，就天天在夏子父母的小区前守候，小区就在我家小店的对面。这也就是为什么辉会在小店守候的真实原因。

夏子依旧没有出现，辉等来的是又一张法院传票。

当律师手持夏子亲手签名的委托函时，辉放弃了最后的坚持，在离婚协议书上签了“同意”两个字。他想，如果同意离婚，夏子自然就会出现了。事实证明，他的猜测是对的。在商店守候的第三个月，辉终于等到了久违的夏子。

“她是不想见你吗？”我忍不住问。

“她是不敢见我。”看着我不解的神情，辉缓缓地说。

“她一见到我，就无法和我分开，婚就离不成了。这次她是铁了心要和我离了，所以，只有不见，才有可能离。”辉脸上毫无表情，似乎在说着别人的故事，这一切与己毫无关系。

当经过三个月守侯，辉再次站在夏子面前时，果真如他所说，他们又在一起了。

“你是怎么让夏子又回到身边的？”我问。

“什么都没做，只问了句‘你住哪？明天早上我来接你’，离婚不是她的本意，都是因为她父母。”

在办理了离婚手续，法律上已经毫无婚姻关系之后，两人却因放不下彼此又走到了一起。

“我们没有住到一起，而是像谈恋爱时候一样，我天天接送她上下班。”辉深吸了一口气，似乎要释放些什么。“我知道，那时候，有一个律师也在追求她。”

我终于理清头绪，为什么辉不再讨债了。在小店守候的短短几个月中，辉和夏子之间经历了离婚——守候——相见——重新在一起——再分开。

他们就这样在一起半年多，最终，夏子还是选择了律师。直到夏子和律师领了结婚证，才有了岚儿的出现。他们最后一次见面，夏子问了一个问题：“如果我和别人结婚，你还能像以前那样对我好吗？”

辉当时的回答是“不能”。这个问题，任何一个男人都不会有第二种答案。

“我答应过她，不把她的联系方式给任何人，再说，都那么长时间了，你还放不下吗？“即便见到又能怎样呢？

“我不知道，只想知道她现在过得怎么样？”

“如果她现在过得不好，你又能怎样呢？”

又是一阵沉默。

“我也不知道，还没想好。”

“你们到底是怎么认识的？”看辉有些语无伦次，我想调整下时空。

辉继续叙说，把我带回了他灰暗的童年和那个与夏子第一次相遇的春日。

辉的童年是灰色的，从记事时，父母就总是争吵。父亲是一个大学院校的职工，母亲是个十分漂亮的女人。她总是嫌父亲没有本事，看着和他们一样的人都逐渐调了职，搬了新房。而父亲还是老样子，他们一家人仍旧挤在一个十几平米的小房间，客厅、卧室、厨房三合一。母亲美丽的容颜上，渐渐挂着越来越多对父亲的不满。后来辉的母亲把自己衣物装在一个大行李箱里，这一走就再也没有回来。母亲走后不久，父亲就把辉送到了奶奶家，自己南下闯荡去了。奶奶家就住在学校北侧的一排平房区中，爷爷去世早，辉从小就和奶奶一起养鸽子维持家计。

由于不愿让年迈的奶奶为他操心，辉中学毕业后就辍学到外面打工。在饭店端过盘子，在汽车修理厂当过杂工，在音响店当过推销员，甚至在路边摆摊烤过羊肉串，第一个妻子就是烤羊肉串时认识的。

论做生意，辉是个不折不扣的好手，17 岁那年，他拥有了一辆属于他自己的机动车，虽然只是一辆摩托车。但那时大部分他的同龄人，还只是埋头于课堂操场之间。有了摩托车之后，辉经常和一群车友在环路上飑车。飚车，让辉拥有了一群死党，其中就有老胖。当时，玩得起摩托车的年轻人，多是家境好的。辉的赛车技能算是出类拔萃的，加上他先前干过修理，车子出了点小毛病他自己就能搞定。渐渐地，在赛车圈里也就小有名气。

虽然过早地步入社会，多年社会的磨练让辉看起来比同龄人有些沧桑，但他从来不悲观，有时候还很会开导人，玩了一年多摩托车后，很多年纪小的，都尊称他为“辉哥”。

一天，辉和几个朋友吃过晚饭后，跨上自己的摩托，带上女友。在他们熟悉的道路上飞驰，享受着速度带来的刺激和喜悦。不知什么时候，后面多了几盏尾随的车灯。他们快，几盏灯也快，他们慢，几盏灯也慢。不像是自己队里的人。一看原来是几天前一同参加摩托车锦标赛的人，是辉和老胖的手下败将，来故意找茬的。紧接着，这几个人又拦住了几位刚下晚自习的女学生。老胖抱打不平，要几个混混放开女学生。其中一个混混拔出刀子威胁老胖，辉怕老胖吃亏挡在前面，在拉扯过程中，不慎反捅了混混一刀。结果，被捅的人进了医院，辉则被送入了警察局。

不知道是被捅的人命大，还是辉的命硬。匕首是从肠子中间穿过去的，没有性命之忧。经过医院的抢救，竟然活了过来。

此人经常干些为人不齿的事情，街坊四邻大都吃过他的亏，大部分人怕他报复，吃了亏也不敢说。有些到派出所报案的，警察也只能把他叫过去训话，犯的都不是大事，训话之后就会放出去，警察也拿他没办法。

人没有死，也就意味着不用偿命了。辉已经年满 18 岁了，要承担刑事责任。故意伤害罪，起码也要判个八年十年。

“你捅过人？天哪！你竟然干过这种事？可是，你这么瘦？”我细细地打量着辉，已为人父的辉，和最初认识相比较，虽然微微有些小啤酒肚，但还是属于偏瘦型的。

“这和胖瘦没有关系，再说，我虽然瘦，但出手狠。”辉依旧淡淡地。“当然，那时候不是年轻气盛嘛，换成现在当然不会了。”

“呃，你知道当时办我这案子的警察跟我说什么吗？”辉饶有兴致地。

“什么？”

“他很严肃地对我说‘你怎么没把那家伙一下子捅死？’他肯定比我还盼着那哥们早点死呢。”

“开什么玩笑”我眼里透露出怀疑的神色。

“真的。”辉很是认真。“我当时心里还挺美的，觉得警察挺向着我的，现在想想不是那么回事，我把人捅死了，少了个祸害，警察局消停了，问题是我得偿命啊！不上算，哈哈。”他竟然还能笑出声来。

警察都这样说，后来法院也只是判了他四年有期徒刑，估计也是因为辉的故意伤害罪夹带着除恶的成分，所以手下留情从轻发落了。

六

辉在一个劳改农场待了三年半后出来了，由于表现出色被提前释放。出狱那天，老胖和辉女友一起在外面等候。老胖已经不再玩摩托车了。开了一辆经过改装的银白色捷达。辉和女友坐着老胖的车，径直开到了奶奶家。此时的奶奶，已经卧床好几个月。

得知奶奶即将不久于人世，为了让老人家能含笑九泉，辉和女友经过简单的筹备，举行了婚礼。那时候的女友，已经职高毕业在一家百货商场做售货员，烫了头发，看上去多了几分成熟和女人味儿。

辉把和奶奶住的房子简单装扮了一下作为新房，和女友家人一起，召集了几个朋友，吃了一顿饭，就算是举行了婚礼。看着孙子成了家，奶奶终于含笑永远闭上了眼睛。这个让她操了半辈子心的孙子，在她临终前，给她带回了一个孙媳妇。

辉认为，既然成了家，就要担当起一个家庭的责任。他找到以前几个做生意的朋友，把自己这几年的积蓄全部投了进去，和朋友合伙做起了生意。辉本想，可以用自己的力量撑起一个家。

然而，一段时间之后，辉发现，婚后的女友不像以前那么活泼善谈了，话很少，似乎有什么心事，有时候，总是发呆。直到在一次朋友聚会上，酒过三旬之后，辉去卫生间，在过道里偶尔听到了女友和老胖的对话，他才明白了一切。

原来，辉服刑期间，老胖出于对辉的愧疚，经常去照顾辉的奶奶。老胖认为辉是为了保护他才发生这样的事，自己有义务照顾辉的家人，包括女友。

不想，渐渐地，女友对老胖逐渐流露出爱意，老胖对她的照顾，也由开始的出于责任感逐渐到发自内心的喜爱。一股浓浓的情愫在两个年轻人心中暗涌，只是彼此心照不宣，谁都不肯捅破那层窗户纸。

一直到和辉结婚，女友觉得和辉之间早就没了爱，而对老胖反而越演越浓。那天，她也喝了几杯酒，趁老胖上厕所的时候就跟了出去，想问问老胖是不是对她有好感。她准备向辉袒露自己的真实情感，希望博得辉的谅解和成全。

老胖出于道义，不愿意承认也不愿意面对自己的真实情感。两个人都陷入了极度痛苦中。他们的一番谈话，又恰好被去卫生间的辉听了个正着。

辉没有当面戳穿他们，而是默默回到自己的位子上。那晚，他彻夜未眠，此时的他，已然不是两年前那个义气用事的辉。经历了那么多事，已经变得十分成熟。

在经过一番挣扎之后，辉决定成全女友和老胖。毕竟，强扭的瓜不甜，他们这样下去，只能几个人都痛苦。

女友含着眼泪离开了，老胖跪在辉的面前：“辉哥，我对不起你。”

辉只是淡淡地说：“对她好一点，如果让她受委屈，我饶不了你。”

之后，辉就和几个做生意的伙伴，一起玩起了期货。一玩就是十年，十年中，可以用跌宕起伏这四个字来形容他。期货让他挣足了生活的资本。他的车子换了一辆又一辆，从普通桑塔纳到豪华奔驰。只是，辉一直是以爱车为伴，闲暇的时候就养养鸽子。再没有萌生过成家的念头。

期间，也有过女孩对他表示好感，他也和几个女孩交往过，但都是无疾而终。身价数万的辉，分不清楚那些女孩，是冲着他的人，还是冲着他的钱，所以，宁可选择孤独。

本以为借着期货，至少可以让生活无忧，谁知好景不长，1998 年的一场国际金融危机，使整个期货市场陷入疲软状态。多数交易期货的人，不仅血本无归，还欠下很多债务。期货市场像一个无底的黑洞，吞噬了无数人曾经的辉煌。

辉看到资金回笼无望，及时抽身。把手里的奔驰变卖，还清了债务。他的日子似乎从天上骤然急下，跌落在地。

全球经济危机，做什么生意都不挣钱。面临这种情况，辉用还债余下的钱买了一辆小夏利，当起了黑车司机。他习惯了自由的生活，这样比较不受束缚。买车时，他特意挑了一辆红色小夏利，希望能给他带来好运。

红色小夏利带来的最大好运，就是把夏子带到了他的身边。

七

辉在开黑车拉活的时候，认识了夏子，就在八大处下面，那是一个阳光明媚的春天。

一个礼拜天，辉从城里拉了一个客人到八大处，他其实并不经常到这边来。为了不让车空着回去，他把车子停在路边，准备等一个回城里的客人。由于天色渐晚，辉准备再拉一趟活就不拉了，所以，有两个客人上了车，都被他拒载了，他们的目的地离他的住处太远。直到一个气喘吁吁的女孩上了车。

“师傅，走，农学院 ，快，我赶时间。”还没等辉反应过来，女孩已经一屁股坐到后座，书包也重重落在了座位上。

一想农学院在北边，和自己住的地方虽然距离不远，但中间要途经中关村，那是北京出了名的堵车地带。

辉犹豫了下说：“你赶时间？那恐怕不行，堵车。”

“我知道一条不堵车的道，您按我说的走就行。”女孩儿撩了撩散乱到脸颊上的一缕头发，仰头冲向辉，忽闪着一双大眼睛，眸子越发显得明亮，大概是刚刚徒步下山的原因，头发有些微乱，两颊微红，鼻尖还沾着几滴汗珠。

辉让女孩坐到副驾驶，这样好方便给他指路。就这样，他按照女孩指的路线，一会儿左拐，一会儿右行，一会穿小巷，一会溜河边，女孩指的那条路，是辉从来没走过的。

女孩话不多，除了指路时发出两声号令，基本上不怎么说话。

辉却十分健谈，自从开上黑车拉上活后，他最喜欢的就是和自己的客人聊天。他拉过的客人，有政府机关的，有公司业务员，有外企白领，形形色色的人都有。

通过和客人聊天，辉知悉了很多行业的事情。而且，客人们似乎会把很隐秘的事说给辉听。可能是因为下车就分道扬镳了，所以反而更愿意把真实的情况说给辉听，权当一种发泄了。

女孩指的路虽然是小道，但不堵车。红色夏利就这样穿梭着，很快上了环路。女孩说，她从小就住在八大处附近的小区里，上大学后，经常要穿梭于小区和学校之间，对周围的路况很熟悉。

环路上，女孩指着前面说从下一个出口出右拐就是学校了。学校有一个令人发指的规定：每周日晚六点半前学生必须返校并到宿舍签到，以保证第二天周一的时候可以正常开课，否则就要扣除当学期的学分。

今天，女孩和几个朋友约好了爬山，由于天气格外好，她们爬到了山上的杏林，发现大片大片开满杏花的树，被那“春山杏林”的美景吸引，只顾拍照，忘了时间。下山后，为了赶到学校签到，就直接坐上了辉的车。

辉一边听着女孩对学校的不满，一边按着她指的出口行驶。但当车行驶出环路后。女孩惊呼“坏了”，不是这个出口，应该是下一个。

北京环路上的高架桥就像一张张蜘蛛网，虽然错综有序地盘布在城市的主干道。但一旦走错了路，就不是调头回去那么简单了。指错路的女孩一下没了辄，前后左后地环顾四周，红色小夏利被四周错综复杂的高架桥笼罩，像一只被困进迷宫的甲壳虫，女孩急得在车内一直搓手，说话的声音都变了腔调。

辉显然没有受到女孩的干扰，很快认清了自己所在的路段，并安慰女孩只需要再往前开一公里，从盘桥路段调个头就可以了。

为了让女孩按时到达，辉下意识将油门向下踩了踩，加快了速度，将一辆辆车撇在身后。小夏利就这么一个好处，身材娇小，可以在马路上自由穿梭。

当红色小夏利在女孩的学校门口前戛然而止时，时钟显示距离女孩签到的底限时间恰好还有四分钟，女孩把钱扔下，从后座抄起书包，冲着灰色的大门一路狂奔而去。

辉把车钱收起来，一边想着晚饭吃点什么，一边哼着小曲回到家。下车的时候，辉关好车窗，习惯性看了看后座。

车后座上，一个红花帆布的布兜，静静地躺在那里。袋子口微微张开，吐出几个零碎的花瓣。原来，女孩刚才只顾拿书包，把收集花瓣的袋子拉在了车上。

袋子里，有杏花、桃花、迎春花等等五颜六色的花瓣，掺杂在一起，好看极了。辉不知道女孩收集这些花瓣是做什么用的，好像红楼梦里的林黛玉有这个爱好。手拿盛着花瓣的袋子，脑海中浮现出女孩微红的脸颊，心里不由微微一颤。

为了把袋子还给女孩，辉开始在女孩学校的门口守侯。

第一天，女孩没有出现。

第二天，女孩依旧没有出现。

第三天……直到第四天的傍晚，女孩的身影终于出现在学校大门处。她和两位同学，准备去图书城买几本书。

辉不知道女孩叫什么名字，使劲冲着女孩的方向挥动手臂。手里拿着装花瓣的布袋。拉长了声音喊到："喂 —— 你的袋子。"

女孩也看到他了，确切地说，是看到了那个袋子。

当辉把装满花瓣的袋子送还到女孩面前，女孩看到里面的花瓣依旧鲜亮，湿漉漉的，一瓣瓣娇艳欲滴。

"啊！太好了。我以为找不回来了。这么多天花瓣怎么没有蔫掉？"

"这容易，放冰箱里用保鲜膜包一下就好了。"辉笑笑说。

"哦。"女孩摸了摸袋子，隐约还可以感到一丝凉凉的气息。

女孩请辉喝了瓶汽水，并要求辉开车带她和同学去图书城买书，之后再把她们送回学校。下车时，女孩照单付了车费，并要了辉的电话，说以后需要车的时候会找他。

女孩名字叫夏子，是农学院动物科学系三年级学生，还有一年就毕业了。

之后，夏子在回家或返校的时候，就会给辉打电话，让他负责接送。每次夏子都会如数付车费，她业余时间给一个养殖厂打工。

直到一天，辉提出，以后夏子可以不用付车费了，只要教他一些饲养鸽子的理论就可以了。夏子欣然答应。作为科班出身的她，这简直是小菜一碟。有时，夏子还会到辉家里的鸽子笼旁正式地实践一把。在夏子的帮助下，辉的鸽子非常有起色，好几只在打比赛的时候都得了冠军。辉为自己当时那个英明的决定窃喜不已，直说自己赚了。

渐渐地，辉和夏子成了无话不谈的朋友，辉把自己的过去讲给夏子听。夏子像听天书一样，她从小过着循规蹈矩的生活，衣食无忧，从来没有听说过辉所经历的那些事。

夏子问老胖和女友现在过得怎么样。辉告诉她，女友和老胖结婚一年后，为老胖生了个可爱的女孩，现在辞职在家专职带孩子。

夏子替辉打抱不平，认为老胖不讲义气，女友太绝情。

辉说那都不重要，重要的是心已经不在了，栓住人还有什么意思。

转眼，夏子升入了大四，那一年，大学生就业分配制度进行改革，正好赶上第一批双向就业分配，学校不管毕业生的分配了，学生自己联系用人单位。

大四的后半年，夏子基本不在学校上课，天天跑找单位实习的事。父母给她找了个公职单位，只要通过公务员资格考试就能端上铁饭碗。但那就要放弃自己的专业，夏子不愿意，没按照父母意愿参加公务员考试，而是自己不断到用人单位应聘、面试。

最终，夏子得到一个研究院下属研究所的实习机会。夏子告诉辉，如果她表现好，毕业后就可以直接留在那里。那是一个国家级研究机构下属的研究所，如果能留在那里，一方面，专业对口，另一方面，也有一定的发展空间。

末了，夏子告诉辉，好工作就和男朋友一样，可遇而不可求。

辉知道夏子在大学没有男朋友，决定把夏子和自己从前的一个生意上的朋友撮合一下。那位朋友生意做得不错，父母都是知识分子。辉认为只有那样的人才配得上夏子。

辉约朋友吃饭，把夏子也叫上，朋友知道他的意图，夏子不知道，辉怕脸皮薄的夏子不好意思，所以没告诉他自己真实的想法。

朋友对夏子很满意，夏子虽然不太善于和陌生人打交道，但她身上那种很特别的气质深深吸引了朋友。夏子说："你那个朋友是不是有毛病啊，怎么眼睛总是在我身上打转。"

当夏子了解了辉的真实意图之后，大呼不要。并表示自己刚参加工作，还没有做好谈恋爱的准备。朋友离开的时候，意味深长地对辉说："她看你的眼神很不一样，喜欢的人是你吧。"

辉觉得，他和夏子之间是不可能的，他是个蹲过监狱，有过婚姻的男人，怎么能配得上那么优秀的夏子呢？他们就这样，谁都不肯说出心中真实的想法，继续做着"普通朋友"。直到一场大雨拉近了他俩的关系。

八

一天，下了一场大雨，夏子在单位发起了高烧，拨通了辉的电话。

接到电话之后，辉慌乱地赶往夏子的单位，心像被什么揪住一样，每一根神经都被牵动。他这才发现，原来是这么在乎夏子的安危，自己对夏子的感情，早已超出了普通朋友。

辉陪着夏子到医院看医生、拿药，医生看着辉："没什么大碍，不过你得让你爱人多休息，不能太劳累，她体质太弱。"

辉想解释他们并不是夫妻。还没开口，夏子就接了过来，说："好的，谢谢大夫，我一定让他回去给我多做点好吃的。”说完，还调皮地冲辉吐了吐舌头。辉一下子愣住了。

夏子是因为在单位连续加班，又淋了雨，所以才发起了高烧。辉对夏子说工作不能太拼命，凡事得慢慢来。如果上下班坐车太辛苦，自己可以负责天天接送。夏子反问，是否能接送她一辈子。

辉熬了一锅鸽子汤，并监督夏子喝完。喝汤的时候，夏子抬头问：“你做的汤真好喝，要是后半辈子都能喝到这么好的汤就好了”

不用后半辈子，只要你愿意，现在，以后，几辈子都行。辉信誓旦旦。

那天，夏子没有回学校，留在了辉的住处。辉照看了她一晚上。第二天，不顾辉的反对，夏子依然坚持上班。辉只好开车把她送到单位，之后叮嘱她，下班后会来接她。就这样，辉和夏子走到了一起。

夏子没有把和辉的关系告诉家人。父亲是一位高级军官，母亲是一所中学的特级教师。以她对父母的了解，是断然不会接受辉的，但能有什么办法呢，已经顾不了那么多了。

每天，辉都先送夏子到单位，再开始拉活。一到五点半，辉和那辆红色小夏利，就会准时出现在夏子的单位门口。

夏子体质不好，天气稍微凉一些就会手脚冰凉。辉每次接她下班，都会在单位旁边的蛋糕房买一杯巧克力热饮和一块芝士蛋糕。每每夏子捧着冒着热气的饮料，吃着浓香的蛋糕，心里就升起一丝甜蜜，觉得自己是世上最幸福的人。

随着两人感情的快速升温，夏子干脆从学校宿舍搬到了辉的住处，夏子业余时间帮辉养鸽子，辉每天为夏子做营养早餐，日子就这样一天天过去。

这一切，夏子当然不敢告诉父母。父母一直认为是因为实习期间比较忙，所以不能回家，毕竟宿舍距离单位要近许多。然而，平静总是归于表面，暴风雨来临之前，毫无预兆。就像夏日的天气，刚刚还是阳光普照，霎那间便会阴云密布，天一旦沉下脸来，就像发怒的老人，阴沉而可怕。一场狂风暴雨的洗礼即将到来，似乎要把世上一切的污尘清洗干净。

夏子的专业知识在实习单位得到了发挥的空间，她的勤奋和肯干也赢得了众人的认可。实习期还未结束，单位领导就表示毕业后可以正式接收她。夏子按捺不住心中的喜悦，第一时间把这个好消息告诉辉和父母。当晚，辉下厨做了一桌子菜给她庆祝。夏子没有想到，这时，父母已经在赶往学校的路上。

当父亲的司机把父母带到学校宿舍，他们从宿舍的舍友口中得知，夏子已经搬离学校宿舍近半年的时间了，当时的震怒程度可想而知。他们拨通夏子的电话，问她在哪里。夏子有些手足无措。辉却很镇静，说：“该来的总会来，我会向叔叔阿姨解释。”

满脸怒容的父母出现在辉那个仅十余平米的窄小平房，父亲铁青着脸，因愤怒变得扭曲，母亲急得跺着脚哭，说好好的姑娘什么时候学坏了，真是做父母的失职。

辉很有礼貌地请夏子的父母坐下，十分诚恳地说自己是真心爱夏子，希望他们成全。

父亲一看到辉，满脸怒容地要求见辉的父母。当得知辉的父母都不在身边的时候，父亲的脸色变得更加难堪。

夏子父母不由分说，不理会辉的解释，不顾及夏子的告白，把夏子绑架似地拖回了家。为了断绝她和辉的联系，夏子父亲派他的专职司机天天接送夏子上下班。并委托公安局的朋友对辉进行盘查。

辉依旧天天守在夏子的单位门口，眼睁睁地看着夏子坐上父亲的专车。夏子一想到家人如此反对自己和辉在一起，就无心工作。打印的文稿开始出现错误。但看着坚决的态度和以泪洗面的母亲，只得忍痛，希望能够慢慢做通父母的工作。

眼巴巴看着一天天消瘦下去的辉，夏子心底不由升起一种说不出的心疼。她试图和母亲交流，希望能得到母亲的理解，并通过母亲做通父亲的工作，然而，母亲的态度让夏子彻底心灰意冷。得不到亲人理解的夏子，最终选择了离开。

一天，她向单位请了假，提前下班直奔辉的住处。当她执着地站在辉的面前，并表示以后两人再也不要分开的时候。辉再也忍不住内心的激动，一把抱住夏子，泪水夺眶而出。自从父母离自己而去，十几年来，他第一次泪如泉涌。

父亲公安局的朋友打来电话，他查到了辉的历史。当父母得知辉坐过牢，离过婚之后，简直一刻都坐不住了。他们告诉公安局的朋友，女儿被一个流氓欺骗，希望派出所能够介入。

警察来到辉的住处，二话不说就把他带到了派出所。之后又通知正在上班的夏子，到派出所协助调查。父母认定了一点，辉一定没有把他的这些过往告诉夏子，女儿一定是被他欺骗了。在他们看来，跟着辉这样的人，不仅不会有幸福可言，简直就是被推进了万丈深渊。作为她的父母，他们一定不能坐视不管，一定要让女儿清醒。

九

派出所内，辉和夏子各自待在一间屋子，由不同的警察问话。

一间屋内。

“知道吗？欺骗罪也可以判刑的。尤其你还有过前科，量刑的时候会重判的？”警察的口气冰冷而生硬。

“我爱夏子，夏子也爱我，这该判多少年？辉反问。

警察无语。

另一间屋内。

一位警官推门进来，冲着屋内的警察耳边嘀咕了两句，屋内的警察连连点头。这里的所长是夏子父亲以前的老战友，显然父亲事先已经打过招呼了。

“知道吗？他以前犯过事，故意伤害罪，蹲过监狱。还结过婚，这些——”警察停顿了下。“你一定都不知道吧。跟着他不会有什么好结果！”问话的警察口气里满是劝诫和对辉的不屑。

“我知道！辉都告诉我了。他捅的那个人本来就该挨刀子。至于他以前结过婚，离婚，这和你们有什么关系？”夏子虽然从来没经历过这些，却出奇地淡定。她不想因为自己的原因再让辉受到犯人般的审问，这个时候，自己更应该站在辉的一头。

“噢，你都知道？”问话的警察轻“噢”了一声，这是他没有想到的。

一阵沉默。

两个房间内，只有沉默的空气在流淌。

面对这对铁了心在一起的恋人，警察也没了办法。警察问了夏子最后一个问题。

“你只能在你的父母和他面前选一个，你父亲委托我们告诉你，如果选择辉，你可以和他走，但必须和父母断绝关系。如果现在回头，他们还会承认你这个女儿。

“我和辉走。”夏子撇下警察，独自走出问询室，迎面碰到从另一间屋子走出来的辉。

两人并肩走出派出所。夏子含泪对父母说：“爸、妈，女儿不孝，我走了，希望你们能够理解。”

父亲愤怒不已，挥起拳头冲辉砸去，母亲和周围的几个警察拉住了他。众人说“放他们去吧，夏子迟早有一天会后悔的。

就这样，夏子离开了父母，她好像一下子得到了解脱。虽然没有得到父母的理解，但终于可以光明正大地和辉在一起了。

夏子如愿以偿地拿到了实习单位的用工合同，并顺利领取了毕业证。拿到毕业证的那天，他们到民政局办理了结婚手续。之后，举行了世界上最简单的婚礼。

夏子认为，自己的这个决定是对的，她的眼中满含幸福的泪水。辉则一改往日嬉皮的说话风格，十分正式地对夏子许下承诺：会一辈子对她好。

虽然得到了法律上的认可，但依旧没有得到夏子父母的谅解。婚后，夏子带着辉回到家中，试图和父母进行沟通。她希望用婚姻让父母明白，她和辉之间是真心的。辉也想和岳父好好坐下来谈谈，拉近彼此的距离，化解不快。然而，夏子的父母依然态度坚硬，并采取了避而不见的方式。任凭怎么敲门，父母都表示，除非夏子愿意离开辉，否则，一切免谈。辉的健谈以及良好沟通能力在这里似乎发挥不了一丝作用。

夏子带着失落的心回到家中，辉安慰她要慢慢来，功夫不负有心人，终有一天会得到父母的理解。

辉对夏子的照顾是无微不至的，除了每天接送夏子上下班，他把开车拉活和养鸽子的积蓄，大部分都用在了夏子的身上。业余时间他会陪着夏子逛商场，夏子试过的衣服，只要流露出喜欢的神情，无论多么昂贵，他都会坚持买下。

家里地方不大，一个衣柜大都是夏子的衣服。辉解释说夏子刚参加工作，要穿得职业一些，看起来才不会稚嫩，容易得到领导的重用。辉说自己是个自由职业者，不需要太体面的服装。

在辉的照顾下，夏子的工作很有起色，并参与了单位几个重要项目的课题研究。领导找夏子谈话，所里办公室副主任再有一年就要退休了，大家对夏子的工作表现十分肯定，夏子是接任的最佳人选。

夏子沉浸在被领导赏识的喜悦中，辉也为夏子感到高兴。这时，夏子发现，自己上个月的例假没有来。到医院一检查，结果让夏子和辉又惊又喜。她怀孕了，有了辉的孩子。辉犹豫了，说要不把孩子打掉吧，生下来可能会影响夏子的升迁，机会难得。

夏子坚持把孩子生下来，她想，说不定父母会看在外孙的份上接纳他们。辉不再坚持，对夏子的照顾更加细致。

又过了几个月，辉托医院的朋友为夏子照了 B 超，结果显示是个男孩儿。辉傻傻地乐着，嘴巴一下子咧到了耳根儿，想着自己要当父亲了，内心一阵狂喜。他们决定，马上把这个喜悦让夏子的父母一起分享。

夏子挺着已经明显隆起的肚子，回到了家中。辉则被拒之门外，只能在楼下等候。嫂嫂看到夏子微微惊了一下，回头看夏子哥哥。

哥哥面无表情地问：“你来做什么？你心里还有这个家？还有爸妈吗？”

当父亲从屋内走出来，夏子发现，原来那么英姿挺拔军人出身的爸爸，不知道什么时候，变得那么憔悴了，才一年多没见，似乎老了十岁。而屋内，传出母亲的一阵咳嗽声，让夏子感到一阵阵揪心。

原来，自从夏子离开家后，父亲天天唉声叹气，母亲天天以泪洗面。半年前，母亲被诊断出肺癌中期，已经做了几次放疗，情况好的话还有 5 年时间，不能再受任何的刺激了。父亲当时正面临调职，但为了照顾母亲，向组织上申请提前退休。退休后的父亲卸下了戎装，一下子显得苍老了许多。

听着哥哥的诉说，父亲一直低头不语。夏子却再也忍不住，眼泪像断了线的珠子扑扑落下，夏子掩着面泣不成声：“爸、妈，是我不好，我对不起你们。”

夏子让辉独自回去，自己留在了父母处，告诉辉想多陪父母几天。

夏子天天陪着母亲，似乎要把所有的内疚抹平。看着夏子日渐隆起的肚子，母亲意味深长地说：“孩子不能生下来，如果有了孩子，你俩就一辈子分不开了，打掉吧，辉给不了你幸福，你们不会长久的。”

夏子说：“让我想想，毕竟是自己的亲骨肉。”

母亲一天天做着夏子的工作，并告诉夏子她生前唯一的希望就是看到夏子幸福。

最终，按照母亲的意愿，夏子到医院含泪打掉了孩子。并委托了律师办理和辉的离婚手续。孩子下来的时候已经成形，是一个男婴。那几天，夏子的神情总是恍惚着，夜里一个小男孩冲她哭着，嘴里喊着：“妈妈，为什么不要我。”她总会在这样的梦中惊醒。

其实，夏子回家后，辉就只能靠电话和夏子联系，一天，他拨打夏子的电话，电话里传出“对不起，您拨打的用户已停机”， 辉就有种不祥的预感。

他来到夏子单位，得知，夏子已经在一个礼拜前办理了离职手续。他开始怀疑，夏子是在故意躲避他。直到接到律师事务所的函，他终于明白夏子的真正用意。

辉直奔夏子父母的住处，在楼下，碰到正在陪父母散步的夏子。他走上前去。夏子父亲拦在了面前，顺手捡起一个木棍儿，冲辉怒吼：“离我女儿远点，她不会跟你回去了，再过来我就对你不客气。”

辉依旧前行，夏子父亲手中的棍子毫不留情地落了下去。只听“劈啪”一声，棍子断裂。辉没有躲闪，只是抬手挡了一下。此时的辉，丝毫没有感到胳膊上的疼痛，看着夏子瘪平的肚子，明白了一切。

夏子父亲手拿断裂的木棍愣住了，没有想到辉竟然毫不躲闪。父亲很快反应过来，告诉辉他们已经委托律师办理离婚手续，让辉死了这条心。

辉守候在夏子父母楼下，只想夏子亲自给一个说法。夏子父母根本不给他们单独交谈的机会。那天之后，他们似乎有了防备，夏子再也没有出现在楼下。

辉不死心，为了不被认出，把红色夏利卖掉，租了一辆金杯车。于是，就有了在我家小店前的守候。

十

“爸爸（妈妈），我渴了。”两个男孩儿先后蹦到面前，把我和辉拉回现实。

“你们一直没有联系吗？夏子婚后”。我一边给儿子擦汗一边问。

“没有，实际上，我也联系不到她。她以前的联系方式都换了，工作单位也换了。”辉淡淡地说。

“可……”我看了看辉的儿子，声音放小。“你好象到现在都没有完全放下她，你应该对岚儿好一些。”

“我也说不清楚，可就是想知道她现在过得怎么样，她现在的老公一定不会像我一样，对她那么好。

“你恨夏子的父母吗？”

“不恨，换了你父母也会一样。再说恨也解决不了问题，我知道自己配不上她。只是……辉深吸了一口气。

“但不应该把我儿子杀掉，照B超的时候，我就在旁边，能清楚地看到小鸡鸡。他们不愿意养我可以养，那是我和她的儿子，如果生下来，现在都应该这么大了。”辉以自己儿子为参照，用手比划了一个高度。

“唉——没缘分吧”我叹口气，不知该说些什么。

几天后，接到辉的一个电话，辉兴奋地告诉我，就在给我讲述的第二天，他和夏子就在一个商场偶遇了，真是巧合。看来，他们还是很有缘分。

我吁了一口气，正愁不知道是该按辉的要求，给他提供夏子的消息呢？还是该按夏子的要求，不把她的电话和情况告诉“其他人。”顿时有种解脱的感觉，同时，又很担心他们，不知道他们这次的“偶遇”又会发生什么。

我突然觉得，岚儿和夏子的现任老公很可怜。他（她）们拥有的，只不过是一个没有灵魂的躯壳。至于辉和夏子，正如辉说过的一句话——顺其自然吧，多么符合自然规律的一句话。

吃过晚饭，突然有想散步的冲动。

登上山坡，已是傍晚时分，夕阳的余辉将佛牙舍利塔映照成金黄色。一阵微风吹来，扑面而来的清香，分不清是什么花的味道。不由感叹：又是一年，春暖花开。塔铃随风摇晃，发出清脆的响声。随身携带的半导体内缓缓流出日本心灵音乐创作大师久石让的“天空之城”。带着淡淡忧伤的旋律缓缓流淌，远处的塔，仿佛越来越远，和着音乐在天际飘荡，在浓浓的红色云彩上方，汇结成一座城堡，悬浮在半空中。

天空中的城堡，那是希塔和PASU居住的地方，他们一定在那座“天空之城”过着幸福的生活。

Hold 不住的大楼

雍 桦

省委办公厅新增了两个公务员编制，要对外招考。

听到这个消息，林富江为之一振，年龄 35 岁以下，仅这一条硬性指标就把很多人拒在公务员考试的门外。

林富江经常向窗外看，省委大楼就伫立在墙的另一边，在一群矮楼群里显得鹤立鸡群。他来行政服务大厅快五年了，省委办公厅每年只接收应届毕业生，这是第一次对外招考公务员。虽然只有一墙之隔，那可是一道不可逾越的鸿沟。林富江所在的行政服务大厅就在省委大楼旁边的一个院子，是为了方便办理各项审批手续成立的窗口单位，受办公厅直接领导，是事业单位。

虽然同样为省里工作，待遇上差不多，行政单位和事业单位却有着质的区别。听说这次是因为国家有了新政策，报考公务员须具备基层工作经验，所以省委办公厅才改了招考方向，面向社会招考。

大楼！是很多人梦想的地方，如果能进那座大楼，就代表进了省机关，进了公务员队伍，就进了保险柜，说不定混几年还能混个一官半职。大楼外的人盼着进楼，大楼里的人盼着向上走。如果能进楼，多少都会往上走走，不管走得快与慢，只要能熬住年头。不像行政服务大厅，主任和副主任离退休尚早，再说，还有很多资格老的同志排在前面，想要出头，难啊。爱人在市里一个部门，虽是小单位，但是公务员，早就提了科长。而自己这几年，也只是拿了个中级职称，还是个普通职员。在单位没地位，在家里抬不起头，只有郁闷的份了。

“小林，赶紧报名，机不可失，失不再来，我们都超龄了。”几位同事开始蹿腾。

“我？行吗？怕是 Hold 不住。”‘Hold’是英文抓住的意思，眼下比较流行用来表示对什么事情没把握，一个时髦用语。

“Hold 得住，工程师都 Hold 住了，没问题，再说，行不行先试试，不试怎么知道不行。”

虽然表面上没有表态，但林富江心里这小鼓是打得七上八下。如果参加考试，并不是没有胜算的几率，自己也是科班出身，经历过很多的大考小考。再说，作为省委办公厅的下属单位，也算是内部人员，应该还是有优势。

最终，林富江报了名。给他最后一针强心剂的人是办公厅主任高霍升，在一次例行检查中，高霍升当众表示：“这次招考，同等条件优先录取本系统内部人员。”

和他一同报考的还有梁素素，虽然才来单位一年，但来头不小，老公是前任省委书记的秘书，书记调走前把他提到处级实职的位子，这两年也一直跟在省领导左右，是提拔的苗子。所以，梁素素自然比他有优势，好在这次招录有两个名额，林富江才会决定一试。

虽然是内部人员，考试也要履行程序。报名统一安排在省人事局人才培训中心。林富江到的时候，各个单位的招聘台前已经挤满了人。办公厅招聘台前，有几个人正在填表。一负责招聘的工作人员正在指导着一位报名者填写报名表。办公厅下属单位有好几个，林富江又负责业务工作，平时和机关工作人员接触不多，只是面熟。

负责招聘的工作人员见是林富江，递过一张表，林富江看到桌子上放着几张填好的表，最上面一张是梁素素的，她已经报完了，报考的职位是“信息管理”。

“那我就报综合秘书吧？都是一个单位的，不能撞车”林富江看着报名表里报考职位一栏，想征求招聘工作人员的意见。

“你还是自己拿主意吧。”工作人员面无表情，显然是不愿意在这件事上落埋怨。

不能报同一个职位，否则，无论结果如何都会影响同事关系。想到这点，林富江放弃了一开始想报考信息管理的想法，决定报考综合秘书。他学的是信息工程，在大厅也一直负责信息报送工作，信息管理多少沾点边，综合秘书离自己的专业稍稍远了些。

林富江领了报名表，招聘台已经被正在填表的人员占满，工作人员告诉他旁边屋子有地方，林富江走到旁边的屋子，是一个会议室，里面也有几个人在填表，正好一个人填完，林富江向她借了支笔，那人继续在表上贴一寸照片，林富江看到她报考职位一栏中填写的是办公厅“信息管理”职位。

“哦，你也报省委办公厅？”林富江愣了一下。刚开始，就碰到“敌人”，他下意识地看看对方，这个女人，三十出头的样子，穿一身灰色的职业装，头发梳得一丝不苟，眼睛虽然不大，但十分有神。他扫了一眼她的表格，在学历一栏中，看到“硕士研究生”几个字。很显然，这是一个相当有“考试实力”的人。

“怎么？”借笔的人扭过头。

“呵呵，没事，没事，我也报省委办公厅，不过咱俩报的不是一个职位。”

林富江心想，幸好自己选的是综合秘书，不然又多了一个竞争对手。但他转念一想，也没什么好怕的，就算是报了同一个职位，自己也比她有优势，因为自己是内部人员，想起高霍升主任检查时说过的话，林富江就有一种莫名的优越感。他认真填完表，将笔送还那个女人。

女人很爽朗，看到林富江眼睛再次扫过桌上的表格，说“我叫邵红，在省一中当老师，请多提携……”

林富江笑了：“我哪里能提携你，我还盼望你提携我呢！”

邵红笑着说：“你是省委的，当然有优势！要优先录取吧。”

林富江笑了笑，有些不自然。他心里闪过一个念头：这个女人眼睛真够毒的，一定是刚才看到自己的表格了……他赶紧扭转话头：“我侄子也在一中，以后请你多多关照啊！”

邵红说：“没问题，告诉我名字，哪个班的？”随即，又开玩笑似的说：“不是要当班干部，将来好进公务员编吧？”

林富江笑了笑，心里无端生出一丝悲哀，大人竞争、孩子竞争，都在力图通过不正当手段胜出。他很快将这些念头压下，平静地说：“你把手机号给我，万一以后有事找你呢。”

邵红从小巧玲珑的坤包里掏出一张名片递过来。

林富江接过名片，看到名片上的赫然印着“全国优秀教师、省一中初中部教学组组长”的头衔，心里暗暗吃惊，看来还是学校的教学骨干，好好的不在学校当人民教师，偏偏要往省里考。

“嗬！全国优秀教师，厉害厉害，考省委真是屈才了。”林富江把名片收好，接着说。“以后我侄子要是有什么事就找你了。”

“没问题，有事给我电话。”邵红的回答干脆而爽朗。

回到单位，林富江每天忙碌，一边工作，一边准备考试。梁素素一直对考试的事只字不提，这反到引起林富江的怀疑，他认为她肯定知道一些内幕，否则她怎么会表现得那么镇定，一副胸有成竹的样子。所以，林富江决定找机会探探梁素素的口风。一天，他从网上下载了很多历届的考试题和考试攻略，给梁素素也打印了一份，看着这些打印好的材料，梁素素面露疑惑。

“什么东西？”

“历届公务员的考题啊，我花了大半天才从网上下载的，给你一份。”

“哦，好，谢谢。”

“咳，这两天烦得很，我是一点都看不下去。你肯定没问题了，有你家那位给你撑腰呢。”

梁素素小声说：“别瞎说，有谁撑腰都没用，现在都要过考试那一关，否则谁说话都不好使。一定要抓住机会，好好复习，听说以后事业单位可能要改革，不定改成什么样呢。”梁素素煞有其事地。

梁素素的消息肯定是比较靠谱的，省里工作人员分行政和事业两种编制，行政的都是公务员，事业分全额、差额和自筹自资几个类别。公务员有行政管理权限，事业单位多是从事社会公共服务，差额和自筹自资事业单位可以开展经营。就是因为事业单位的类别复杂，涉及人数又多，这几年虽然国家一直在改革，也只是换汤不换药。林富江所在的行政服务大厅是全额拨款事业单位，由省财政养着，待遇上和公务员差不多。不过，既然梁素素这么说，肯定是得到什么消息了。所以，虽然表面上并不在意，林富江还是在私下里暗自较劲儿，不敢怠慢。和其他考试不一样，公务员考试没有考试大纲，除了从网上下载一些往年的试题，林富江还买了几本公务员考试用书，认认真真准备了起来。

公务员考试分笔试和面试，笔试又分基础考试和专业考试，全省统考。笔试通过，才能进入面试。面试通过，还有政审、体检。这次办公厅的两个职位，有近 80 个人报考。每次考试要按 1:6 的比例进行筛选，最后六名进入面试。基础考试包括行政能力测试和申论两项，每年省里举行两次，通过者可以拿到公务员资格证书。林富江和梁素素都没有公务员资格证，要从基础考试开始。

经过充分的准备，林富江和梁素素一同走进考场。一星期后，成绩出来。林富江和梁素素都通过了基础考试，梁素素总分虽然比林富江低几分，但也勉强入围专业考试，一试刷下来三分之一的考生。

“小林，恭喜你，考得不错嘛。”一见到林富江，梁素素便向他道贺。

“同喜同喜，你也考得不错啊，入围了就行，排名不重要，关键还是要看面试。”林富江虽然心里很是欢喜，却表现出一副谦虚的样子。

这下，林富江的劲头更大了，用了好几天时间，把专业考试用书看了几遍。他觉得，离大楼又近了一步。专业考试类似于高中政治考试，大都是需要背记的。准备了几天，结果总算没让人失望，林富江以排名第三的成绩进入了面试。梁素素还是勉强过关，排倒数第二，同时进入面试的还有四个人，这其中，就有那天借他笔的邵红。

在面试的前几天，林富江特意拜访了办公厅主任高霍升。最终决定录取是按面试的排名成绩，笔试成绩起不了作用了。面试是人为打分，如果不疏通一下，就算是内部人员，结果也不好说。可是，高主任和自己之间差着好几级呢，每次高主任出现，也都是前呼后拥的，所以平时林富江基本没有能和高主任单独接触的机会，过年过节的，也很少到家里走动。主要是林富江觉得自己级别太低，在高主任面前，不知道该说什么好。可这次事关自己的前途和命运，必须要事先探探高主任的口风。如果去拜访高主任，应该带些什么东西好呢？现在也不是什么节日，提着花里胡哨的大礼包似乎也不太合适。再说，时下求人办事已经不兴送东西了，直接包红包是最实惠的。可自己平时和高主任并没有往来，高主任会收自己的红包吗？高主任平时是个很严肃的人，对下面的人是不苟言笑。如果弄巧成拙，再成了反面教材，被拿出来树个贿赂领导的典型，那这张脸可真没地方挂了。衡量再三，林富江托人从机场带了两条免税香烟，两条烟花了他将近一个月工资，一方面，送起来比较方便，不像包红包那么赤裸裸。另一方面，档次也够分量。林富江用报纸把香烟包了几层，装在一个纸袋子，来到高主任的办公室。

“主任，我爱人上个星期去香港出差，给您带了两条国外的香烟，也不知道合不合您的口味。”林富江从纸袋子里把香烟掏出来，放到高霍升的办公桌上。

“哦，好，小林啊，听说你爱人在市里干得不错啊。”高霍升把香烟往边上推了推，示意林富江坐下。

“呵呵，在市里一个小单位当科长，比我混得好点。”

“哦，都当科长了，不错，不错，年轻人，前途无量。”

“呵呵，科长不科长的倒是无所谓，不过，她是公务员，挣得比我多。”林富江说公务员这三个字的时候，刻意把口气加重。

“你们都还年轻，要把眼光放长远，不能只看眼前嘛。”

“是，您说的是，不过主任，这次办公厅招考，我也报名了，已经进入面试了，但是，我还是没太大把握。”林富江说话的声音越来越小，小得连自己都听不到。

看着一脸期望的林富生，高霍升低头吹了吹杯子里的茶叶，缓缓说道：“小林啊，不要有压力，你是咱们自己的人，当然要照顾，好好发挥，我和其他几位面试官也打声招呼，让他们照顾点。”

有了高霍升主任这句话，林富江像吃了颗定心丸，信心满满地走进了面试考场。

面试那天，路上堵车，林富江到达考场的时候，差 5 分钟就到了开考的时间。林富江急匆匆地跑进考生备考的房间，和迎面出来的人撞了个满怀。

“啊，是你！”林富江定睛一看，原来就是报考那天借他笔的邵红。

“你就是林富江吧，刚才点你的名了，快点，我们都抓完阄了，就差你了。”说完，就匆匆向卫生间的方向走去。

面试考场，6 位考生的进场顺序是抓阄决定的。林富江对抓阄的程序记忆深刻，因为他到晚了，他进入备考场的时候，别的考生都已经抓完阄，只剩下一个号。林富江把号拿在手里，打开一看，1 号。

面试相当隆重，主考官 5 个，群众评审 10 个，还有三个记分员。考官中，省人事厅的厅长坐在最中间的位子，高霍升在最边上，其余几个林富江就不认识了。不过，主考官及群众评审打分各占一定比例，当然，主考官打的分值比例要远远高于群众评审。这是公务员考试以来第一次实行群众评审制度，是为了体现面试的公正性。虽然有些紧张，林富江还是调整了下心情，面对几个考官的提问，应答自如。

面试完毕，在考场外，林富江又遇到了邵红。

“嘿，你手气真好，来晚了还抓了个一号，考得怎么样？”

“谁知道呢？听天由命吧。”林富江佯装很无奈的样子。谁都知道，第一个入场总是吃点亏的，没有参照，考官们不会把分打得太低，也不会过高。好在高主任打招呼了，一想到高主任，林富江心里就有了底。

“第一个进场总是吃亏的，容易被压分，我们学校面试学生的时候就是这样，你应该找找人。”邵红直爽地说。

“没办法，已经这样了。”看着一脸诚恳的邵红，林富江没有说太多，他没有忘记他们目前还是竞争对手的关系。

面试成绩很快公布，结果让林富江甚是欢喜。75分，第二名，和第一名只差0.03分，排第三的是邵红，梁素素只排在了第四。

林富江听说，梁素素在面试现场回答考官问题的时候词不达意，答得一塌糊涂，虽然她老公事先打了招呼，但由于面试是现场录音，谁也不敢给她打太高的分数，所以，勉强到了第四名。

应当按照排名录取前两名，这仿佛已经成了板上钉钉的事。一时间，大家纷纷向林富江道贺，要他将来当了省领导别忘了照顾大厅的兄弟们。林富江虽然心里美得不行，表面上却没有表现出来，因为梁素素排名第四，怎么也是录取不上了。都在一个单位，他越高兴，梁素素就越难堪。

回到家里，他把这个好消息告诉爱人，让爱人下厨做了几个菜。爱人说，你这几年总算是干了件有出息的事。

梁素素一连两天没来上班，据说她在家里又哭又闹，还摔东西。同一个楼住的都是在省里上班的人，很快，消息就传到了林富江耳朵里。听说，梁素素的老公正在省里到处活动找人，想通过扩招的方式让梁素素被录取。

不过，这已经和林富江没关系了，他仿佛已经坐到了宽敞明亮的大楼里，悠闲自在地看着报纸。

梁素素上班了，林富江碰到她不知道该说点什么，气氛很是尴尬，两人都似乎刻意避开考试的话题，闲聊了几句便各自回了办公室。

几天后，办公厅人事科负责人参加了省人事厅的招考会议，带回来的会议精神让林富江本已塌实的心又悬了起来。

会议要求，本次考试要严格按照报考职位的面试成绩录取，严禁各职位间互相调剂。这显然和最初报考时了解的政策有些出入，之前，都是说按面试成绩大排名，从高向低录取，报考职位只是参考。不巧的是，林富江和排在第一的报了同一个职位。这对梁素素来说却是个好消息，本来排在第四名，和第三名邵红报了同一个职位，这样一来，梁素素就从第四名一下子跃到了她所报考职务的第二。

要落停的事突然有了变故，林富江这心里是七上八下，录取政策发生了变化，真是始料不及的。他站也不是，坐也不是，各种的烦似乎一股脑都堆积到了一起，这么敏感的时候，他该去问谁呢？突然，林富江摸到兜里的名片，想起了邵红。对，她和梁素素报的同一个职位，排在梁素素前面，兴许从她那能探听到什么消息。

林富江借口帮侄子找复习资料，拨通了邵红的电话。电话那边，邵红一口应允，答应帮林富江的侄子找复习资料。但当林富江问到她考试的事情时，她表示并不清楚具体按照什么政策录取，自己也在等通知，结果怎么样也不确切。

林富江转念一想，邵红是外面的考生，兴许还不如自己知道的多。从邵红那里没有得到任何有价值的线索，林富江只能斗胆找办公厅主任高霍升问明原因，这是面试成绩出来后才定的规则，事情怎么会变成这样呢？

这次，高霍升的态度却来了个三百六十度大转弯儿。他劝诫林富江，说他还年轻，有机会，又说党员应该顾全大局，不应该只想着自己的得失。最后还告诉林富江，如果不是他事先打了招呼，他的成绩也到不了大排名的第二。组织上还是照顾了，但结果也没办法，只能等以后有机会了。

“您不是说内部人员可以优先录取吗？”

“同等成绩优先录取自己人，可是现在排第一的比你分数高，偏偏你俩报了同一个职位，其他几个报的都是信息管理。”

从高霍升办公室出来，林富江心里瓦凉瓦凉的。这下倒好，他和梁素素都没戏了。即使被录取，不过也就是个身份的转变，不被录取，也还是在大厅工作。如果为了这事再四处找关系疏通，一方面，可能会让高霍升为难，另一方面，没准还和梁素素搞得不愉快。都在一个单位，为了这点事争来争去，以后还怎么相处。想到这些，林富江猛吸了口气，走出那栋灰色的大楼。

过了几天，省委宣传部下发了一个通知，要求各单位报一名通讯员，负责日常通讯联络，并准备对这些通讯员进行集中培训。大厅报了林富江。培训在一个远郊区县的度假村，整整一个星期。从一些知名媒体请了专业的资深编辑进行授课。林富江非常认真地做了笔记，心想大厅把这么好的学习机会给了自己，一定要认真对待。培训结束后，回到单位第一件事就是认真整理听课笔记。这时，一个人从背后狠狠地拍了他肩膀一下。回头一看，原来是梁素素，穿着一件嫩粉色紧身旗袍，神采熠熠地站在他身后。旗袍紧紧地包裹着她瘦小的身躯，把她凹凸有致的身材显露无余。

“培训得怎么样，大才子。”

“呦，素素？干什么去了，穿得这么靓丽。”

“刚从医院回来，去拿体检报告了。”梁素素不假思索。

“哦，体检报告。”林富江心里嘀咕，她被录取了？只有被录用，才会到医院进行体检。

梁素素意识到林富江的事还没有结果，压低声音：“高主任说了，你的事他再想想办法，看看能不能向人事厅申请增加一个名额。”

“哦，没关系，恭喜你了”林富江笑笑。

梁素素又和林富江寒暄了几句，就去交体检报告了。

林富江知道，梁素素的面试成绩，考官们给打的分都很高，只是几个大众评委拖了后腿。考试现场有录音，林富江也了解梁素素的水平，她能取得这样的成绩，显然也是把考官们都打通了。这个时候，如果有人把这事捅出去，恐怕她也不能顺利考取。但这种事林富江干不来，损人不利己，这不是自己的处事风格。那么邵红呢？怎么排在前面没被录取呢？

最终，办公厅录取了两个人，第一名和梁素素。扩招的事，再也没人提过。林富江竹篮打水一场空。

梁素素去办公厅了，大厅空出一个事业编制。几个月后，大厅来了一位新同事。林富江一看，就是和他一起参加公务员考试的邵红。

“你怎么来大厅了？”林富江显得有些诧异。

“我怎么不能来大厅？”邵红反问林富江。

“哦，不是不能来，只是……我没想到。”林富江没想到邵红会反问自己，反倒有些不自在。

“没想到什么？没想到我还是成了你的同事？你们这不是空出一个事业编吗？我们学校也是事业单位，所以就直接调过来了，怎么，不欢迎？”邵红似乎并不介意，一连串地轰炸到。

“哪里，哪里，你可是高才生，来我们这太屈才了。”

“高才生有什么用，还是没有考过你这个实干家啊。”

“别开我玩笑了，我不是也没考上，还在这没动地儿吗？”

“那不正好，同命相连，咱们做同事。”邵红轻松地笑笑，之后，邵红便接手了梁素素原来的工作。

接下来，省里的一个消息更是让林富江大受打击。公务员要实行“阳光工资”，按照级别分为三、五、八、一不同等次，最低级别的科员可以拿到3000，年底还有1万元奖金。事业单位由于涉及人员多，成分复杂，暂且不动，林富江的工资，一个月还是1800。不仅如此，事业单位又面临着一轮新的改制。

林富江想起梁素素说的“事业单位要改革”。

看来，考了半天，只有林富江白忙活了一场。林富江憋着一口气，再也没有参加公务员考试，而是将所有精力都放在工作上。两年后，林富江成了大厅的业务骨干，还拿下了副高级工程师的职称。期间，邵红和林富江相处得也还算友好，两人还合作完成了几项重要的工作。只是，一提起当时参加公务员考试的事，邵红就似乎不愿意多说。后来，在她面前，林富江也就不再提起这件事。

办公厅要编辑信息刊物向省领导报送，刊物涉及省里很多部门，人手不够，就从下面单位抽调几名业务骨干，林富江也被选中，和几位工作人员一起进驻了大楼。终于进入了久违的大楼工作，但林富江心里却一点都高兴不起来。这时的梁素素已经不负责信息工作了，刚刚提了正科，抓调研业务去了，和林富江的办公室隔着两个屋子。编辑信息刊物要和省里很多单位打交道，林富江经常被问及“是公务员吗？”当得知他不是公务员，只是来临时帮忙。别人总会唏嘘一番：“事业的太亏了，年轻人，应该考一考。”林富江觉得，楼里的公务员似乎都高人一等，事业单位的就像二等公民。是不是公务员也似乎是楼里人最关心的一个问题。他还见过一个单位的老同志，一直在机关帮忙，快退休了，为了能转成公务员身份退休，在楼道里和单位领导大吵大闹。进了大楼才知道，大楼并不像表面看上去那样严肃安静。

除了编辑信息刊物，空闲的时候，林富江经常主动帮忙整理一些资料，林富江干活手脚麻利，也认真负责，很快，人事科就逐渐交给他一些重要的工作，比如，整理人事档案。每年的人事档案都要归档分类，还要输入电脑系统，十分繁琐。人事科只有两个人，科长和一位工作人员，经常忙不过来，涉及一些重要文件，只能找信任的人干。一天，林富江帮忙整理前几年的人事档案，看到一张纸，上面手写着几行字：

由于本人与所在学校合同尚未到期，所以自动放弃办公厅“信息管理”公务员职位。下面落款是：邵红。

这究竟是怎么回事呢？

第二天，林富江找了个借口回到大厅，见到了邵红。

“这两天，我在办公厅帮忙整理人事档案的时候，见到你写的那个保证书。”林富江单刀直入，直奔主题。

“保证书？”

“是，就是那个放弃公务员职位的保证书。”

“哦，你是说那个，都那么长时间了，再说还有什么意义？”邵红淡淡的。

“到底是怎么回事？”

邵红顿了顿，缓缓道出了当时的实情。

“你给我打电话之后没几天，学校就找我谈话。虽然我排在了梁素素的前面，但和学校的合同没有到期，学校不放人。后来，我也托人找了找高霍升主任，他说，如果放弃这次公务员的职位，等和学校的合同到期后就直接把我调过来，不需要考试。我在学校已经干了好几年了，没有发展空间了，急着换个环境，所以就接受了高主任的建议。其实，排第一名的那位，考试前也托了人，都是有领导垫了话的，这种考试，不找人哪行，你还年轻，可以再考考。我已经超龄了，在事业单位图个安稳就行了。”邵红把当时的情况和盘托出，显得十分淡定。

面对邵红的善意提醒，林富江只是一笑了之，他已经对公务员考试失去兴趣了。

在一次聚会上，人事科的工作人员多喝了两杯，拉着林富江的手。

“林哥，别怪我，我也想帮你，但能力有限。”

从那位工作人员的嘴里，林富江知道，按照录取程序，“信息管理”的职位应该录取邵红。所以，人事科科长去了学校外调邵红的档案。外调那天，在学校门口，科长看到梁素素老公的专车，还看到校长满脸堆笑把梁素素的老公送上车。之后，学校方面便称和邵红的合同没有到期，不能放人。

“什么合同没到期，都是人为的。”人事科的工作人员脸喝得红扑扑的。此外，他还告诉林富江，梁素素和她老公其实和一中的校长都很熟。他俩都在那个学校当过老师，梁素素老公先进了省委，后来托关系把梁素素弄到大厅。梁素素在学校时候，大家都知道她老公在省里。所以，什么优秀教师，进修学习，公派出差等等，这些好事梁素素样样不落。当然，校长是想借着这层关系办点自己的事。当了将近十年校长了，眼看任期将满，省教育局局长快退休了，本想借着梁素素老公的关系搏一搏。谁知关键时刻，梁素素调走了。得知梁素素的处境，校长当即表示：邵红报考时没有经过学校同意，再有，她的合同还没有到期，学校不会放人。这件事之后，没多久校长就到教育局走马上任了。

林富江这才恍然大悟，原来这里头有这么多不可告人的秘密，为了让梁素素能够顺利考取，有人还真是做了不少工作，甚至不惜牺牲其他的考生。

第二天，林富江在楼道见到梁素素，没有像往常一样和她打招呼。梁素素和他说话，他也是应付了事。为达目的不择手段，林富江不喜欢和这样的人过多接触。

再三考虑之后，林富江敲开了高霍升办公室的门，提出回大厅工作。他觉得，那才是他应该去的地方。面对态度坚决的林富江，高霍升起初有些愕然，但很快就恢复了镇定，同意了他的要求。

林富江又回到了熟悉的大厅，这里的一切才让他觉得十分舒服。

夜晚，林富江做了一个梦，梦见大楼塌了。楼里的人争先恐后地向外跑，林富江站在旁边，看着塌得碎片一样的砖头瓦块，哈哈大笑，笑着笑着就醒了。

只是一个梦，大楼怎么可能塌呢？它依旧孤零零地伫立在那里。

办公室情人

雍 桦

“咚咚！”一阵急促的敲门声。

还没等蒙落天喊“进来”门就被推开，一个黑色的影子闪了进来。现在是下午四点半，冬天夜来的早，蒙落天屋子里很暗，他从来不喜欢开灯，除非是有客人来。从海西被平调到这里后，蒙落天就有了这么个爱好，不喜欢开灯。以前在海西外促局当局长的时候，办公室装修得亮堂堂，一开灯跟个小宫殿似的。海西是全国有名的商品制造批发基地，市财政仅税收每年就几个亿。他作为外促局的一把，每天接触的都是肥得流油的批发商，自然是风光无限。但这差事基本上都不会干得太久，没两年，就被一纸调令调到了这个鸟不生蛋的鬼地方，还给弄了个反贪局局长。这地方在全省排名倒数第二，基本上属于待开发名单，暂时也没什么可以贪污的，所以他这个反贪局局长自然就比较清闲。话又说回来，即使有，真查去吗？那一查准查出一串人，除非上面下单子，谁也不会去主动作为的。蒙落天抬了抬头又低头继续看他的《中国地理》杂志，从那熟悉的高挑身姿，他感觉到来人是谁了，一定是孙妮妮，一阵沉默。

“为什么这次去南宁挂职没有我！忘了你那天给我发的短信怎么说的了？”孙妮妮在这个局里主要负责案审组的工作，论资格比蒙落天还要老，再加上她和蒙落天的特殊关系，说话从来不客气。看得出来，她是实在忍不住发问了，还带着些许怨气。那天，她给蒙落天发短信问这事，蒙落天给她回短信的时候明明说的是让她放心。她就很放心地认为这次的名额肯定是自己的跑不了了。

“就这事啊！那破地方，谁愿意去啊！再说，一去好几个月，我也舍不得啊！”蒙落天慢悠悠地。

“得了，就会说好听的。我看，你是不想让我进步，永远在你下面你才高兴。”孙妮妮愤愤地。

“在我下面还不好？总在上面受得了吗！”蒙落天话里带话，说罢在孙妮妮那水蛇般的细腰上顺势捏了一把。

看他这样说，孙妮妮的气顿时消了一半，半埋怨半撒娇道：“别那么没正形了，我说真的呢。我问过西旺了，西旺说，新下来的规定，以后提职必须要在基层挂过职的，算是一条基本条件。”虽然带着埋怨，但明显口气缓和了许多。她说的西旺是自己的老公，比自己早几年进政府，一直在机要处做秘书，负责几个市头头的重要文件交换工作。因此，接触市领导的机会比较多。个人发展的也不错，年纪轻轻的，刚被提拔为机要处的副处长，副处级别，比蒙落天低一级。当然，他没有只顾自己进步，刚进机关不久的时候，就托一个主管市长给说话，把孙妮妮调到了反贪局。这几年，孙妮妮能从一个科员到现在的案审科科长。如果说一半靠蒙落天，另一半要得益于周西旺了。

“哼！蒙落天鼻子里轻蔑地哼出一声。规定？什么是规定？规定还不都是人定的。规定还说副科不满三年不能提正科呢。只要想办，还怕找不到理由。亏你们家西旺在市里也干了十几年。连这点事还不清楚？”蒙落天端起茶杯，咽了口水，眼睛直视着孙妮妮。孙妮妮在副科的位置上干了两年就被破格提拔了一级，蒙落天这么说是有所指的。

而周西旺也一直被蒙落天作为掩饰他和孙妮妮那不为人知关系的挡箭牌，提前调职，出国学习，都是些让旁人既羡慕又嫉妒的美差。蒙落天向来一句：”看在西旺的面子上”就堵住了无数张散布闲言碎语的嘴。这一招屡试不爽。

大家都知道蒙落天和周西旺在同一个学习班学习过，算起来他俩还是同学。周西旺又守着市领导，也是惹不起的人物，也就敢怒不敢言了。

都说朋友之妻不可欺，这事儿，本来也非蒙落天的初衷。谁知道在一起时间久了，就擦出火花，渐生情愫了。一次，他带着孙妮妮下去办一个案子。接待的人给他们俩安排了相邻的房间，吃饭的时候，那公关部的女经理频频给蒙落天敬酒，还时不时地送上一棵“秋天的菠菜”，眉眼中透露出一股子不让蒙落天上钩誓不罢休的态势。末了，看蒙落天已有八分醉意的时候，坚持把蒙落天送到房间，又递茶水又递毛巾的。还要张罗着帮蒙落天脱衣服，后来让蒙落天连推带搡地给推出门外的时候口里还喊着：“蒙局，我名片您拿好呀，有什么需要随时 call 我啊……”。这一切都让孙妮妮看在眼里，本来孙妮妮对蒙落天就心存爱慕，这下，孙妮妮更觉得他的形象高大无比了。

那天晚上，俩人又都喝了点酒。等接待的人一走，孙妮妮就主动进了蒙落天的房间。

蒙落天也不是没见过女人的人，俩人都是过来人了，早在日常工作接触中，就能感觉到孙妮妮那炽热的眼神。所以，平时孙妮妮给他递个文件，送个报纸的时候。蒙落天总是有意无意地碰她手或是胳膊一下。特别是在夏天，孙妮妮爱穿低胸的衣服，坐在办公桌前的时候，蒙落天总爱站在旁边给她交代工作。别看孙妮妮人属于那种高挑偏瘦型的，但惟独胸前那两座山峰高耸。每每蒙落天站在身边的时候，她总是有意无意地做一些低头、弯腰递东西的动作。所以，对于孙妮妮的身体，蒙落天早就不陌生了。只是碍于周西旺的面子，一直没有实质性的进展。不想那次喝了点酒，孙妮妮倒占了主动。本来嘛，已经玩了那么久的办公室暧昧了，两人心里都很清楚，只是等待合适的时机将暧昧进行得更彻底一些罢了。

这孙妮妮，表面上看着文文静静的，不想这方面倒表现得很是积极主动。女人三十如狼，四十如虎这话一点都不假。那晚，蒙落天着实领教了一把。一番云雨后，两人酒也醒得差不多了，孙妮妮恢复了女人的羞涩。拿被子盖住了自己的身体。蒙落天伸手进去坏笑着问孙妮妮是他厉害还是西旺厉害。孙妮妮推开他的手说："讨厌，小心我告诉西旺，说你欺负我，看我们家西旺怎么收拾你。"

"呦，那我可怕了，你们家西旺收拾我的时候，你可得在旁边说说好话，要他手下留情啊！"蒙落天若有所思地说到。

时下对这种在同一个单位的办公室恋情有一种特别的叫法，在"情人"前面不落俗套地加了个定语，还洋化为office wife，翻译过来就是办公室情人。就这样，孙妮妮就成了蒙落天的"办公室情人"。而蒙落天呢，孙妮妮并不是他唯一的情儿，自从当了反贪局局长，蒙落天这方便还是很小心的，他的原配夫人张芳也在政府部门工作，职位也不低，是那种事业型的女人。由于天天忙于工作，经常出差在外，和蒙落天是聚少离多。渐渐的，夫妻间的感情就变得淡漠了，而蒙落天事业正如日中天，再加上人也很稳重帅气，天天围在身边的女人有一大把。有的是有求于他的，有的是由于工作需要接触上的。再者，蒙落天经常接触的都是这些案子。他深知怎么做是安全的，这几年，在外面也有两三个女人。只要深藏不露。领导干部在经济方面别太冒尖的，自然就没人整你。再加上以前蒙落天也下过海，手里有几个钱，行贿受贿的事他也不沾。属于"安全系数"较高的人。这年头，男人有点权有点钱，多少女孩子排着队倒贴，拦都拦不住。

不过，对于孙妮妮，蒙落天还是不敢怠慢和大意的。一方面，孙妮妮是自己的下属，天天守着自己，自己的一举一动孙妮妮都看在眼里。时间久了也知道自己好多事儿。再加上孙妮妮是个醋性特别大的女人。有时候如果有女的找他办事，在他办公室待的时间长了一会儿，孙妮妮就会找个借口送个文件，送个报纸什么的进他办公室溜达一下。她在用这种方式提醒蒙落天，让他注意点不要和别的女人走的太近。另一方面，孙妮妮是周西旺的老婆。周西旺也是市里的人，又是自己同学，万一孙妮妮一个不高兴捅他一下子，损失了名誉是小，为这事影响了仕途可就不值当了。因此，蒙落天对孙妮妮一直是连供带哄的。他很了解孙妮妮，她是属于那种很拔尖的女人，只要什么好事都让她占个先，就没事。

孙妮妮也是那种女人中的人精，自从和蒙落天有了更进一步的关系后，就如虎添翼。她可没有只在感情方面向蒙落天提出要求。这一点她和蒙落天都心知肚明，他们都不会为了对方放弃自己的家庭。单位出国学习的名额被她占上了，提副科不满两年就破例提了正科。这次挂职锻炼的名额，蒙落天本来也是答应给她的。谁知道昨天局党支部会上宣布的结果竟然是王二林，王二林是另一个科室的科长，算是老科长了。孙妮妮来的时候他刚被提的正科。这几年，孙妮妮从科员稳步直上。王二林虽然一直在原地踏步，但丝毫也没有放松。去年刚拿了个硕士学位，现在又开始考博呢。

这下，可把孙妮妮气坏了。这完全出乎她的意料，她一直认为这次挂职她去是板上钉钉的事儿了。谁知道最后来了个360度大转弯儿。这消息她昨天就听说了，她不是党员，这要归功于自己的老公周西旺，在她进政府工作的头一年就给找了个民主党派的名额，据说女干部走其他党派路线被提升的机会多且竞争力也没那么大。因此，她没有身份参加昨天的党支部会议。但散会不久就有好事者把话递了过去。她当时就急了，但蒙落天屋子里一直有人，晚上打蒙落天手机又是关机。今天看到蒙落天在办公室，得了个空就闯了进来。瞅这架势，是一定要蒙落天给她个明白回复的。

看着孙妮妮横眉冷对的样子，蒙落天心里开始一阵阵反胃，他觉得在自己的职权范围内，已经把最好的机会都给了孙妮妮了，这次没照顾到也是有原因的，她还这么不理解自己。但也不太好发作，表面上仍然温和暧昧。喝了口水又慢吞吞说道：

“小王正科也好几年了，这次要是赶不上，年龄就过了。再说，支部会上是要大家投票的，九个支委有七个都同意他去。你说我也不能一手遮天，否则招致大家的闲话对咱俩都不太好。我一提让你去，大家都略有微词，有时候还是得尊重大家的意见的，不能太过了。”

大家是一个技术含量很高的词，杀伤力也很强。很多时候，只要把大家抬出来，不管你是谁，也要退让三分。这叫寡不敌众，谁也不愿意和大多数人抗衡，唱反调，成为众矢之的吧。蒙落天本想用大家来压一压孙妮妮的势气。谁料，孙妮妮一听蒙落天这么说，气性更大了，扭头就吵着要出去找“大家”，还说局里就那么几个人。让蒙落天告诉她是谁不同意她去挂职，要一个一个找，看大家怎么说。还说怎么以前就能搞定，这次倒要听大家的意见了。什么时候“大家”可以做主了，孙妮妮气呼呼地。

“行了行了，不就这点事儿吗？明天我跟人事局说一声，让他们明年给咱们留个名额不就得了，找个近点的地方，时间短点。也省得你受苦不是……”蒙落天有点不耐烦，他讨厌闹事的女人。

“那……”孙妮妮看他这个样子，支吾着。

“好了，我办事你还不放心，什么时候让你吃亏了。快干活去吧！”蒙落天说罢又在孙妮妮胳膊上拧了一把。

“得了，啥时候也没让我占过便宜。”孙妮妮嘟囔着走出了蒙落天的办公室。看样子，气已经消得差不多了。

孙妮妮出了蒙落天的办公室回到自己屋子，却没注意到，有一个人一直在探头观望着。王二林，他看见孙妮妮走进蒙落天的办公室，心里就开始不踏实起来，虽然手里拿着报纸但却心不在焉。眼睛不时地瞟向蒙落天的办公室。孙妮妮在蒙落天办公室里待的几十分钟对王二林来说可是漫长的半个小时。一直听到孙妮妮踩着高跟鞋的声音走过去。过了几分钟，正好市里来了一个文件。他看办公室没人，就复印了一份送到蒙落天办公室。

“蒙局，省里来了个文件，办公室小杨去八楼打印材料去了，我看好像是个挺急的会议通知……”王二林敲开蒙落天的屋门后说道。

“哦。”正对着窗外的蒙落天转身接过通知扫了一眼就放桌子上了。“怎么样，准备的怎么样？家里都交代好了吗？这次挂职时间可不短啊，媳妇放心吗？你可要做好受苦的准备啊。”蒙落天没有理会通知内容，话锋一转，向王二林发问。

“岳父岳母那边都打好招呼了，他们都能理解。我媳妇那边也说好了，请个人帮忙照看孩子，就一个月时间，要说也快。”王二林赶紧解释。

“那就好，看，有什么需要的，尽管说。”蒙落天操着他一贯的口气。

“蒙局，这次还真是承蒙您……”王二林想说几句蒙恩之类的话，却被蒙落天摆手打住。

“本来名额就应该是你的，论资历，论学历，你都排得上，好好干，以后没问题的。”蒙落天何等精明，心里自然很明白王二林为什么这个时候进来找他。

吃了这颗定心丸，王二林心里踏实了。又寒暄了两句就退了出去。关上蒙落天的门。王二林一颗悬着的心终于落了地。他确定这事儿应该不会再有什么变化了。只有他和蒙落天心里明白这次为什么能轮到他。如果不是上个月和蒙落天一起出差办案的时候，无意中撞到一起查案的监察局新分配来的女大学生坐在蒙落天腿上的那一幕，他想，这个名额无论如何也落不到他头上的。

那次，他确实敲门了，只是没有听到蒙落天喊请进，他以为蒙落天在看电视没有听到敲门声就推门进去，门和床还是隔着一个拐角的，只是推门进的时候是先对着镜子，从镜子里，他看到那女大学生从蒙落天腿上起身整理衣服。他一下子愣在了那里，有点不知所措。这时候，蒙落天已经整理好衣服喊了声：谁？ -----进来！他并没有注意到，刚才的一幕已经被王二林从镜子里尽收眼底。最后，王二林还是硬着头皮把茶叶送了进去，然后匆匆离去。看着王二林慌乱的神情和门口的那面镜子，蒙落天就什么都明白了。

第二天，回来的路上，他们在火车软卧里，蒙落天依旧没事人似的和王二林聊天。王二林反而像做了亏心事似的有点不自在。不同的是，蒙落天似乎突然对王二林的经历产生了浓厚的兴趣。从王二林的专业到家庭询问了一圈，表现出莫大的关心。末了，蒙落天语重心长地表示：像王二林这样塌实肯干的人是应该得到重用的，最后，他向王二林提起局里有一个挂职锻炼的名额，考虑到他在局里一直表现不错，可能组织上会考虑他。这让王二林颇感意外，像他这样没有后台的人，这样的机会是很少能轮到他的。一下子，激动的心情掩盖了前一天晚上的事件，他兴奋得赶紧给局长倒水、点烟。看到名额没有变化，王二林长嘘一口气，这件事儿算是尘埃落定了，但他今后的命运会怎样？他不知道。听说市里一位干部就是因为一次有急事进主管市长办公室时没有敲门，撞到了不该看见的，在副处级位置上呆了七八年也没动过，直到把那个市长熬走。王二林心里升起一股莫名的忧虑，他不知道，这次虽然得到了这个挂职的名额，但对他来说是福是祸还很难说。今后，自己要面临的将会是什么呢？

他一边往外走，脸上布满愁容。

小花的头发

雍　桦

小花天生一头很硬的头发，她喜欢长发，可偏偏头发就不争气，又粗又硬不说，还有些沙发和自来卷。因此，她寻遍京城的美发高手，什么审美、宝姿、漂亮宝贝都去过了，众美发师们领教过她的头发之后，得出几乎完全一致的结论：这样的发质，要留长发，也只能拉拉直做个离子烫了。所以，小花就一直留直发，留了很多年的直发。这不快过年了，前阵子看两个小伴儿都烫了个中花的大卷，效果还不错。她也想换个新的发型，让自己的心情也变化一下。

咨询过很多家美发店若干个美发师之后，在一个周六的早上，终于鼓足勇气走进了理发店。在美发师下手之前，她又不断重复着：自己的头发不好打理，让美发师千万要用心。美发师信誓旦旦地让她放心，还承诺不满意不要钱。

同做离子烫相比，烫花的时间要长许多。离子烫的程序是先软化，用夹板拉直后再定型即可。而烫花首先是要将头发进行充分的软化，让头发的毛鳞片充分打开后，再根据要做的花型取等量头发一个个上卷，最后定型。虽然工序差不多，但因为要保证花型的卷度，所以时间要长一些。虽然小花已经做了充足的准备，但是，没有想到，软化发质就花了三个小时，这不禁让几位美发师们瞠目。小花是上午9点理发店一开门就到了，中午12点的时候，才刚刚软化好，还没有上卷。小花有点按捺不住了，心里的小火苗开始蹿腾。她按捺住心中的怒气说：“刚才不是说2个小时就可以好，都弄完也只用四五个小时就行了吗？照这样的进度，下午4点前我能出得了门吗？”

大工看她面露怒意，赶紧吩咐一个小工出去给她买了份饺子，又让其他小工给她做按摩。小花这才没有继续发作，再加上大工小工一边捏她的头发，一边惊叹她发质的硬度。大工说：“知道你的头发硬，但不知道竟是这么的硬。别人的头发1个小时左右就可以软化好了，我想你头发硬可能需要2个小时，谁想3个小时了才勉强过关。你的头发真是超硬，太厉害了。”

小花听大工这样说，心想也不都是人家的错，确实是自己的头发不好弄。吃完饺子后，就眯瞪了会儿等着上卷、定型。经过6个小时的奋战，小花的头发终于现出卷了。卷儿的形态也和别人的不太一样，就像一个硬硬的钢管受过什么强烈规则的撞击而变得弯弯曲曲一样，但总体效果还说得过去。在理发店老板的怂恿下，小花烫完头发后紧接着做了一个营养。

为了压缩时间，大工、小工、帮忙的一共四个人一起给她上营养膏。理发店老板对小花说："你看，四个帅哥同时为你服务，多幸福啊！"直把小花说得有点不好意思。

小花知道自己的头发硬，从小头发就硬。上小学的时候，一到秋天，同学们没事就捡地上的树叶用叶子根拔牛根玩，后来被几个同学演变为拔头发，拔牛根小花不是玩得最好的，但是要论拔头发，没有哪位同学的头发能盖过小花的。有一次，一个同学不服气，用自己的三根头发和小花的一根头发叫板，那位同学的三根头发"啪"的一声，毫无悬念地被小花的一根头发截成两节，而小花的那根硬头发，却丝毫未损，同学是彻底服了。

都说头发硬的人性格也倔，这点在小花身上也体现得淋漓尽致。和头发的硬度相比，小花的脾气还要加个更字。用小花母亲的话说就是："属顺毛驴的，你硬她更硬，女孩子家，脾气和个小倔驴似的，人家是不撞南墙不回头，你是撞了南墙还不回头。"

不过，小花倒是颇有些武侠小说中女侠的风范。从小就喜欢打抱不平，看到低年级的被高年级同学欺负，经常站出来与强势抗衡。认为对的事情，她一定会坚持。认为不对的，她从不随声附和。

就是这么个臭脾气，半年前竟然考进了一个事业单位。开始，父母还真是为她捏了把汗，担心她这样过于直率的性格，在机关那种地方容易得罪人。不想，可能是因为专业能力强，干了半年，还颇受上级的赏识。很多重要的工作，小花都有参与。论干起活儿来，小花是丝毫不含糊的。恰好碰上她的主管领导是一位很正直的人，小花才没有被淹没在那暗潮汹涌、纷繁复杂的人际关系中。这一点，小花心知肚明，她知道，如果换一个老政府型的领导，她不知道早被弹劾多少回了。还好自己的领导是一位业务型领导，看重的是工作业绩。

当小花顶着一头倔强的大花儿来到办公室，立即引起了大家的关注和议论。有说有个性的，有关心花多少钱的，特别是那位马大姐，在认真地研究了一番小花的卷发后，很专业地发表了言论。"你这个花儿的卷度好像还不太够，软化时间短了点吧。"当听小花说软化了三个小时候。她不禁唏嘘到："你这头发能烫成这样也不容易了。"经过众人的轮番轰炸，小花终于消停了会儿。对这些，她早有心理准备了。平时，换件衣服或是买个新包之类的，经常会遭到大家的褒贬不一，说什么话的，怎么说话的都有，早就已经习惯了，更何况是烫发这么大的变化了。小花刚来这里上班的时候很不习惯，她觉得单位里有些人对工作马马虎虎一点也不上心，更有甚者是能推就推，能躲就躲，但对一些东家长李家短的鸡毛蒜皮小事，或是某某人酒场上喝多闹了笑话之类的八卦新闻，那是稍微有点风声便可激起轩然大波，同志们对此是乐此不疲。对此，马大姐曾私下里对小花说："我在机关干了二十多年了，什么样的人，什么样的事没见过啊，就咱们局局长就伺候走三个了。咱们这样的单位，干多干少工资奖金都一样，不会因为你干得好给你多发一分钱，单位也不会因为你干的不好就倒闭。但是，你干得越多，反而出错几率就越大。你看，那些提得快的，哪个不是背后有人，哪个是因为干得好啊。你看周彤就知道了，刚来的时候也是干劲十足，现在呢，每月固定地病上几天，休个几天病假，他算是看明白了。你太年轻，别犯傻，要汲取先人的教训啊。"

类似这样的话，小花也听过不少。马大姐说的这个周彤是他们部门的一位男同志。南开大学高材生，专业对口，一毕业就进了这个单位。很有才华的一个人，听说他刚来的时候工作表现非常出色，也很受那届局长的赏识，好像那届局长还私下里应过他，老科长还差两年就退了，干好了可以给他提个科长。但后来，老科长还没退休，局长却被一纸调令调到了街道当书记。好容易老科长终于退了，新局长找他谈话，说区里一个头头的亲戚，在别的单位没有位置，区头头为这事都找了好几回了，局长很为难。就这样，科长的位置让区头头的亲戚给占上了，而周彤，一晃快 10 年了还是老样子。现在，周彤每月必休上几天病假，据说每人每月都有几天带薪病假，这也是一种福利。大家都知道周彤在外面有兼职，每月请假也不是生病，都是给别人做程序去了。但领导都睁一只眼闭一只眼了，谁也不愿意得罪人去捅破那层窗户纸。

虽然有前车之鉴，小花还是觉得上班不能天天混日子，如果每天就是喝喝水，聊聊天，议论议论别人的花边新闻，简直就是浪费时间。所以，她还是对领导交派的每一项工作都认真对待。从自己手里出去的活，她从不应付差事，尽量件件都做到让自己满意。因此，被众人议论之后，小花很快进入了工作状态。春节期间，她们和一个商场联合搞了一个大型的促销活动，开幕式就定在年 29 了。手里一大堆的活要理，都快掰不开了。这时，座位上的电话响起。小花一手继续整理资料，一手拿起电话。

"是小花吗？"一听就是局里办公室主任张萍的声音，也是一位老大姐。

"是我，张姐吧。"小花很有礼貌地回应。

"你今天开车了吗？不限行吧。"张主任问到。

看来是又要动我的车了，小花心里暗想，不知道这次又是什么事。小花上班离家远，几年大学她一直趁假期在外面打工，上班半年也很节省，攒了点钱，两个月前在父母的赞助下买了辆小奥拓，作为上下班的代步工具。别看车小，家里家外都发挥了不小的作用，可谓是小身材，大用处了。小花在大学就拿到了驾照，驾驶技术还算娴熟。张萍主任自从坐过一次小花的车，对小花的技术有了亲身体验之后，几次单位的车调配不开的时候就下命令似的把小花的车给征用了。

第一次，小花没好意思拒绝，想着单位确实是有事，救急如救火，关键时刻哪能掉链子。可不想，在那之后，单位总是有急事，有急事的时候单位的车总是调配不开。小花一个月工资不到2000，时下这油价猛涨，小花也是靠父母的资助勉强养个车。可也经不起单位这么用啊。小花虽然对此心存不满，但又不好发作，她怕别人说她自私，尤其是要驳了张主任的面子，那更没好日子过了。所以一听张主任这么问，下意识地认为单位不定又有什么急事要征用她的车了。

果不其然，张主任接下来说的话完全在小花意料之中。只是这次的事急得有点让小花大跌眼镜。“咱们单位发了点东西，你们那边一共是五份，咱们车出去慰问老干部去了。估计下班前才能回来，我这没地方放，你要是开车了就过来拉一趟吧，把你们几个人的都拉走。”

“我自己去啊，一个人搬得动吗？”小花按捺住心里的不快。她们虽然是下面的单位，但福利一直都是跟着局机关的走，没有独立。

“没事，这边有人帮你搬，到那边你再让那边人帮你搬下就好了。”看来，马主任还真是很体贴，连替小花搬东西的人都找好了。小花是没有任何借口了。

“好吧，我现在就过去吧。”小花虽然心里不愿意，但还是拿起车钥匙把车开了过去。就这样，小花的小奥拓满载而归，后座上也被摆满。经过大家的认领，后备箱剩下小花的一份。看到刚花了300多置的“史努比”座套被整得歪七扭八的，小花这个心疼，向同事借了根皮筋，把头发盘在后面箍成了一撮儿，然后径直钻到车里整理座套。不想，她的头发今天好像格外的硬，竟然把同事的皮筋都撑断了。

看到小奥拓的遭遇，几位本来想要买车的同事将购车计划暂时搁浅。一位有车的同事甚至将爱车干脆扔给媳妇开，自己坐公交车上班了。

大年二十九，是她们活动开幕的日子，邀请了很多市领导和媒体。这个项目虽是小花主要负责，但筹备工作都是由公关公司完成的。当天，领导说要她们提前半个小时到就行，但小花还是提前1个小时就到了会场。活动开幕式进行得很顺利，领导们先后在台上慷慨激昂地致辞、讲话，预祝大家新年快乐。小花和几位同事也坐在席间，就在主持人对活动规则进行介绍的时候，小花听到后面有两个人在嘀咕，说活动介绍有不清楚的地方，并对活动的公正性提出质疑。小花回头一看，原来是某报社的两名记者，手拿新闻通稿。签到的时候她俩就为座位排得不够靠前向接待工作人员表示不满，那家报社是出了名的“敢死队”，什么都敢报，正面的、负面的，最爱报道八卦新闻，正因如此，还颇受市民的喜爱，为了扩大活动影响力，不得不把她们给请了过来。坐在一旁的同事周玲玲也听到了两人的嘀咕，扭头便向她们解释。那两名记者随即求证这位同事的身份，这是记者的一贯套路，先问你的单位、姓名，发稿的时候便会注明，据某单位某人透露……之后，是好是坏就不好估摸了。小花以前就吃过这个亏，一次接了个记者的电话，回答了两个问题，不想第二天，自己的名字就被跃然纸上了。直到主管局长说她出名了，她才知道自己中了记者的套了。每个单位都有新闻发言人，只有新闻发言人才有资格对媒体说话。小花那次那个汗啊，她们单位的新闻发言人还不是说她出名的主管局长，是更高一级的领导，大局长一把手。所幸的是，那次她说得没什么问题，局里领导也没有过多追究。

小花想周玲玲可能不知道她们是媒体的，正准备提醒她，这时手机震动响起。小花一边起身准备出去接电话，一边匆忙在周玲玲耳边轻声说了句：

“她们是媒体的，说话注意点，别瞎说啊。”不想，这一句话却招致周玲玲的大怒，当即和她翻脸。

“那怎么办，那也不能不说啊，你们问她吧。”周玲玲怒气冲冲地冲着两名记者指了指小花，撇下这句话扬长而去。

小花站在原地，半晌儿没动。看着周玲玲的背影，她下意识地把头发往后捋了捋。觉得有一撮儿不听话的头发总是往前面跑，贴在脸上很不舒服。手机还在一直震着，小花一边接手机，一边示意那两位记者稍等片刻。两位记者互相对视了一下没有说话。接完电话，虽然很尴尬，小花还是找来了专门负责媒体接待的工作人员应付两名记者，并且很礼貌地向两位记者作了解释。活动快结束的时候，小花找到周玲玲，企图告诉她没有别的意思，只是怕她中了记者的圈套。不想换来的是周玲玲冷冷的一句：“我对自己的话负责。”言下之意，我说话，不要你管，也不用你提醒。

小花也觉得很委屈，随即向领导汇报了此事。领导表示小花提醒得对，是周玲玲理解有误。小花想都是同事，大家在一起为了生活而工作，都不容易，还是开心快乐过好每一天重要。很快，就将这件事抛到脑后。而周玲玲，似乎也很快就忘记了那次的不愉快。几天后，两人就如往常一般交往工作。后来，有几次组织会议，领导安排周玲玲配合小花，而周玲玲都是十分配合，小花也都如实向部门领导和局领导反映了。她想向领导们传达一个信息，那次事件之后，周玲玲还是很配合自己工作的，没有因为上次的不愉快影响同事关系和工作进度。然而，一段时间后的一次工作会议却将这种和谐彻底打破。

在一次部门工作会上。部门主任正式地将这件事提出来，批评了周玲玲，并要小花就如何应对媒体提出方案，研究是否有必要进行全员培训。小花始料不及，她本以为事情已经过去了，不想在这么正式的会议上被提及。一时小花竟语塞，不知如何回答。只能表示：如果领导认为有必要，可以安排培训，但新闻发言人只能是一个，无法改变。周玲玲听到自己在会上被点名，情绪便激动了起来，说之所以当场发火是因为小花说她“瞎说”了。小花解释那完全是出于善意的提醒，没有别的意思。周玲玲认定自己没有瞎说，末了又说无论是大声还是小声，小花都对她进行了语言人身攻击。会议后，不到下班时间就拎着包气呼呼地走出办公室。

从那次会议后，周玲玲似乎就和小花彻底决裂了。甚至有几次小花迎面和她说话，她都装作没听见，不予理睬。小花心里想：干嘛啊，多大事啊，犯得上吗？也不敢再和周玲玲主动说话了。部门主任似乎也无能为力，对她的反应无可奈何了。只是私下里劝了劝小花，要她别生气，该怎么干还怎么干。

不生气。小花能不生气吗？问题是，生气有什么用呢？也解决不了问题。不过，小花确实也顾不上生气了。最近一段时间，她总是觉得胸部隐隐作痛，以前都是来例假的前几天有胀痛的感觉。现在，已经时不时发作了。趁着放假的几天，小花去看了医生。她挂的妇科，给她看病的是值班医生，值班医生看着她胸部的彩超，大呼：“啊，两侧都有淋巴结，我这看不了，去看外科吧。外科专门看乳腺的，还是公费医疗，你和我们一样，都是事业单位，医疗制度快改革了，趁着没改大病赶紧看，小病可以往后拖拖。”

医生看小花愣愣地，又说：“算了，今天别看了，今天都是值班医生，上班头一天看吧，必须看知道吗？”

小花想，自己是不是得了很严重的病了。回去上网一搜才知道，原来，腋下两侧有淋巴结是乳腺癌的前兆。小花脑子一下子懵了。

上班头一天，小花向单位请了假，直接到医院挂了号。检查结果让小花心里稍稍踏实了些，就是有些炎症。但如果长期这样炎症的后果还是很严重的。小花问医生是否需要开一些药。医生只说了两个字：调节。看着小花一脸茫然，医生推了推眼镜说：“就是自我调节，别生气，年轻人火太大。”万病由气生，几千年的中医理论还是很有道理的，气不顺，血不通，行不畅。身体自然就出现问题了。

小花回到家里、躺在床上转辗反侧一夜没有睡觉，从小时候想到参加工作，从家里想到家外。忽然，她又想起前不久参加一个追悼会的情景。一个多年的老同学，在自己的工作岗位上晕倒，一病就再也没有起来。刚刚 30 岁，豆蔻年华啊，就被放进一个骨灰盒里……她好像忽然明白了什么。

之后，她彻底发生了变化，本来，这什么都不如自己的身体重要啊。从那以后，工作中，遇到不顺心的事，她一点也不急。领导批评她就很顺从地听着，不像以前那样据理力争。也不再轻易对别人的工作发表任何言论。一段时间后，她发现，虽然在业绩上没什么突破性进展，但人缘却变好了。看来，有得必有失。同学聚会的时候，同学都笑话她，说她像是变了一个人似的，不再是以前那个能言善辩机灵的小花了。小花长成大花了。一天，小花又去她烫发的那家美发店做营养。大工捏着她的头发揉搓了半天后说：“奇了怪了，你头发那天软化完没有这么软啊，现在怎么变这么软了，花型都不一样了。”小花也很奇怪，不知道自己的天生的硬发为什么会变软的，她想：兴许是因为自己所做的改变的缘故吧，不知和这个有没有什么关系。不管什么原因，小花伸手摸着自己的头发，感觉到，确实是比以前软了许多。

美发厅里，正放着一首轻快的音乐，好像是《和你一起看草原》她恍惚觉得，眼前就是辽阔的草原，一望无际，伸向天边……她忽然觉得，胸部也舒服了很多，她想，八成自己的淋巴结炎症也好了吧。

竞　考

雍　桦

局里有一个副局长的职位，空了快十年了。

据说，以前那几茬儿区领导，书记想安排书记的人，区长想安排区长的人。可用了这边的，就得罪了那边的。所以，就这么个副处级的位置，一空就是十年。也有人说，那都是借口罢了，这周小妹在去年年底的时候提的正科，到今年刚好一年。刚好有资格竞聘副处了。

怎么就有那么巧的事，正好今年就全市公开招考副局长了。再说，她已经是副处级后备了，再加上老公在区里也算是个风云人物，和局长都是哥们相论，还不近水楼台？还有人说的更邪乎，说这副局长的位置根本就是给她留的，从她还是科员的时候就留着，一直留到她被提到正科，有资格竟考副处。

传言终归是传言，难免有点夸大其辞。就说这周小妹吧，她本来就已经是正科了，直接提也够条件了，还走什么形式啊。不过，无风不起浪，也不是空穴来风。如果传言属实，公开招考就是个幌子，是为了掩人耳目，是将她送上副处的位置而又不犯原则错误而采取的迂回战术。就是真考，花落小妹家也再正常不过了。想想看，有本事让一个位置为自己空了近十年，那不归人家归谁啊？再说了，这次竟聘副处还要过全市统考这个大关，周小妹区里有人，但能不能过这一关还难说呢！

看来，一半靠关系，一半还要靠实力。不过，无论事实怎样。这件事还是成为了最近局里关注的热点，私下里人们议论纷纷。

要说最关心这件事情的，应该是李宝林了。虽然他比周小妹提正科晚几个月。但他年龄要小周小妹几岁，又刚刚拿了个硕士学位。虽然论关系可能没有周小妹硬，这几年在区里也混了点人缘，遇上事也能搬个区头头给说说话。不过他这心里还是挺没底的。必定职位就一个，这和当初副科提正科的时候可不一样。年底就该调研了，他这两天怎么也没心思弄。再加上准备婚礼的事情，装修房子。也没怎么把心思用在工作上，都三十好几了才刚领得结婚证，婚期就定这周了。

李宝林刚刚从网上下载了点写调研报告的材料，也看不下去，手里按着鼠标滚动键，心里却在想着考副局长的事情。这时候，只听外面传来一阵笑声，“哈哈，好啊，公开招考，给我添个副手，也让我省省心。”

是欧阳局长，他走到的地方，总是让人觉得有一种特别的气场，让人变得振奋。

听到欧阳的笑声，李宝林马上振作了起来，打开一篇刚刚下载的材料，关于体制改革方面的，认真地看了起来。

“小李，干什么呢？”欧阳双臂抱怀，踱步进来。

“局长，不是要调研了吗，我看看调研材料怎么写。”李宝林见欧阳局长走近，急忙站起来，冲着欧阳局长哈了哈腰笑着说。这是他见到领导后的一贯动作。

“坐，坐。”欧阳用手示意李宝林坐下。作为学院派领导干部，欧阳本身并不喜欢这种见了领导就点头哈腰的作风，但在政府呆了那么多年，也习惯了，有时候甚至有些受用。

“小李呀，婚礼准备得怎么样了？定哪天了？”欧阳面露笑意。

“这月 29 号，正好是个礼拜天，定在泊天酒店了，正准备着怎么请您呢。”李宝林顺势说到。他定的是区里最好的酒店，但以他的层面，怕酒店不买他的帐。正想着找机会请欧阳和酒店的领导打声招呼，给照顾一下呢。

“好啊，回头我给肖总打个电话，让他们给优惠点儿。”欧阳局长就是这么爽快。

“那您可帮我解决大问题了。”李宝林坐着又躬了躬腰，一副如释重负的样子。

“哎呀，29 号啊……”欧阳若有所思。

“怎么了局长？”李宝林立刻向前顷了顷身子说。

“刚才，组织部给我打了电话，这次副处级干部公开招聘，说给咱们招个副局长。我想让你报名去试试，说是 29 号是全市统考，和你结婚日子冲了，真是不巧。”

“日子是我老家父母给选的，那天好像是个阴历的什么日子，我也不懂。我们俩原来是想定 28 号的，双日子。”

“这样啊，那干脆 28 号结得了，29 号参加考试去。”随即，欧阳又发出他特有的笑声。

“呵呵。”李宝林也随声附和着笑。

李宝林心里明白，欧阳并不是在开玩笑。这次招考副处级干部，无论从规模还是从职位，在全市尚属首次，对于像他们这样的科级干部来说。是个难得的机会。如果能冲破这第一关，接下来才是拼关系。

毕竟在局里干了那么长时间了，有了一定的资历，再拖拖人，他还是很有优势的。否则，就得像区里的多少科级干部那样，在科级岗位上一呆十几年，走完自己政治生涯的终点。

李宝林其实心里很忐忑，他怕欧阳不支持他参加考试而支持周小妹，他一直在等欧阳表态。毕竟职位只有一个，如果一把手不支持，他就算考的再好最终结果也不得而知。

欧阳呢，他心里更明白，对于他来说，意味着他又要做一道不算简单的选择题。

社会上多少人报名就不说了，局里这两个人都够条件参加考试。虽然两个人身上都有些毛病，欧阳对他们也不是百分之百的满意。但毕竟两个人都是局里培养出来的干部，也都是他一手提拔起来的。可职位只有一个，他只能支持两个人都去参加考试，而且还要表现出对两个人都有信心的样子。他现在不能做任何承诺，也不能对两人其中的任何一个表示出过大的希望。总不能说如果两个人都通过笔试就都能被录取，那是不可能的。还好，还有个全市统考，这让欧阳省了不少力气，也让他避免得罪很多人。

这个副局长的位置，从他当局长以来，多少人被他“拒之门外”。

上次组织部也对外招考了一次，但没招到合适的，拖关系来说的倒是不少。有人大的、有政协的、有区委区政府的，还有市里领导递话的。

凭心而论，他实在是愿意找一个年轻能干的。副手越能干，他就越省心。可上面推荐的这些，大部分都是官僚味十足的久浑官场的老油条。他打心里厌恶，可是，都是带着帽子，批着条子下来的，又得罪不起。

那次考试，就有好多关系户是纷纷在笔试中落马。最终，也没招到合适的。

不知道这次，全市大范围招考能不能招个合适的副手呢。欧阳心里想着，又走到周小妹的屋子。

“怎么样，名都报了吧？”他看到周小妹正在整理前两天他批示的文件。

“报是报了，我报的时候都排到83号了。这么多人报名选一个副局长，竞争也太激烈了。”周小妹撇了撇嘴，看来，她对这种招考方式很是不满。

周小妹和李宝林不一样，她不可能对这种考试持乐观态度。这种考试对李宝林来说是机会，可对她来说是障碍。她已经是副处级后备干部了，只是在等待合适的时机和职位。就凭他老公在区里的势头，没准那天还能再提个副区长副书记之类的。到那时候，这副局长的位置还怕不是她的。还用考什么试啊，直接就任了。这会儿整个对社会招考，万一自己笔试没通过，让别人把这位置给占上了，还要再去别的单位找合适的位置。按通知精神，笔试1：6的比例也要考到前六名才能参加决定性的面试。如果进不了面试，关系再硬也使不上劲。

“报上名先考考再说！”组织部还给我报了个名呢，说是市里给下了指标，必须推荐人去参加市里副司级的竞考。还问我报哪个职位，我让他们看着报呢。

没办法，也得应付应付。欧阳一边说着，一边习惯性地翻了翻放在周小妹桌子上的一个竹篮，找到一块巧克力，剥开放入嘴里。

说起周小妹的老公，据说区长书记出差都爱带在身边。人精明又会来事，再占一个年轻。可话又说回来，他也只可能先顾着自己，这都是连带关系，他好了，周小妹自然就好了，这一点大家都心知肚明。

周小妹是个聪明人，她不会为了自己争这个位置让老公受影响的。

“要是考不上前 6 名，连面试都进不了？”周小妹伸了个懒腰撇了撇嘴说。

“去吧，考考试试。现在市里招考干部，都是全市统一考试，就算是形式也是要走一走的。”

从周小妹屋子里出来，欧阳回到自己的办公室。关上门，刚想闭目养神休息一会，电话响了。

“喂，哪位？”欧阳声音低沉。

“您好，是欧阳局长吗？”电话那边声音洪亮而亢奋。

“是，是我，哪位？”欧阳身子向电话的方向倾了倾。

“欧阳局长，您可真是难找啊，您办公室电话不是占线就是没人接！我是徐洪生啊，怎么，听不出来了？您可真是贵人多忘事啊！”电话那边声音铿锵有力。

“呦，徐主任啊，瞧我这耳朵。没办法，这两天会太多，打我手机子啊。”

徐洪生是个人物，以前在区里给前任区长当助理，政府换届的时候安排到市里产业促进中心当了一把，手里掌握着不少政府资源。从前当区长助理的时候他们经常碰面，到市里后就吃过几次饭，没有过深地交往过。这会儿打电话过来，肯定是有什么事了。欧阳脑子里一边转着，一边嘴上寒暄着。

“咳，我是无事不找你啊。今天找你有个事儿，你给上点心。听说你要招个副局长，我那个外甥在投促局那边也待了三年了，上头没合适的位置，这回也报你那了。欧阳局长，你可得给照顾照顾啊！”

徐洪生没卖关子，他直入主题，他这样的人还是比较上道的，多说无益，浪费彼此的时间。

“考我这？我这可是清水衙门，有什么好的？不是误人子弟吗。”欧阳打趣到。

“哪里哪里，就怕考不上呀！这不，让我给老弟你打个招呼，看看还有哪些关系需要通融通融。”徐洪生赶紧说道。

“开玩笑呢，我肯定尽力了。不过，徐主任，你也都知道，这可是处级干部招考，我只占一票，关键还要看组织部那边了。而且，还要通过那个全市的统考，取上名次才能有面试的机会。”欧阳认真地说。

“这我都知道，就是让他先考考试试，我这不是先跟老弟你打声招呼吗？如果连面试都进不了那也怨不得别人。咱们当长辈的，心尽到就是了。”徐洪生的声音也低了下来。

“好说，好说，自己家孩子，能照顾我一定照顾 。”欧阳又提高了声音。

“好，那就拜托老弟了，看你时间，咱们找个地儿聚聚。”徐洪生听到欧阳这么明确表态，感到塌实了些，不便再打扰欧阳，挂掉了电话。虽然他现在的差事也是个肥差，但毕竟不是当区长助理的时候了。他现在手里都是企业资源，真是要在政府办事，还要搭人情的。

挂掉了电话，欧阳把电话切到了正在通话中，他想休息一下了。

这两天，晚上回家手机都不敢开。全都是因为这个事掩人说情的，徐洪生还好，毕竟是为自己外甥出面。有的人，拐了七七四十九道弯掩人来找他。接电话吧，他不可能答应所有的人，毕竟副局长只招一个；不接电话，人家会说你躲着人家，把人家拒之门外。最好的办法就是让他们根本打不通电话，也省得天天疲于应付。

对于所有来找他的人，他都是一个态度，就是先参加全市统一考试。这个是他欧阳左右不了的，如果能考进前几名进入面试，才会有下文。如果根本连面试都进不了，那么一切都免谈。

这么一个考试，省了他很多事，让他可以有充足的理由来支开求他的人。这是个挡箭牌，少得罪好多人，欧阳心里不由得要感谢有这么个全市统考了。

但是，对于周小妹和李宝林他手下这两名干将，那采取的态度可是不一样的。毕竟这两个人跟着自己干了也有七八年了。即使他在心里觉得这两个人不是最佳人选，他也不能表现出来。表现出来的，必须是支持和鼓励。而且，对于两个人的支持也必须是平分秋色，在一个天平上，不能有半点偏私。

这就是政治。

这样的考试，一般备考时间都不会太长。报名和笔试的时间也就间隔了三个星期。

这几天，周小妹和李宝林上班时间都在备战。欧阳知道，也不反对，算是默许了。局里其他人也都表示支持，大家把本应属于他俩的工作分揽下来，说是给他俩更充裕的时间准备。局里这么多人，只有他俩够资格参加考试，其他的人，根本连报名的资格都没有。

“他们俩，谁能考上都是好事，让他们好好复习吧。”这是大家说出来的话。

“就是，特别是李宝林，都叫李局叫了那么长时间了。也该正一下身份了。”有人附和着。因为干活的时候李宝林总是喜欢指手划脚的，所以大家明里暗里都叫他李局，有时候也是故意抬他。

从他们说话的腔调就能听出来，这哪里是希望李宝林能考上的声音。人不都是这样吗？嘴上说的永远和心里想的不一样。最关键和最真实的其实是说不出来的那部分。局里真正有多少人是发自真心的希望副局长是从他们俩人中产生的呢？

不过，不管有多少人不愿意，不管有多少人心里犯酸，人家就是有报名的资格，欧阳就是支持和鼓励他俩去考试。并且，不管局里其他人怎么说，公开地给他们提供复习的便利条件。

就这样，两人在众人的“支持”下，专心地开始备考。

考试定于29号。对于参加考试的人来说，复习的日子太短暂，但对于等着看结果的人来说可是漫长的等待。很多人巴不得马上看到考试成绩，特别是这两个人的。

考试成绩是通过市里人事考试网站直接公示的，虽然不公布姓名，只公布报名号和身份证号，但大家还是很容易就找到了周小妹和李宝林的成绩，两人竟然都进入了二试。

要说这个考试，还是很有难度的。没有分数线，只是按比例进行淘汰。这次，有八十多个人报考这个职位，而一试笔试中只有前六名能够进入复试，也就是面试。面试后再从中取三个人由组织部进行考核、体检，最终以考核的结果为准确定一个人。

两人都进入了面试，意味着两人又面临一轮新的角逐。

“考的真是不错，继续努力……”周围的同事开始一个接一个地凑上去给他俩道贺。

而那位徐主任的外甥，连分数线都没上，欧阳再也没接到过他的电话。

和笔试相比，面视的猫腻可就大了，笔试毕竟是白纸黑字作答，有客观题也有主观题，又是市里统一判卷，还有一些公正的成分，除非有通天的本事把市里打通，但一般做不到，目标太大。

但这面试人为的成分可就多了，一个主考官，三个副考官，还有8个群众评审，各自打分。当然，群众评审打的分所占的比例是很少的，主要还是那四个考官。

四个考官都摆平，这对周小妹的老公尹向群来讲也不是太容易的事。欧阳不用说，那是嫡系，哥们儿，另外三个考官，主考官是一个副区长，平时尹向群也是跑前跑后照应的不错，但那毕竟是领导，另外两位副考官，一个组织部处长，一个人事局副局长，平时虽然也都是称兄道弟的。但尹向群自己的进退某些程度上还要取决于这些人的，不敢轻举妄动。可这周小妹回家和她一闹腾，他的心就软了，决心硬着头皮求求试试。

在这件事情的处理上，尹向群充分发挥了他的政治交际才能。

他采取的方式是，迂回战术，逐个击破。为了自己深爱的老婆，这一搏，值得。

于是，他一个个去拜访。但他没有理直气壮地去陈述自己的老婆如何优秀，有学历、有专业、有经验。他是个聪明人，不会用那种让人反感的笨办法。他把自己和周小妹在学校谈恋爱的经历，以及周小妹的出身，如何如何不容易，家庭如何困难等等几乎是含着眼泪做了一番陈述。

结果，他博得了所有人的同情，每个主考官都以默许或是暗示的方式表示：在考试中会对周小妹予以照顾。

令人期待的二试终于到了。

这二试的竞争也是相当激烈。

先看看进入二试的人，周小妹和李宝林的实力自然不用说，另外四个呢：

陈冲，某高校教师，硕士研究生。

A，某区商务服务中心主任，业内资深人士。

B，某委办局的科长，区内人士。

C，某国企经理，原区行政中心副主任。

在这里，就暂且隐去姓名，用A、B、C来表示三位考生。

据说，这四名考生能够进入二试，除了陈冲外，几乎都是有人给垫过话的。

既然都有人，为什么还要走那么多形式呢？前面说了，笔试成绩进不了前列电脑那关都过不了。有人会说，电脑不也是人操作的吗？这点还要解释一下。

公开招考，这只是提拔任用干部的一种方式，也就是考任。还有一种任命干部的方式叫委任。也就是说，完全是组织部一纸命令，是不需要趟这么多河，过那么多桥的。

而这次考试，毕竟是面向社会的“招考”。

那么，就看看这几位进入最终面试的结果吧。

六位考生，都不是泛泛之辈。

可以说，这次考试，最终谁能胜出，那要看考生的个人和背后人士的综合实力了。

最清楚的应该是副区长陈国栋和欧阳两个主考官了。

作为本次面试的主考官，陈国栋已经接了无数个通融电话，抽屉里还压了无数张纸条。

欧阳呢，更是疲于应付了。先不说自己亲手培养出的两位科长，其他几位也都有幕后高人。

而他自己的这两位科长也毫不示弱。

本来是自己单位的科长报考自己单位的副职。实际上，他们都够直接提拔的条件了。但问题就在于，两个人里只能提一个。

于是，暗战变成了今天的明争。

他呢，谁也不能得罪。包括另外几名考生。

戏，还是要演下去的。

演员们上场了，面对考官的提问，考生个个坦然若是，对答如流。

说实话，能通过笔试进入面试，本身实力都不弱。

考官们也按部就班地把程序走完，认认真真地给每位考生打了分数。

最后，考生退场，由考官合议。

进入关键时刻。

关上门，考生都离场了，气氛仍然紧张。半响，没有考官发表评论。

“怎么样，你们觉得这几个考生都怎么样？”主考官陈国栋副区长发问了，“欧阳，怎么样？相中哪个了？”

“都不错，只可惜我这位置太少！”欧阳又发出他特有的笑声，

其他几位考官也都跟着发出会意的笑。

“反正是给你当副手，看走眼了以后不好使也是你不好使。”组织部副部长打趣道。

“徐部长，挑人您可是有经验，帮我选一个。”欧阳反应很快，顺势把球抛给了他。

“还是你定吧。”

看着他俩在那打太极，另一位副考官忍不住插了一句。

“不好定啊，这几个人的情况还真是差不多。”他所说的“情况”绝不仅仅指的是分数，这一点大家心知肚明。

“目前分数是哪个第一？”主考官陈国栋问道。

“陈冲，综合分 82 分。”记分员迅速答道。

“陈冲。”主考官默念了一遍，他之前对这个人没什么印象。但刚才考试确实答的不错，比其他几个都好。

“对，就是那个高校的老师，研究生。”一位副考官说道。

“可他好像没有相关的工作经验吧，好像毕业就当了老师，没干过经济。”主考官陈国栋说。

一阵沉默。

“上次发改委招考副主任最后定的是哪个来着？”主考官陈国栋突然话锋一转，向组织部徐副部长发问。

“上次发改委招考那事儿，面试成绩是两个并列第一，最终结果是空缺。”组织部徐副部长若有所思地说。

这其中的缘由，陈国栋当然知道。那次也是他担任主考官，因为两个成绩相当，后面又都有高人，实在是不好取舍。最后以两个都没有相关专业经验为由把两个都拒之门外了。可问题是，不能每个招考的位置都空缺着吧。

那不空缺，还有什么两全之宜呢？有什么办法可以既能挑到合适的人选，又不得罪人呢？

“这不懂专业还真不太好办，要说我这块业务性还真是挺强的。”欧阳慢吞吞地说道。他这句话说的恰到好处，一个人也不得罪。这次情况要好得多，谁让第一不是自己人呢。

“公开招考，毕竟是面对社会选拔人才，这……”主考官陈国栋顿了一下慢慢说道：“如果选拔不到合适的人，还是本着宁缺毋滥的原则嘛。”

“可不是嘛，这请神容易送神难哦。”另一位副考官也在旁边敲边鼓。

几位考官互相看了看，没有发表异议。面试现场，几位考生的回答都被录了音，没有事情还好，如果一旦有人闹到市里，市里随时可能会进行抽查。几位考官在打分时也只能相对地有些倾斜和侧重。毕竟和人情相比，自己的乌纱更重要一些。

这第一名的成绩毕竟还是要公布的。

三天后，按照程序，组织部要对成绩排第一名的考生进行考察、政审和体检，如果没问题就要确定人选。

在组织部考察的过程中，发现这成绩排名第一的考生陈冲虽然业务能力比较强，但据原单位反映他在和其他同事合作过程中存在很大问题，过于以自我为中心，且缺乏相关从业经验。似乎体检中还发现曾经有过乙肝患病史。综合考虑，得出结论，不符合报考职位标准，职位再次空缺。

考试结束了，一切恢复了平静。那原本属于副局长的办公桌，仍然被大家公用着摆满了花花草草，那颗爬山虎，已经快绕到了对面的柜子上，还在努力地向上攀援着。

暗　箭

雍　桦

区里要开展“百名青年干部选拔”工程，这个消息像风一样不径而走，迅速传遍各个角落。顾名思义，是要在年轻干部里面进行选拔。这些年，干部越来越呈年轻化的趋势。虽然有一些年纪轻资历浅的干部被任用到领导岗位上，但毕竟是少数。大部分年轻干部不耗个十几年根本熬不出头，有的靠到老了能靠个科长算是不错的了，这就叫政府特色，一辈子就那几个同事在一个办公室，上面不动，下面就没有机会。

李浩才当了三年的主任科员，今年刚刚被任了实职，名正言顺地当上了市场科科长。商务局盘子小，没有那么多职数，去年局里来了几个军转干部，局里才正式设了科室，李浩才也终于拨开云雾见青天，虽然一直干着科长的活，这下也总算名至实归，有了名份。

不知这次百名青年干部选拔的条件什么样，自己能否靠得上。这些年在区里干，李浩才也有一些人脉，和组织部、人事局几个年轻人都混成了哥们。很快，他就从人事局一个哥们那打听出来。这次选拔圈定的人选，会按照两年提拔一批的速度重点培养。

应该说，还是相当的不拘一格，是个难得的好机会。只是，今年已经34岁了。在年龄上占不上太大优势。这次选拔的条件又相当苛刻，要求必须是30岁以下在副科岗位上干够2年，或35岁以下在正科岗位上干满三年。自己也将将打个擦边球，不知道能不能顺利地搭上这班车。

心里正打着鼓，办公室小张推门进来，重重地拍在桌上一张表，动作干脆利落。

“把表填了，下班前给我，明天一早盖上章就报上去，赶紧的。”

李浩才扫了一眼，表上赫然印着几个大字——百名青年干部推荐表。一时，全身的血液一下子涌到了脑门。李浩才忙陪着笑脸：“好，好，马上填。再多问一句，还有谁啊？”

“把自己的填好就行，管那么多干什么。”小张白了他一眼，一个月前，她从区里另一个单位调到这里，这已经是她在区里走过的第三个单位了。听说，她大姨夫是市里一位领导，所以才能在几个单位之间自由转换。

“是，那我赶紧填！”李浩才继续陪着笑脸。

“别谢我，要谢就谢局领导，我是具体办事的。小张抛下这句话，转身扭头离去。

第二天，小张把三个人的表收齐，盖上公章报到了组织部。

李浩才第一时间收到了办公室周主任的祝贺。

推荐表送上去的当日，李浩才去洗手间，遇到了刚从水房打水回来的周主任。周主任笑眯眯地向他祝贺：“小李，好好干，前途无量。”

“哪里，还多亏了您的帮助。”周主任是小张的顶头上司，这些事情，自然避不了她的耳目。

“你们年轻人，能说会道，文笔好，机会多，不像我们，就等退休回家抱孙子了。”

“瞧您说的，我还指望您多指导，您过的桥比我走的路还多。”

周主任“呵呵”笑了两声。周主任矮矮的身材，有些微胖，短短的头发烫成了羔羊卷，这使她的脑袋看起来更加圆。笑的时候嘴巴张得老大，双眼眯成一条缝，头自然仰起，露出双下巴。显然，她对李浩才刚才说的这句话很受用。

这次，局里推荐了三个人。除了李浩才，还有郭伟和办公室的小张。

郭伟和小张都是副主任科员，郭伟副科已满三年，而小张副科却不足两年，再加上来单位才一个多月，不知道为什么这次却把她报上了。

几天后，三人参加了统一笔试，笔试有一定难度，三个人虽然分数都不高，但也勉强过关。一个星期后，组织部开始例行考察。其中有一项是民主测评。以无记名投票的方式给几位候选人进行民主测评。

测评卷一共分为三个档次，合格、基本合格、不合格。全体人员都参加了这次无记名民主测评，参加测评的人只需要在对应的栏里划勾就可以了。

十几分钟后，最后一位将测评卷放到了箱子里。之后，在办公室主任的协助下，组织部的同志把所有测评结果进行了综合。

几天后，小张悄悄告诉李浩才，有一张测评表，他们三人都被划上了不合格。测评表是按照处级、科级、科员分为 A、B、C 三类。单位一共 18 个人，可以拿到 B 表的也为数不多，其中，还包括三位侯选的科级“青年干部”。

这让李浩才倍感意外。郭伟虽然业务能力很强，但他脾气急躁，和几位同事都发生过冲突。小张刚来单位不久，有一些人不太服气。所以，他俩被划上不合格还在情理之中。可自己平时十分注意和同事之间的关系，和谁都没红过脸，也没的罪过谁，怎么也得了个不合格呢？李浩才越想越觉得心里头堵得慌。

除了三位侯选者，就只有办公室主任、物流科科长和赵能拿到的是B表。

物流科科长是老科长，去年，已经被选上了副处后备干部，论资历论能力，他都更胜一筹，犯不上阴自己一道。办公室周主任就更不可能了，周主任是和物流科科长同一批进的正科，但物流科科长比她小两岁，所以前些年在报副处后备的时候，局里就报了物流科科长。当时，有人写匿名信，揭发物流科科长为了当后备向领导行贿。这件事，在当时影响十分恶劣。有人说匿名信就是周主任写的，她这一封信递上去，不仅对物流科科长造成了不好的影响，连局里的领导班子也受牵连。后来，上面一位大领导出面把这件事压了下来。虽然周主任的嫌疑最大，但毕竟是猜测，无凭无据。从那以后，周主任和物流科科长就一直是面和心不和。周主任还有两年就退休了，提副处肯定没希望了，在这事上和年轻人还较什么劲，再说，周主任为人和气，知道李浩才家是外地的，平时总是嘘寒问暖，像个知心大姐。想来想去，李浩才把目标锁定了赵能，只有他有可能干这事。

赵能的业务能力极强，但为人十分自负，和周围的同事关系处得不是很好。可能是因为这个原因，这次没有推荐他。他和李浩才同一年来的单位。李浩才被提正科都好几年了，他还是副科长。物流科科长提不了副处，他也提不了正科，心里肯定有怨气。再说，前两年有一次年终考核互评，有人给物流科科长划了个不称职。大家都猜测是赵能干的，科长下去了，他好上去。真是个阴险的小人，这次，又阴了这几个人一道。真是明枪易躲，暗箭难防，以后还真是要提防这个人，李浩心里暗暗想到。

“谁这么缺德，给咱仨都划不合格，都是同事，有意见直说。”中午在饭堂，三个人碰巧凑到了一个桌上，郭伟提起这事，像个炮筒子一样气呼呼的。

“淡定，没准人家就是想看你什么反应，这么点事就压不住火了，还当什么后备干部，别落了话柄。”小张年纪虽然不大，城府却很深。

“就是，别人爱怎么划怎么划，咱们该怎么干还得怎么干，不能因为这个影响工作。”李浩才顺着小张的话说。

“我的意思是，对我个人有什么意见可以直接提嘛，关键时刻在背后开黑枪，这算什么同事。”郭伟依旧一脸的愤怒。

周主任和物流科科长坐在旁边，听到几个人的议论。周主任笑眯眯地：“你们不用太在意，也就是走个形式，起不了什么决定性作用，你们都那么优秀，肯定都没问题。”

“就是，以前不也有人给我划不合格吗，我后备也照样报上去了，咱不是人家肚子里的蛔虫，不知道人家安的什么心哪。”物流科科长很有感触地说，物流科科长在被报上副处级后备干部的时候，组织部也做过一次测评，当时，他也得了一票“不合格”。他一直怀疑是周主任干的，但一方面无凭无据，也说不出什么来。另一方面，即便证据确凿，他又能怎么样？民主测评本身就是要通过无记名的方式，评测被测评的人在众人心中的真实情况，如果因为别人给你划了“不合格”，你就找人家说理去，倒显得自己有些过于计较。所以，对待这种测评结果，好与不好都只能从自身找原因，更不能采取任何方式打击报复。

前辈们一说话，李浩才他们几个人也不就再吱声，毕竟这个时候，不能让人看出来自己太过小肚鸡肠。

这种类似的考评，几乎年年都有。李浩才从来都是划好不划坏，尽管和有的被考评者有过摩擦，但这些考评表毕竟是要入档案，和年终考核结果挂钩的，还是应该与人为善。更不要说这次青年干部选拔了，那关系着几个人的切身命运和未来发展。不想，真有人就把这当成了打击报复的机会。

几个人正说着，赵能端着盛满菜的盘子走了过来，正环顾着周围找位子。

“小赵，来坐这边，我们吃完了。周主任一边热情地招呼着赵能，一边把自己的餐盘向里面推了推。赵能冲大家笑笑，坐到了周主任的旁边。

“聊什么呢？聊得那么热闹。”赵能低头扒了一口米饭。

“还能聊什么，聊单位的害群之马呗。”郭伟故意把害群之马这几个字说得很重。

“呵呵，咱单位还有这样的马呢？我以为都是你们这样优秀的千里马呢。”赵能一边嚼着嘴里的饭一边说。

做了亏心事，还跟没事人似的，真是佩服。李浩才心里暗暗想到。

周主任和物流科科长吃完起身离开，郭伟把半盘子的饭都倒进了垃圾桶，跟着他俩一起离开了饭堂。

小张也变得十分沉默，看来，她虽然嘴上说得轻松，心里也在怀疑。

下午，赵能找到李浩才要一些以前的调研材料。他刚接到一个调研课题，一周内要交稿，所以想找一些资料做参考。李浩才暗自思索：你工作能力那么强，还需要参考别人的调研资料吗？再说了，关键时刻，你在背后给别人放冷箭，使黑枪，还指望别人帮助你，门都没有。

想到这些，李浩才说：“真不巧，我电脑前两天中毒了，文件都丢了，要不你问问郭伟，他手里兴许还有些资料。”

“我刚才已经找过他了，他说他的调研报告水平低，没有参考价值，硬是不给我拷，看来，我只能开夜车了。”赵能叹了口气，摇摇头说。

看着赵能失望的样子，李浩才心底升起一丝莫名的快感。

第二天，办公室给每个人配备了一个 U 盘，唯独没有赵能的。据发 U 盘的小张讲，数量不够，要等到下次购置办公用品了。赵能对此似乎毫不在意，没有发表任何意见。

一个星期后，局里传出了一个新闻，让李浩才大跌眼镜。赵能被调到市里的一个部门了，前年，赵能曾经在那帮过一段时间的忙。今年，那个部门扩编，那边的领导点名要他。虽然是平调，但那是市级部门，机会肯定比这边多，赵能在一个月前，就知道自己要调走的事。

临走前，局里开了欢送会，除了郭伟和小张缺席，其他人都参加了欢送会。办公室主任一个劲地说："赵能啊，你这保密工作也做得太好了，把我们瞒得好苦，一下子成了市领导了，好好干，过两年我退休也去你那帮忙。"赵能向大家解释，是因为事情一直没有最终确定下来，所以他也不好向大家透露。

李浩才起身去卫生间，他心里还在别扭着，不知道是该向赵能道贺还是继续冷着他。从卫生间出来，恰好碰到正往里进的赵能。

"兄弟，我知道你一直误会我，我没什么可解释的，我只是想提醒你，我走了，你还在，民主测评虽然不起决定性作用，却占一定比值，以后还会有这样的测评。"赵能低声说。

"什么意思？"李浩才显然没听明白。

"知人知面不知心，看人不能只看表面。"赵能看了看远处正在给局长敬酒的办公室周主任，意味深长地说。

"我没得罪过她。"

"上次她向你借一次性纸杯你没借，但后来你却给了小张两个。"

"妈呀，她跟我借的时候我确实没找到，之后小张过来拿东西正好翻出来几个，这也算事？"

"她认为你不给她面子，不过这次也不是冲你们，是对领导班子有气，上次后备没有报她。"

"可是，这样也解决不了问题，与其拉着别人做垫背，不如明着找领导说去。"

"说不说结果都一样，你可以让小张查查，我给你们仨划的都是最好的一栏，我要走的人了，阴你们做什么。"

从卫生间回来，李浩才脑子里一片空白。周主任这样做对自己有什么好处？李浩才真是越来越搞不明白了。

秘　密

雍　桦

好像冥冥中自有天意，虽然梅儿的老公藏得很隐蔽，但梅儿还是发现了他的秘密。

“五一”长假即将过完，因是有孕在身，梅儿推托了几个好友的邀请，一直在家中静养。六号，送走两位来探望的同学，很是无聊，想以作文来消磨时光，在书柜中翻了一翻却不见稿纸所在，于是又在老公的一堆书籍中搜寻。

梅儿的老公是个军官，他看的书籍多和军事、政治有关，和梅儿所学的专业相距甚远，因此梅儿从来不翻老公的书籍。梅儿在老公的书籍中翻出了一本便笺，是那种老式便笺，窄窄的长长的，一页能写几百个字。梅儿翻了一翻，从首到尾都被潦草的钢笔字迹占满了，情不自禁地对老公生发出怨气：“真是的，也不知给我留几张白纸。”

合上便笺，预将其塞回原处，首页一行字迹还是入了眼帘，虽然潦草，但能一目了然。

“亲爱的，以后不要为了工作（但工作自己要安排好），而忘了爱自己的丈夫、亲人、孩子，否则，你将不是一位好妻子、好孩子、好妈妈，你能理解我吗？”

梅儿心中不免一颤，心想：“这，是写给我的吗？”她立即被眼前这段话语锁住了视线。

“你不要做一个女霸王，脾气比一个男孩子还要强……你是知道我的工作、生活环境，所接触的都是硬碰硬，我需要一个温柔可爱的妻，而不是你这样的横发脾气。”

也许是家庭的影响，也许是前几年在社会上的闯荡，也许是骨子里天生的倔强，用在梅儿身上的形容词可以是开朗、热情、大方，但永不会是温柔、可爱、善良。她还有一个致命的弱点，就是自己的理智和彬彬有礼只有在陌生人面前才会表现得淋漓尽致，越是对自己的亲人忍耐度越低。梅儿一边看着，一边想着：“真是不对，难道就因为他们是爱自己的人所以就可以对他们乱发脾气。老公这段话不知是经历了多少次自己乱发脾气之后的感悟吧。”

你现在的生活轨迹就是工作——不顺心——痛苦思索要求进步——睡觉——被迫地帮父母看店（发呆）——被迫地帮店里进货——和朋友约会外出游玩。

……

我感情的寄宿地是爱人、家庭，你感情的寄宿地好像只有工作和赚钱，除此之外好像再没有使你高兴和活泼的东西，这是我从你日常的表现、发呆、处事得来的，也是从你上学时照下来的活泼、朝气、可爱的照片对比而来的。

……

做为家中长女，北京没有亲戚，一直以来，梅儿总是想着今后有许多事都要自己和妹妹去独立面对，总会感到一股无形的压力，虽然目前父母健在，身体不错，但看到他们年纪一大把，拖着退休之躯为生活忙碌和奔波。心中就有些许不忍，总想通过自己的努力让家人生活得更加轻松。因此，梅儿对父母的吩咐，不管乐意不乐意，从来都是遵从。她也只想靠自己，更不想把这些压力都推给老公。

五年前，梅儿轻易地放弃了一份高薪职位和一笔丰厚的奖金，来到现在的工作单位。那时的她，可能确实没有意识到赚钱的不易。这件事，父母的原因，她对专业领域的憧憬，老公的建议各占三分之一。但以梅儿的个性，既然来了，就一定要坚持到底，不会轻言放弃。从进入大学的那一刻起，就没有停止在社会上寻求机会锻炼自己，也许从那时开始，梅儿就无药可救地爱上了工作。、

梅儿依然如故地，用尽所有力气，把全部精力和热情都给了工作。不断地付出、努力，并期待着那一份耕耘一份收获一份欣喜。谁知，今非昔比，环境不一，任凭怎么挣扎努力，都以微乎其微的收获而结局。在心中，她也从未和别人攀比过，因为她深知世界之大，天外有天，人外有人的道理。但是，却难免和自己去比，并不是付出只图回报的功利心理，春天撒下的种子，谁不期望秋天收获的美丽。

最终最终，还是被残酷的现实占据，梅儿心中一度产生巨大的心理落差。当老公看到梅儿的不悦而进行劝说时，更不分青红皂白地把一切归咎于老公。而老公总是默默地承受着梅儿的无理。看到这里，梅儿暗下决心：以后，再不能这样了，一定要做一个温柔、活泼、可爱、朝气蓬勃的妻子！

为你懊恼，为你惆怅，为你情绪低落，为你不知所措，为你失眠，为你让我失去理智，为你让我思想混沌，为你让我痛苦不已……

……

每次和你争吵，我想的都是解决我们之间的问题，从没想过要使双方分手，而你，总是倔强地、绝情地、生硬地向分手的话题上引，从而更加激起我对你的伤心和你对我爱的到底有多深的疑虑……

……

我对你总是很害怕的（从内心），无论我们在一起还是打电话，我总是想表现的非常好，可是，每每都是失败，比如打电话，我总是想表达得让你高兴，但也总是以失败结束，到最后又是整得你不高兴。我很害怕，害怕和你表达不好发起争吵。这就是我把自己比喻成安嘉合和余世雄的病态心理……你放心，只要我有理智，是不会打自己心爱的女人的，除非有一天我真的成了一个神经病人，可能在不自控的状态下打了你，并将永远地失去你。到那时，我也不会因为失去你再有痛苦了……

……

我时时有个想法，就是用自己对你的爱情去感动你，让你理解我，支持我，看中我，让你为了拥有我而幸福、快乐……

……

我俩在指责对方时有着质的区别，我是盯在你的脾气和不良习惯上；而你是盯在我和你心目中的完美男人相比较的缺点上。我是在承认接受你的基础上克服不足，你是在对比着我和你心目中完美男人的距离，我是很可怜也很可悲的，因为我是游离在你心之外的人……

……

每次和你争吵后我都会向你发出痛苦无奈的信号。常言道：对一个人爱的越深，她给带来的痛苦越深。为什么每次争吵后痛苦的总是我。而你却没事似的无动于衷，难道你根本就没爱过我，如果说爱过的话怎么从来没见你主动给我发出一个痛苦的信号呢？……

……

上学这两年来，除了学习就是每天想念你，惦记你，加起来占据两年 1/2 以上的时间，这其中有想念你、剖析你、愤恨你……

……

情不绝爱，爱自绝，你为了爱不想为力，我为了爱无能为力……

……

梅儿再也看不下去了，眼睛早已被泪水模糊，这大约两厘米厚的便笺纸，拿在手里沉甸甸。和老公上学时寄给自己的信件不同，和三年前无意中翻看的老公的日记不同，和两天前整理旧电脑时发现的老公当年为自己作的诗句不同，当时老公坚持要拷贝下来，他说："年纪大了，恐怕今后再也写不出这样的诗了。"

梅儿佯怒问："是不是因为结了婚就没有以前的激情了？"

老公笑着说："傻丫头，我现在只想着如何努力，为你为咱们这个家创造更好的生活条件。哪能只顾儿女情长，爱言情语。"

眼前这信笺上，没有一句甜言蜜语，全部是埋怨和怒气，从勾勾划划以及不同色迹中可以看出是出于不同时期。除此，还有许多对梅儿不良习惯的批评……看到梅儿和其他男性朋友合影或听她接听别人电话而兴奋的酸酸心理……不回复他短信的无礼……

如果不是今日看到眼前的文字，梅儿不知哪天才会知道，自己的行为曾经给深爱自己的人造成那么大的痛苦愁绪。从相识到相知，最后共结连理，只是觉得一切都是那么自然，也确实不曾用心去维护和老公之间的爱，和老公对自己的认识相比，梅儿觉得自己对老公知道的太少太少了。

因为老公的工作性质，每天接触的人除了战士就是战士。也永远不会对别的女人多看一眼，更不会甜言蜜语。梅儿常说他连自己的女人都不会哄，更不会在外面招摇撞骗。也曾经笑讥他俩是世界上最没有默契的一对夫妻，认为他们之间缺乏共同话题。现在想来，真正感情迟钝的人不是老公，而是自己。

如果不是上帝安排今天梅儿翻老公的书籍，不知什么时候才能知晓这一切，老公为了她，曾有过这样痛苦的心理。也许他说过，也只是轻描淡写，梅儿根本就没在意。

恍惚中，梅儿听到门锁的转动声。她意识到是老公回来了。刚才老公打过电话，说昨晚在父母那里炖好一只乌鸡，上午要抽空给梅儿送来。

梅儿急忙将便笺塞入枕下。听着老公进了厨房，打着了炉火。

老公进得卧室，见梅儿在写东西，笑着问："写东西呢，感觉怎样？"

"很好。"

"我把鸡汤温上了，五分钟左右你起来看看火，千万别溢了。我刚才在路上耽搁一会儿，节日战备，不能在家停了。"他说完，弯腰在梅儿嘴唇上轻轻一吻，便匆匆离去。

梅儿抬头看了看表，十一点一刻。一会儿，电话响了一声就断了，梅儿又看了下表，十一时十九分二十五秒。她知道是老公提醒的电话，唇边泛起了醉心的微笑。

十一时五十分，老公又打来电话，询问梅儿是否吃过，写东西是否有好用的笔。

梅儿的眼眶湿了，因为她以前写东西都是用电脑，老公连有没有好用的笔都想到了。

梅儿挂了老公的电话，摸了把幸福的泪水。受情绪的影响，腹中开始隐隐作痛，她抚摸着肚子喃喃地说："宝宝别闹，妈妈正在和爸爸进行情感交流呢。知道吗小宝，至今为止，妈妈做得最对的一件事情，就是嫁给了你的爸爸并有了你。"

梅儿的作文就写在老公用过的便笺背面。她想：也许老公并不想让我看到他写的这些，那么就让它成为我俩心中秘密！

梅儿小心翼翼地将便笺纸又夹入老公的书中，等待着那幸福的解秘期------

雕 娃

雍 桦

一个阳光明媚的春日，北京国际雕塑公园内，游人如织。平时，这里并没有太多的游客，公园现在正在举办一年一度的玉兰节，游客便比平时多了几倍。这个公园，从最初建成之日起，小米就经常来。几年来，公园不知从什么地方弄来很多的玉兰树，一到四月，各种品种的玉兰花竞相开放，吸引了很多游人。虽然玉兰的淡雅还比较符合这个公园的气氛和环境，相比较而言，小米还是更喜欢以前游人稀少时特有的幽静。此时，小米依旧坐在老地方，公园内的一个长椅上，凝视前方。

突然，“砰”的一声，一个圆形的飞行物从远处砸了过来。不偏不倚，正好砸在“儿子”的脑袋上，之后，又反弹了一下，落在小米的肩膀上。

眼前的这件雕塑叫“母与子”，是一位雕塑大师的代表作品。大师十分擅长表现女性的柔美和小孩的顽皮，在他的系列作品中，有一组非常有名的母子雕塑系列。母亲被刻画成丰乳肥臀细腰身的唯美女性形象，小孩都是圆头圆脑圆屁股，十分可爱。其中最具代表性的这件作品，被摆放到了这个雕塑主题公园内。小米非常喜欢这件雕塑，尤其是那个撅着小屁股的小男孩雕塑，小米一直叫他“儿子”。

看着“儿子”圆圆的脑袋瓜，小米的心像被什么揪了一下，一下子回过神来。砸在儿子身上的痛远远胜过自己肩膀上的痛。

“谁！”一股无名的烈火立即从小米的心底升起。这时，从不远处，跑过来一个小小的身影。一个看上去不到两岁的小女孩，正一跑三晃地向这边跑过来，小米的心立刻软了下来。

“球，姨，阿——姨”小女孩嘴里嘟囔着，脚下一个不小心，来了一个踉跄。眼看小女孩就要摔倒在地，小米连忙冲上前，一下子抓住了她。小女孩的眼睛溜圆溜圆，像熟透的葡萄，小脸红扑扑的，头发还有些自来卷。小家伙的注意力还在那个正在滚向一边的球。手一边向球的方向抓着，嘴里一边嘟囔着“球，球，球”，声音略带哭腔。

“啊，宝贝儿不哭，站好了，阿姨帮你捡球去好不好？”

小米稳住小家伙，一溜小跑把球捡了起来，递给了小家伙。

抓到球的小家伙立即破涕为笑。

“妮妮，真是的，一眼没瞅见你就乱跑，太不听话了。”

一位年轻的女子已经气喘吁吁地跟了过来，“妮妮”见状，立即向她怀中奔去。

“谢谢，我女儿淘气得很。”年轻女子向小米礼貌地道谢。

“没事，你女儿真漂亮。”小米流露出喜爱和羡慕的神情。

年轻女子道过谢后，便拉着小女孩走开了。小米转过身，摸了摸“儿子”的头，怜惜地说：“没把你砸疼吧？”。

“他是石头，不会疼。”这时，一个中音男声从背后传来。

小米一惊，意识到身后站的一定是寒冰。

“寒，怎么是你，你怎么知道我在这。”

“你还能在哪。”寒冰拉着小米的手，坐回旁边的椅子上。

他一直都知道，每到休息日，小米都会在这个雕塑下坐上一阵子，发呆。他知道她在想什么，她想的，他也一直在想。

寒冰握着小米的手，望着前方的“母与子”雕塑。母亲半跪在地上，俯身向下，女性的柔美曲线显露无余，小孩垫着脚尖，努力向上和母亲接触，圆圆的脑袋，圆圆的屁股，胳膊和腿上的小赘肉，也被这位大师刻画得淋漓尽致。很难想象，一块块硬硬的石头，在大师的手里，被注入了生命的活力，整个作品都散发出母爱的气息。自从艺术学院毕业之后，寒冰就很少来这里，以前，小米总是陪他来写生。在这里，他总能获得一些灵感。这个地方，是他俩最爱停留的地方。

“已经联系好医生了，他是这方面的专家。”

“一定要去吗？不能再等等？”小米无助地望着寒冰。

“这回我们还是听她的安排吧，必须找出问题出在哪了。”

小米不再说话，她知道，这一次，婆婆的安排是对的。

结婚三年了，公公婆婆在他们结婚的头一年就盼着抱孙子了，但那时，他们都觉得年轻，不想要小孩，还积极地采取避孕措施。第二年，不再采取措施了，却一直都没动静。起初，他们还互相开对方的玩笑，他说她有毛病，不能生小孩，她说是他的问题。一直到第三年，他们逐渐不再开玩笑了，却都在心里打起鼓来。两年不避孕都要不上，一定是哪里有问题。

婆婆安排了最好的医生给他们俩做检查，究竟是谁的问题，谜底即将揭晓。不知为什么，小米心里有一种很不好的预感。她身体一直很好，也没有遗传病史，按说应该没有什么问题。她已经想好了，如果是寒冰有问题，她可以放弃要小孩的念头。可如果寒冰是正常的，问题出在自己身上呢？公公婆婆可是房地产圈里有名的夫妻档，名下数千万的资产，将来还要有人继承，不能在寒冰这一脉断了线。如果是自己的儿子有问题，公公婆婆也说不出什么，大不了把巨额财产用来做慈善。但如果是儿媳妇有问题，那就不好说了。

想起婆婆的那张嘴，不定又说出什么尖酸刻薄的话。闯荡商界的女强人，她眼里除了唯一的儿子寒冰，就只剩下钱了。本来，当初和寒冰在一起，就遭到了婆婆的强烈反对。小米知道，婆婆一直看不起自己。在婆婆的眼里，这个出身普通工人家庭的女孩远远配不上优秀的儿子。

可又有什么办法呢？那位出身优越，仪表非凡的寒大少，却偏偏喜欢上一个普通家庭的女孩，而且是从高中就开始。在班里，寒冰学习成绩不好。小米一直是班里成绩最好的一个，作为班长的她，经常帮助成绩不好的寒冰。久而久之，寒冰便对小米产生了一种莫名的好感。寒冰并没有因为自己有一个富有的家庭而多么地自豪，反而常常因被笼罩在家庭的光环下而苦恼，盼望着有朝一日，能够挣脱那一股无形的压力和束缚，所以他从不在同学面前显露自己的家世，渐渐地，一股情愫在两个年轻人心里滋生。

高中毕业，小米如愿考上北大的法律系，寒冰则偷偷报考了一所艺术院校的设计系。家人一直希望他能学经济，帮他安排了欧洲最好的经济学院，期望他将来学成回国能够接父母的班。寒冰没有遵从家人的安排，并不是因为他不喜欢做生意，高二的那年，别的同学都忙于学业，他就知道从全国最大的小商品基地批发一些学习用品，转售给学校的住校生，从中获一杯羹，这可能源于他与生俱来的天赋。然而，这些，在父母的眼里，不过是小儿科，丝毫得不到一点肯定。所以，他不想总是被笼罩在父母的光环下，就选了一个和经济不沾边的艺术专业。还有一个只有寒冰自己知道的原因，那就是小米。寒冰考上的那所艺术院校，和小米的学校相隔不远，这样，就可以一直守护在小米的身边。

寒冰一直认为自己这个决定是正确的。长相出众，身材高挑的小米，很快就成为北大校园中的一枝花。加上又是学院的学生会主席，经常组织和参加一些院校联谊活动。身边总有一大群人献殷勤，有本校的，有外校的，还有一些社会上的人。寒冰总是适时地出现在小米身旁，让这些追求者知道小米已经是名花有主。几年的大学生涯很快就过去了，那是寒冰和小米度过的最愉快的一段时光。毕业后，小米进了一个律师事务所，当起了实习律师。寒冰去了一间设计工作室做助理。这时，小米才对寒冰的家庭有了一些了解。此时，两人的关系已经浮出水面。尽管遭到家人的反对，寒冰还是和小米领了结婚证。讲究门当户对的母亲对这个儿媳妇显然并不满意，一直告诫寒冰，家庭环境差异太大的人无法和谐生活在一起。最终，寒冰的父母出面操办了婚礼，尽管寒冰和小米一再要求从简办理，婚礼仍然是在北京一个十分豪华的酒楼举行的。婚礼现场，来了很多人，很多豪华车，大部分都是寒冰父母的朋友。寒冰的父母认为，不管怎么样，他们的面子很重要。

婚后两年，要孩子的问题才被提上日程，但一直无果。在寒冰母亲的安排下，寒冰和小米准备接受检查。

医院内，看着医护人员穿着白大褂在楼道里穿梭。小米开始紧张，从小到大，她最不喜欢去的地方就是医院，尤其讨厌做妇科检查。她总是觉得，在医生和那些硬邦邦冰冷冷的医疗器械面前，毫无尊严可言。

在一位护士的引领下，寒冰和小米各被领入一间检查室。

一个星期后，寒冰向往常一样接小米下班。

车内，寒冰滔滔不绝地讲述最近上映的一个大片，要小米和他一起去电影院。

“怎么样，结果出来了吗？”待寒冰发表完对电影的评论，小米小心翼翼地问。今天寒冰看起来很反常，显得很不自在，一反常态。她知道，寒冰在接她之前，应该先去了医院拿检查结果。寒冰如此反常，会不会是检查结果不尽人意。

“嗯，今天去谈了个客户，回来晚了，就没有去医院。”寒冰手握方向盘，全神贯注地看着前方。

“哦。你现在也要谈客户了？”小米声音很轻。

“是，大客户我都要跟。”

小米低头看了下表，时针已经指向六点，医院已经下班了。

“那好吧，明天再去拿结果。”小米不再提这个事。

俩人没有回家，而是直接去了大学谈恋爱的时候经常去的一家电影院。电影院里播放的是一个新上映的喜剧片，寒冰一直专注地看着电影，不时地发出哈哈的笑声。小米却是一点都没有看进去，她满脑子想的都是那未知的检查结果。

从电影院回到家，寒冰说很累，换了衣服走进了浴室。

这时，一阵手机的响声从寒冰的手包里传来。

小米打开寒冰的手包，顺着声音摸过去。

手机屏幕上的来电显示不断闪着“老妈”两个字。

啊！是婆婆。

小米赶紧接通电话。

“喂，妈，是我。”

“小米啊，今天是不是结果出来了？”

“寒冰在洗澡呢，今天他去谈客户了，回来晚了，明天一早我们就去医院。”

“你们想着点，这是大事，不管结果怎么样，都要第一时间通知我。”婆婆操着一贯命令的口气。

“好的，您放心吧。”小米挂了婆婆的电话之后，不由长吁了一口气。正要把电话塞回包中，包里两张绿色的单子歪歪斜斜地从包里露出两个角，上面赫然写着三个字；

“化验单”。

小米心里揪了一下，心下告诫自己：要淡定！淡定！

拿在手里的第一张单子是寒冰精子成活率的检验单，检验单显示：寒冰精子的成活率很低，在正常值的下限。

第二张单子显然是小米的，上面写着：输卵管畸形。

难倒，两个人都有问题？

寒冰的检验结果在正常值的下限，输卵管畸形又是怎么一回事呢？究竟问题出在谁身上呢？

此时，披着浴衣的寒冰不知什么时候已经站到身后，看着手拿化验单的小米，寒冰沉默了。

在小米的再三追问之下，寒冰终于道出实情。

原来，按照医院的化验结果，两个人在生育方面都有一些问题，但最终造成他们没有孩子的还是小米。寒冰的精子成活率虽然低一些，但尚在正常值的范围。

听到寒冰的解释，小米不禁呆坐到床上，尽管事前已经做好了种种的心里准备，她依旧无法接受自己不能生育的事实。

“会不会是医院搞错了？”

“给我们做检查的大夫是这方面的权威专家，检验仪器也是最先进的。”

“天哪，我家里从来没人有这毛病，我一直以为问题出在你身上。”小米用双手捂住脸，身体颤抖着。显然，尽管已经做了充足的心里准备和种种预测，小米仍无法接受这样的事实。

“大夫说了，虽然我的检验结果在正常范围内，但是在下限，精子的存活率比一般人的还是要低一些，所以……”寒冰停顿了一下。

“所以我们俩很难有自己的孩子是吗？”

“嗯。”寒冰点点头。“没事，要不了就不要了，如果你喜欢小孩，我们领养一个。”寒冰紧接着又说。

此时的小米已经束手无策，一脑子的空白。

“你父母那边呢。”

“先瞒着，等想好办法再告诉他们，现在医学这么发达，一定有办法。”

在寒冰的不断安慰下，小米依偎在寒冰的怀里睡着了。而这一夜，寒冰几乎没有合眼，他知道，事情远没有他说得那么简单，医生已经告诉他了，他的问题，还可以调理，而她的问题，是属于先天性的，几乎没有治愈的可能。除非，寒冰想起临走前医生那坚定的表情，如果他们想要属于他们两个人的孩子，只有一个办法——试管婴儿。

试管婴儿，这么遥远的事物，突然一下子被摆在了寒冰的眼前，但那是有风险的，试管婴儿培育出胎体的质量是无法保证的。也就是说，可能培育出一个正常的胚胎，也可能是有问题的，智力或是身体，无法预知。

寒冰知道，检查结果也瞒不了太长时间，至少母亲那里，是瞒不了多久的。

果真，两天后，寒冰被母亲叫到了公司办公室。母亲什么话都没说，扔到茶几上一摞东西。

寒冰打开一看，是一叠照片。照片上，全部都是长相靓丽的女孩。

看着寒冰疑惑的表情。母亲冷冷地抛出一句："看看吧，看上哪个了？"

"什么意思？"

"什么意思？你说什么意思？你准备瞒我多久？别忘了，石医生可是我托人联系的。"

寒冰抬起头，目光和母亲的相撞。坚决地说："我不会和小米分开。"

"就知道你的狗熊脾气，所以要你看这个。"

看着寒冰疑惑的表情，母亲的语气稍微缓和了一下。她一直在等着检查结果，可是问了寒冰几次，他总是找借口推脱，说没有拿到化验结果。最后，母亲实在是沉不住气，通过朋友又联系到了石医生，这才知道实情，本身不是什么光彩的事，好面子的母亲实在不愿意再麻烦朋友出面，谁知道寒冰就一心想瞒着检查结果。结果早在意料之中，如果是寒冰自己有问题，他早就坦白了。这么遮遮掩掩的，问题一定出在小米身上。对于自己这个儿子，母亲非常了解。正如当时她那么强烈地反对寒冰和小米在一起，寒冰还是非小米不娶，想要他们分开恐怕是难上加难。

"这些都是大学生，代孕公司挑出来的。"

"代孕公司？"

"是啊，孩子生出来就交给我们了，和对方毫无瓜葛，我们付钱就是了，她们要的就是钱。"

"这，这也太荒唐了，亏您想得出来。"

"我不管谁是孩子的母亲，只要你是孩子的父亲就行，孩子就算生出来也要验 DNA，检验合格我们才付款。"

"这是生孩子，开什么国际玩笑。"

"我是认真的，谁有心情和你开玩笑。"

看着一脸严肃的母亲，寒冰哭笑不得。以他对母亲的了解，只要她想做的事都能办成。母亲一直认为没有钱办不成的事，唯独对自己这个儿子没办法，现在想出这个办法，也算是难为她。至少，她没有逼着自己和小米离婚。想到这里，寒冰的口气缓和了许多。

“我不愿意和别人生孩子。”寒冰把母亲拉到沙发上，搂着母亲的肩膀耍赖。

“那她倒也能生啊，这也不赖你，总之我让公司挑的都是大学毕业的，基因好。”

“我的妈啊，瞧您说的都是什么话。”

“我不管，反正我们家不能绝后，你爸那也说不过去，你自己看着办吧。”

从母亲办公室离开的时候，母亲硬把一摞照片塞到寒冰怀里，让他回家再仔细看看。

寒冰回到自己的住处，母亲的话一直在耳边环绕。看着眼前的照片，不知该如何处置。在这之前，他总是被朋友奚落，看着朋友们隔三岔五地换女友，而他从高中时期，就只有小米一个人。凭他的条件，他可以找到更好的。这些年，还有女孩明知道他是已婚还向他靠近或做出暗示。照片上的女孩一个个笑脸如嫣，那些人，不过是冲着他的钱和家世。这一点寒冰心知肚明。只有小米，在不了解家庭背景的情况下就对自己好。现在遇到困难了，这个时候，他怎么能丢开她呢？想到这里，寒冰把照片撕碎，扔到了垃圾箱。

母亲已经知道了真相，接下来，他和小米该如何应对呢？寒冰来到工作室，打开电脑，往常，这是他灵感闪现的地方，只要往工作台上一坐，他的设计灵感便接踵而来。而此刻，他却像一个空心大萝卜，对发生的一切，束手无策。

正当寒冰坐在电脑前发呆时，突然，电脑上弹出的一条新闻吸引了他的视线。

“女大学生代孕，人财两空”

寒冰连忙点击进入，新闻讲述了一个刚毕业的女大学生，找不到合适的工作，在中介公司的介绍下，为一个有钱人的家庭代孕。事情计划得很好，有钱人家事先预支一部分费用，并负责女大学生怀孕期间的衣食住行，待孩子出生后，有钱人要孩子，女大学生拿钱走人，互不相干。可是，事情远不如计划的那么顺利。女大学生在临产的时候难产，医生要实行剖宫产，女大学生考虑到自己还没有结婚，如果做手术恐怕会在身上留下疤痕，所以迟迟下不了决心。直到大人和孩子都出现了危险，医生最终实行了手术。由于在生产过程中严重憋气，胎儿被取出时已停止呼吸，是一个八斤多的男孩儿。有钱人认为是大学生的原因造成孩子死亡，所以不肯支付余下的费用，双方僵持不下，最终，女大学生以有钱人不履行协议将之告上法庭。

这则新闻下面，还链接了几条类似的新闻，有一条类似的新闻，只是结果不同。代孕女在和男性雇主共同生活期间产生了感情，最后搞得雇主家庭破裂。看完这几条新闻，寒冰不仅倒吁一口冷气。竟然真有这样的事情，原来，很多人夫妻因为这样或那样的原因不能生育，其中有些人选择了铤而走险的道路。

难怪，竟然还有这样或那样的代孕公司，专门从事中介服务。

这条新闻一定要让母亲看看，寒冰从网上又搜索了一些资料，心里渐渐有了主意。

第二天，他把打印好的新闻拿给母亲。

母亲扫了一眼，鼻子里轻轻哼了一声。

“给我看这些是什么意思？如果不愿意，就只有一条路可以选择了。”

“我不离婚，不过，我有办法让您抱孙子。”

这下，换母亲疑惑地看着寒冰了。

“做试管。”寒冰顿了顿，艰难地吐出这几个字。

“试管婴儿？”

“对，试管婴儿”。

寒冰把他的想法告诉母亲，这几天，他一直在上网查资料。发现现在的医学技术，试管婴儿的成活率已经很高。所以，萌生了进行试管婴儿的想法。

母亲的态度是不支持也不反对，她只要能早日抱到健康的孙子。

小米却犹豫了，经过再三考虑，提出离婚，她不想拖累他。

看到小米的态度，寒冰一改往日的温和，大发雷霆。他知道，小米是不想让他太过为难。小米虽然出身普通，但在学校的时候一直名列前茅，是学习尖子，自尊心极强。她好强的个性让她无法忍受自己拖累寒冰的事实。寒冰一言不发，把小米拉到客厅，打开电视机，放进 DVD 机里一张光盘。电视上，出现了寒冰和小米结婚的画面，婚礼现场热闹非凡。当主持人宣布两人互换信物时，寒冰将结婚戒指带在小米的手上，之后，便深情地望着小米，一字一顿地说：“我愿意，娶江小米为我的妻子，今后，无论富贵、贫穷，荣辱与共，一生一世。”声音洪亮。

听到电视里寒冰铿锵有力的声音，小米再也忍不住失声痛哭。他们曾经立下誓言，如今，面对困难，寒冰选择了直面应对，而她竟然要放弃。

寒冰找到石医生，请他帮忙。看着一脸诚恳的寒冰，石医生告诉他，按照他俩的情况，做试管婴儿的成功率也只有 45%。

那不是还有近一半的成功几率，只要有一丝希望，就不会放弃。寒冰毅然和医院签署了协议。

这之后，在工作室，除了完成必须的工作，寒冰几乎把所有时间都用到了上网查资料，他查看了许多试管婴儿成功的案例，也总结出一些规律。试管婴儿的培育程序十分复杂。首先，要用药物控制女方的排卵日期和数量，排卵后人工取出，与男方的精子放到同一个培养皿中共同培养。培育成胚胎后，再移植到母体中。为了确保成功率，每次都会培育 3 个以上的胚胎。手术实施之前，首先要经过一系列的检查。尤其是女方，要经受一些异常痛苦的检查。每次检查过后，小米就像是经历了一场磨难，而寒冰则始终陪伴在她身旁。经过了两个月的煎熬，医生终于成功地将三个胚胎全部移植到小米的体内。

“我是不是会生出三胞胎？”小米抚摸着自己的肚子紧张而兴奋。

“傻瓜，这要看三个小家伙谁更厉害了，他们也有竞争。”

“哦，这样啊，可怜的小家伙们。”在这之前，小米一直在寒冰的照顾下调养身体，明显胖了许多。

“你要多吃点，给他们输送营养。”

“哈哈，我要当妈妈啦！”

一下子，小米成了家里的重点保护对象，寒冰的父母也不断嘘寒问暖。为了使小米得到更好的照顾，寒冰把工作室搬回了家中。

孕期四个月，小米做了一项检查。唐氏筛查，就是通过血液检验胎儿健康程度的一项检查。检查结果显示，小米的一项值偏高，事关胎儿的智力。

“孩子出来智力会有问题？”小米急迫地向医生询问，她说不出“智障儿童”这几个字，所以用了“智力”这个词。

“不一定，这项检查只能说明一个几率，不是最终结果，如果你不放心，要做一个小手术。”

“什么手术”

“羊穿。”

“羊穿？”

“对，就是羊水穿刺，从子宫里抽出羊水做检测，就能检查出孩子的发育是否正常，但是，有一定风险。”

小米没有犹豫，签署了手术知情书。

虽然已经经历了很多检查，这次只是一个小手术，连麻醉都没有用，小米还是十分紧张。手术室外面，5 人一队在外面排队等候。小米知道，自己和其他人不一样，腹中的孩子来之不易。

终于轮到小米了，她躺在手术台上深吸一口气。医生取出一个长长的针正在做消毒处理，为了让她放松。医生和她闲聊：“肚子好大，是双胞胎吧。”

小米点点头，有些担心。

“医生，你这一针扎下去不会碰到孩子吧。”

“通过 B 超操作，碰着孩子的几率不大。”

医生的自信让小米有了些信心，她闭上眼睛。

果真如医生所说，施针的时候，就像打针一样，疼了一下，之后便没有感觉。一会儿，医生便叫小米起来，整个手术过程，没有超过 15 分钟。

从手术室出来，医生让她在旁边的休息室观察 10 分钟后再离开。手术室外，寒冰正在焦急地向内张望。

小米和寒冰在焦急和不安中度过了一个星期，当手术化验结果出来，医生十分自信地告诉小米：“孩子很好，踏踏实实生吧。”

小米和寒冰终于松了一口气，几个月后，小米剖腹产下一名男婴和一名女婴。由于是剖腹产，恢复比较慢，小米在医院住了一个星期。

“想去什么地方，等出了满月我带你去。”这几个月哪都去不了憋坏了吧。寒冰把削好的苹果切成块，在热水里浸泡。

“还得照顾他俩呢，哪也去不了？”小米幸福地看着婴儿床上的两个小宝宝。“不过，我倒是很想去一个地方逛逛，很久没去了。”

“什么地方？”寒冰看着小米，歪着脑袋想了想。

“国际雕塑公园！”寒冰和小米异口同声，说罢两人便相视而笑。

不久以后，寒冰和小米将会带着一双儿女，在那组“母与子”雕塑下面玩耍，享受那里的阳光、雕塑，还有玉兰花香。

酸菜女官

雍　桦

一

“铃——”，清晨，屋内响起一阵急促的电话铃声，廖红梅拿起电话，下意识抬头看了看挂在墙上的时钟，还不到七点半。

电话那头，传来一个激动的声音。“老师，是我，大鹏，您还没起呢吧，我实在是忍不住要给您打电话了，那个项目，就是上次我跟您说过的那个，拿下来了。”电话那边的声音高亢而振奋。

廖红梅愣了一会儿，没反应过来。半天，才意识到是她以前教过的学生周大鹏。前阵子，大鹏找过她几回，要竞标外省市的一个开发项目，让廖红梅给他支招。廖红梅给他出了点主意，没想到，项目还真拿下来了。这不，刚刚落听，周大鹏就给廖红梅报上喜讯。

“您那边情况怎么样？要是退了也过来帮我吧。”

大鹏问的“情况”指的是廖红梅的任职年限，她已经在处级实职的位子上任满了两届，到了退休年龄了。实际上，廖红梅两个月前就已经正式办了退休手续，虽然局里还给她保留着一间办公室，但是，她一直没怎么去。前阵子，到医院做了个小手术，打算在家里静养一段时间。这些年，一直都在忙工作，落下不少毛病。

“前两天社保关系都转到老干部中心了，算是正式退了，不过，想在家休息一段时间再说……”

正说着，廖红梅的手机又响了起来，电话那头的周大鹏也听到了手机响声，知道又有人找廖红梅，匆匆说了两句“以后去看望你”，便挂掉了电话。手机还在响，廖红梅看了下号码，又是她的一个学生。他已经离开学校二十几年了，还和很多当年的学生保持着联系，同学们都说：“廖老师有亲和力”。

挂了电话之后，廖红梅到厨房吃了点早餐，把准备好腌制酸菜的材料拿了出来。以前也是这样，不管再忙，一到冬天，她都会腌制一些酸菜。正在厨房忙活，廖红梅又接到一个电话。一位退休公安局局长，想在外面搞文化公司，邀请她参伙。廖红梅婉转回绝了。这样的电话，已经接了不下几十了，每一个都条件优厚，都被她推掉了。忙碌了大半生，她想换一种生活方式。她把酸菜都放到腌缸，在上面撒上盐。然后来到书房，翻出两本泛黄的学生成绩册。那些成绩单，有平时测验成绩单，有期中期末考试成绩单，还有高考成绩单。这是她多年来的习惯，只要有时间,她就会翻看这些学生资料。在成绩单中,廖红梅看到几个熟悉的名字，目前都在政府机关任要职，年纪都很轻。廖红梅还有一个乐趣，就是收集自己教过的学生下一代的照片，多数是一家三口。她经常给来访的客人介绍：这些都是我学生的孩子，一个个多可爱啊！一说起她教过的学生，廖红梅就特别起劲儿。

这些年，虽然忙，她和多年前共同教书的老师们依旧保持着联系和很好的友谊。她的很多学生，和她成了同事。当然，还有很多，已经超越了她。这些不论在人前人后多么风光的人物，在她面前，都会恭恭敬敬地称呼一声 ------ 老师。她培养了很多职高学生进入大学校门。

廖红梅的成长过程不一般，几十年前，作为返城知青，她被分到市里一所重点职业高中，那时的她还不满 19 岁，一教就是十几个年头。她所在的是重点职业高中，学生基本上都是学习不好，上大学没希望的，就到职业高中学上一技之长。和普通高中相比，职高的教学更不好做，学生不好管。但这些，对廖红梅来说，都不是难事儿。她似乎天生就是管人的料，可能是基因如此。父亲也当了多年的领导干部。严格的家庭教育让廖红梅很小的时候就知道，为人一定要正直。

职高文化课抓得不严，很多男生经常趁上课时间偷偷溜到游艺机店打游戏，周大鹏就是其中之一。周大鹏家里经济条件非常好，父母都在外面做生意，周大鹏从小跟着爷爷奶奶长大。久而久之，周大鹏就养成了冷漠的个性。父母花了很多钱为他请辅导老师，但他的学习成绩一直都不好。眼见初中毕业了，父母看他不是考大学的料，托人安排了这个重点职业高中，希望他学点技能，混个职高文凭。实在不行，就接班打理生意。由于父母给了充足的零花钱，周大鹏经常和几个同学翘课到游艺机店打游艺机。久而久之，他身边就有好几个跟班，每天出入校门都是成群结伙。周大鹏不以为耻，反以为荣，偶尔出现在课堂上，也只是给任课老师捣乱，用粉笔头砸老师。

廖红梅任教期间，除了教学，还兼任团书记，年组长。年级组里，有年纪大的老三届教师，有资历深的高级教师，她年龄最小。要做好整个年级组的管理，特别是要管理好这个周大鹏，着实让她费了一番脑筋。

这个周大鹏，你硬他更硬。你软他就跟你玩花活儿。总之，你说你的，他做他的，不管你说什么。在他眼里，老师和学生的关系就是对立的。这个班，和周大鹏差不多的还有几个，几个人合起伙儿，已经气走了好几任班主任。学校决定让廖红梅来试一试。廖红梅上任班主任时，对周大鹏的所作所为早有耳闻，所以有心理准备。但是，一段时间之后，她发现，她事先想好的对策完全用不上。因为，根本就见不到周大鹏人。他从来没交过作业，偶尔中午在食堂吃饭的时候会看到他的身影，晃一下就又不见了。

一天，在学校旁边的一个游戏厅，廖红梅终于逮到了周大鹏。他正和几个社会上的小混混玩“飙车”，对站在身后的廖红梅浑然不觉。

“周大鹏，现在是什么时间？你在干什么！”廖红梅厉声问到。

周大鹏回头见是廖红梅，愣了一下，眼神中闪过一丝惊慌。他没想到，这个新上任的小老师会追到游戏厅。他很快恢复了平静，他想，不过是新官上任三把火，等新鲜劲儿一过，他们就会各归各位。他还是在他的游戏厅。

“回去，上课去！”廖红梅看了看旁边几个头发染成黄色的小混混。其中一个，还挑衅地冲廖红梅吹了声口哨。

“上课！你是说我吗？有没有搞错”。周大鹏看着这个年长自己几岁的小老师，突然产生了一些兴趣。“让我上课也行，要不这样，咱俩玩飙车，你赢了我就跟你回去，要是我赢了嘛……周大鹏顿了顿，请你以后不要来烦我，怎么样？”听到周大鹏这样说，旁边几个小混混发出哄笑声。周大鹏天天泡在游戏机厅，飙车是他的强项。

廖红梅抿了抿嘴：“好，这可是你说的，一言为定。”

廖红梅撇下这句话离去，她当然清楚，她目前的情况肯定是赢不了周大鹏。回去之后，她第一件事就是直奔商店买了个小型的游戏机，又把一个比较在行的同学请到家里传授她技巧。就这样，一个星期后，她和周大鹏再次在游戏机店里相遇。

如果说，上一次在游戏机店被逮到，周大鹏的反应是有一点点吃惊的话，这次可以用无比震惊来形容了。当廖红梅十分自信地坐在游戏机前那一刻，他心里某一个小小的地方有些触动。比赛结果不言而喻，第一盘，周大鹏赢了，第二个、第三个回合，廖红梅赢了。旁边观战的几个小混混都说周大鹏没有发挥出自己的水平。其实连周大鹏也不清楚自己是怎么输的。

不管怎样，愿赌服输，比赛之后，周大鹏乖乖地跟着廖红梅回了学校。廖红梅没有把周大鹏直接带到课堂，而是带到自己办公室，和他进行了一次长谈，她给周大鹏一个笔记本，要求他每上完一堂课，请任课老师在本上签名并注明表现如何。

看到周大鹏乖乖地坐到了课堂上，廖红梅觉得十分欣慰。一个多星期，每天只睡两三个小时，就是为了在游戏中获胜。

廖红梅常带周大鹏到家中，那时她就会腌酸菜，经常亲手包酸菜馅饺子给周大鹏吃。在那以后，周大鹏就像变了一个人。每天按时上课、交作业。当他把记录着每节任课老师对他良好评语的笔记本呈到廖红梅眼前时，廖红梅确信，这个孩子已经回头了。职高毕业的那一年，周大鹏以优异的成绩直升了一所省大专院校。毕业后，自己开公司，直做到现在的规模，和廖红梅一直保持联系。

二

在廖红梅执教的第十个年头，她的职业生涯面临了重要转折。

一次，市教育局组织各校参观、互访。廖红梅的教案、讲课给大家留下很深的印象，她引起了教育局领导的注意。不久，市教育局面向全市教育系统选拔优秀人才，补充空缺职位。由学校推荐，廖红梅作为唯一一个被直接点名，进入市教育局工作，担任了科长。虽然只是一个小小的科级职务，廖红梅却倾注了全部的热情。两年后，因为工作出色被破格提拔为副局长，正当她决心在教育界继续前进，开拓进取的时候。一纸调令，使她从教育战线上转到了文化领域。

得知被组织部任命为文化局局长，她向局长大呼：“文化局？我刚跟省里汇报完工作。手里一大摊活儿。还有，我负责的那个教学调研才弄了一半！这……是不是太突然了？”廖红梅向局长发问。

“哈哈……”局长大笑两声说：“钻到业务里出不来了，你负责的那些事儿，交给业务科吧。组织上这样安排肯定是有考虑的，有更重要的事需要你做。再说，这可是升迁！好事啊！我可是在副处位子上熬了三年才提的正处，你得请客啊！”

第二天，廖红梅按组织部的要求到市文化局报到。这次转变，她将面临更大的挑战。到文化局的第三天，她便遭遇了一个难堪。文化科小陈带着一个 30 岁左右的男子来到她的办公室。

“廖局，这是前阵子社区活动给咱们做背景板的公司，他们说月底公司要结帐了。”

“哦。你带他去财务结吧。按程序走”廖红梅看了看男子手中那张 2 万多的发票。

“哦，可是……”小陈顿了一下，吞吞吐吐地：“我刚才问过了，财务说账上没钱了。”

“什么？活动之前没有做预算吗？帐还没结，怎么就没有资金了？”廖红梅满是疑问。

廖红梅到财务室查看账面，发现，财务上不仅没有钱，还有个十多万的大窟窿。

原来，账上的资金，除了少数的办公经费，大部分都是戴帽下来的专项经费。专项只能专款专用。上一任领导在任时，由于预算出了差错，总是拆东墙补西墙。

久而久之，就成了一个大窟窿。

廖红梅不由得唏嘘了一口气，看来，她的第一个任务，就是先把这个窟窿填平。她随即向主管市长汇报了情况，主管市长意味深长地对她说："这里面的问题还有很多，所以组织上才要你过来。你要静下心想一想，好好整顿一下。"

廖红梅隐隐地感到，她要解决的问题还有很多。

廖红梅向省文化局申请了资金补贴，经过四处筹措，终于把窟窿补上。省里的一位领导这样感叹："这个红梅同志啊，为了项目资金的事，在我这一站就是大半天，真是怕了她。"

廖红梅发现：这个系统，大都是文艺工作者出身，在处理行政事务方面，和学校、教育局大不一样。

可能是从事文化工作的原因，很多工作人员的穿着不修边幅或是过于个性化。廖红梅认为，毕竟是政府部门，尤其是公务员，要有公职人员的形象要求，这是原则。她从改变两个大男人多年的形象开始，迈开了整顿风纪的第一步。

第一个男人。乔治平。四十开外的乔治平是土生土长的本地人，老北京。目前在文化局下属的电影院里任经理。多年的地片儿工作，使他在辖区内很是有名，甚至和当地的一些地头蛇都是哥们相论。加上又是本地人，说话一股老北京腔调，出了名的急性子，方圆十里无人敢惹。因为块头大，他十分爱出汗，夏天里，剃着光头，穿着托拉板儿，光着膀子就进办公室。总之，很像黑社会老大，不像经理。

廖红梅第一次到电影院例行检查，便和乔治平开了一个"玩笑"。

检查之后，廖红梅对电影院的工作进行了评议。随后，打趣到：

"治平，你不觉得你这电影院的光线有点太亮了？"

"不会啊，我这里是按标准配备的灯光设备啊。"乔治平没有领会。

"哦。是吗，我怎么觉得什么这么晃眼啊！足足有 80 瓦吧"廖红梅示意一下乔治平的头。

众人哄笑，乔治平用手摸了摸后脑勺，不好意思地笑笑。

"廖局，这天气实在是太热了。"

廖红梅顿了顿，又继续说："可话又说回来，咱们这是政府的电影院，要注意形象。你这衣服也是为了应付这次检查刚穿上的吧。我上次来看电影的时候有一个人光着膀子在票房，那是谁啊？"廖红梅声音不大，却铿锵有力。原来，检查前她早已来这里进行过暗访。

乔治平的脸，一下子红到脖子上。

廖红梅放低了声音，和蔼的说："治平，给你一个星期时间，把咱这装束换换行不？这套衣服回家再穿。在单位还得像个样嘛。至于头发，少点不怕，但也别没有啊，本来就很热的天，再被你这个 80 瓦的灯泡照着，观众咋还坐得住啊！"

第二天，乔治平换了一件半截袖衬衣和一条西裤，还特意带了一顶遮阳帽，整整齐齐地来到了单位。

两个星期后，文化局一笔基础设施资金下来了。第一件事，就是给电影院以及类似的机构办公室配备了空调。

第二个男人，也是下属单位的一个老领导，周希瑞。是个老艺术家。说他老，并不是因为他年纪很老。年纪也不过四十出头，但自小学画的他却已经有三十多年的油画艺龄。他喜欢留胡子，长长的络腮胡，从两边开始留，和画上蟠桃老人的差不多。

这一次，廖红梅依旧没有犹豫。在一次例行检查之后。她提出了同样的要求。不同的是，上一次是要求蓄发，而这一次，是要求剃胡子。

“什么？一个礼拜？把胡子剃了？”面对廖红梅的要求，周希瑞显然十分惊愕。

“是，一个礼拜不够，两个礼拜，两个礼拜不行可以更长时间，什么时候剃了，什么时候来上班。”廖红梅依然十分坚定。

“可……可……我都留了……十年了。周希瑞显然很不情愿。

“十年也不行。”廖红梅淡淡地。

“老周，咱们是公务员，是政府工职人员。咱们的一言一行，那可是代表着政府的形象。你是老党员了，这集体和小我，孰重孰轻，你心里应该有数啊。”看到周希瑞面露难色，廖红梅口气缓和了许多。

“那，给我点时间吧。”周希瑞没有立即作出回答。

周希瑞果真一个礼拜没来上班。一个礼拜后，当剃光胡子的周希瑞重新出现在众人面前。众人惊呼：周主任，看惯了您留胡子的样子，胡子没了，差点都认不出来了，变化太大了。”廖红梅也打趣道：“老周，虽然胡子没了，但青春回来了，你看这胡子一剃，至少年轻了五岁不止。”

两件事，让众人对廖红梅刮目相看。众人都暗地里称赞廖红梅，两个极难改变的大老爷们，在廖红梅面前却服服帖帖。

原以为廖红梅是搞教育出身，只是理论知识丰富，不想是这样坚持原则，说到做到。这让大家看到了她是一个纪律严明，说一不二的人。在这之后，无论是机关内部，还是下属单位，精神面貌一下子得到了极大改善。

三

一个区域的文化是否先进，要看是否重视文化事业的发展，一定程度上，有没有一个好的图书馆，不仅可以反映出该地区的文化事业的发展重视程度，还可以反映当地居民的业余文化生活状态。

面对眼前这座破旧不堪的只能容纳几十人的老图书馆，廖红梅暗下决心，虽然只是县级市，也应该有个像样的图书馆。于是，她怀着一颗激动的心找到了主管市长。

主管市长还是很支持她的这个想法和建议。只是，这么大的事，要被列为全市重点工程才可以实施。廖红梅没有气馁，带着一份执着，又找到主要领导。不想，主要领导的一句话，无疑是给了她当头一棒。“没什么用，这年头，谁还看书！”

“按规定，一个地区的人口达到一定程度，就该有一个市级规模的图书馆。按照咱们市的人口规模，早就该有一个像样的图书馆了。咱们已经落后了。”

经过一番游说，主要领导终于答应考虑一下。后来，廖红梅又多次去找这位主要领导。领导没了办法，只得同意列入全市重点工程。

由于图书馆的改建款来之不易，使用时，廖红梅也是格外谨慎，从施工单位的选择以及新馆设施的筛选，她都极尽工夫。当新图书馆落成，有人告诉她：红梅，你得罪人了，知道吗?

“得罪人？为什么？”廖红梅一头雾水。

经人一点拨，原来，同期开工的工程，市里不下十个。这么多项目，资金全部告急。唯有这个图书馆，拨付的筹建款项，不仅没用完，还有盈余，盈余的那部分，用于在主楼的一侧又盖了个标致的小配楼。

廖红梅没想到，她的成功，把其他工程比了下去。虽然这并不是她的初衷，却产生了这样的效果。况且，从质量上，图书馆一点也不次于其他工程。当市里要求她就这件事汇报先进经验时，她如是说：没有什么经验，也不觉得比其他人做法好，只是，我这个人很较真，不管大材还是小物，都是货比三家之后才定夺。

主管领导曾笑眯眯的问她：“廖红梅，说说你的经验嘛”。

“我知道，有人说我傻，自己在位的时候不把钱花完，给下一任留着。但是，没有办法，不管别人怎么说，我就是这样的人。”廖红梅说。

主管领导高兴得竖起了大拇指。

四

廖红梅在建图书馆期间，还大刀阔斧地干了一件事 ----- 调整人事。

在一些政府部门，混日子现象普遍存在。或者说，干多干少都一样，干得多反而出错几率大。廖红梅上任不久，就发现自己所在的这个系统。副处级、科级干部多达三十几个。由于种种原因，普遍表现干活责任心不强，积极性不高。廖红梅做了一个非常大胆的决策 ---- 竞争上岗。

这下，有人高兴，有人不乐意，年轻人看到了希望，不用等不用靠，机会来了。那些混日子的老同志感到了惶恐，没有行与不行，只有能与不能。能干，胜出了，就留任，否则，对不起。总之，占着位置不作为的时代好像渐去渐远。

因为涉及多人的升降，事关多人的命运。为防止考题外泄，廖红梅亲自出题，亲自判卷，她用自己最严明的笔，做出了公正的裁决和判断。那一轮考试中，很多有能力的人被提拔到科长、主任的位置上。大家的工作热情高涨，即使在考试中没有中第的人也看到了希望。这样一种环境中，只要努力，只要肯干，终有一天是会有作为。也有在考试中失利的，如文化科科长陈建强。他人缘好，能力强。不知道什么原因在考试中发挥失常，成绩和科长仅一步之遥。这时候，很多人站出来为他说情。

有的说："这几年，业务上全靠小陈了。几个大活动、大项目都是他盯下来的。工作卖力，很辛苦，应该给予加分照顾。"

廖红梅反问："你们说谁工作不卖力，不辛苦。给他加分，给其他人加不加？"

有的说："陈建强还年轻，考得不好是因为他不是考试型人才，他参加工作早，能当上科长全靠实干，由于学历不高，所以考试分数不高。因为一次考试让他下来太可惜了。"

廖红梅沉默了。凭心而论，她很喜欢陈建强。这小伙子，人机灵，干活肯卖力。但凡交代他的，不论大事小事，凡事必有回音。只是，以考试成绩定岗是自己定的规矩。如果开了这个先例，很难保持下去。

廖红梅找到陈建强，和他进行了长达两个小时的恳谈。

此后，廖红梅多次到组织部推荐，一个月后，陈建强带着对工作的热忱，来到某社区宣传科报到，职务是宣传科科长，正科级。在这个岗位上，他会发挥自己所长，开始新的征程。

一次，局里空出了一个办公室主任的位置。办公室副主任刘卫平认为自己顺理成章会是主任的接班人，不想，民主评议考核结果却大相径庭。

最终，廖红梅尊重了考核结果，任命了考核成绩较好的干部，刘卫平依旧还是副主任。这下，刘卫平找到廖红梅大吵大闹，扬言要到市领导那里去告状。

面对刘卫平的无理取闹，廖红梅义正言辞地说："小刘，你认为你够格提拔。但请你看看民主评议结果。大家都选的是别人。为什么不从自己身上找原因，反省一下大家为什么选别人不选你。如果你坚持要到市领导那里申诉，好，你去吧。我在这里等着。如果哪位市长认为我有偏颇或是哪里有问题，我愿意配合开展调查工作。"廖红梅态度坚决，字字有力。

看到廖红梅的态度如此坚决，刘卫平退步了，表示可以不再争取，但要求把档案上的年龄改小几岁，为以后提拔留得时间。

廖红梅予以坚决回绝，她说，如果给某一个人改了岁数，就意味着对守规矩的人不公平。

五

廖红梅还注意到一件事情。她所在的系统，机关、事业单位，职工加起来有好几百号。有的职工，三代人挤在一间不足20平的小屋子里。生活条件甚是艰苦。很多人，为了实现艺术梦想，将积蓄都投入在艺术钻研上，而自己的现实生活却如此窘迫。廖红梅暗下决心，筹资盖房，解决职工的住房困难。

经过多方筹集，职工住房终于如期动工了，但是，正如个别领导所说“盖房容易分房难”那么多职工，谁有资格入住还是个问题呢。

为了公平起见，廖红梅规定，按照资历、工龄以及来单位工作时间长短进行排序，这期没有分上的，等下一期。

应该说，这是个很公平的做法。但廖红梅却没有想到，这个规定，却让自己在不久之后的一次视察工地中，陷入了一起惊心动魄的事件。这天，廖红梅在几位工作人员的陪同下，到职工住房工地考察。就在工地负责人汇报工期进度时，从旁边跑过来一个三十出头的年轻女子，双手握着一个瓶子，冲到考察组前。她大喊着：“好啊，咱们的领导班子们都到齐了。你们今天一定要给我个说法，到底这一期里有没有我的，如果没有，我就把这瓶敌敌畏喝下去，然后再从上面跳下来。”年轻女子一边激动地说，一边指着已经盖到三层的楼房。

这种场面确实有点让人始料不及，大家一下子都怔住了。第一个反应过来的是周书记，他三步并做两步来到年轻女子身边，一手按住女子手中的瓶子，一手扶住女子的肩膀：“小邵，别这样，有什么话好好说。你看，廖局也在这呢，有什么话不能好好说。”周书记认出了年轻女子，她叫邵玲玲，刚从某文工团下来不久，是一名舞蹈演员，跳舞时扭伤了脚，再加上年龄大了，就退二线来到了文化局一个下属单位。

不想，周书记这么一劝，邵玲玲情绪更加激动。周书记一心想夺过她手中的敌敌畏，用力按住邵玲玲拿敌敌畏的手。不想，邵玲玲另一只手反手一个巴掌，毫不留情地打在了周书记的脸上，使劲一推，把周书记推了一个踉跄。

“谁都别碰我，今天要是不给我个说法，我就死在这里。”邵玲玲推开周书记，固执地站在原地，用挑衅的眼神看着廖红梅。

廖红梅向前走了几步，缓缓走到邵玲玲面前，表情凝重。严肃地说：“邵玲玲同志，我不知道你为什么要这样做。但如果你想寻死，喝一瓶敌敌畏可能不够量，如果你想跳楼，这楼还没有盖好，才只有三层，跳下来也摔不死，应该找一个高一点的，否则，万一整个残疾多难受。”

众人惊了，没有想到廖红梅会这样说，都呆在了原地。

激动的邵玲玲没有想到廖红梅会这样说，她顿了顿，“哇”的一声哭了出来：“不是，不是，廖局，我……我……我是真的有困难，这次分房要是没有我的，我这日子真是没法过了。”邵玲玲顿时泪如雨下。

看到此番情景，廖红梅上前握住邵玲玲的手，态度诚恳地说：“玲玲，是谁说这次分房没有你的了？再说，即使这次没有，还有下期呢？”

“我爱人生病了，如果这次分不到，我怕他等不到下期了。我现在跳不了舞，不会再有什么演出机会了，再加上来单位时间不长，如果论资排辈，肯定没戏。”邵玲玲呜咽着。

“你怎么知道没戏？”

听廖红梅这么说，邵玲玲一愣。

“排顺序是肯定的，但规定有特殊情况的可以给予照顾，这就是为了照顾那些有特殊困难的职工啊？但是，你现在这样，倒叫我为难了。如果因为这个给了你房子，那还不天天有人上我办公室为了房子的事喝敌敌畏、跳楼啊。”廖红梅意味深长地说。

听廖红梅这样说，邵玲玲留着眼泪握住廖红梅的手：“对不起，廖局，我错了，我知道错了，请您考虑下我的特殊情况。”说罢又跑到周书记面前为刚才自己的莽撞道歉。

事态就这样平息了。

后来，邵玲玲最终分到了房子。虽然她来单位时间不长，但她长期在文艺一线，由于工伤退下来，家里又有病人，是符合照顾分房的条件。

这件事，让在场的很多人都对她竖起了大拇指。她临危不惧，用平和的心态把激化的矛盾淡化，化干戈为玉帛。

就因为要把房子分给需要的人，廖红梅得罪了不少领导。得知她为职工集资盖房。不少领导批条子写指示，表示要给自己亲戚留一套。廖红梅明白，那样做可以讨好许多领导，但本是为职工谋的福利很可能就演变为领导特权产物了。所以，她抵制住各方压力，坚持把房子留给最需要的人。

六

就这样，廖红梅在局长的位子上一干就是十年。退休之后，登门拜访的人不仅没有减少，反而更多了。从她退休的那天起，她的手机就一直没有停。她拒绝了所有人的邀请，关起门，为史志办写起了材料。市里要整理十年的资料。她在文化局当了十年局长，对这些年的情况最熟悉。所以，就主动承担起了这些材料的整理工作。

这天，老公去参加市老年协会的门球比赛了，她正潜心在家里整理材料，门外响起一阵急促的敲门声："老师，开门，我是大鹏。"

廖红梅开开门，周大鹏精神抖擞地站在门外。还没等廖红梅回过神来。周大鹏已经把大包小包的东西搬了进来。

"昨天晚上刚下的飞机，这些都是当地的特产，您可得好好补补了。"周大鹏一边搬一边说。

这时，电话响起。廖红梅冲周大鹏摆了摆手，示意他坐下。

这已经是今天接的第十一个电话了。时间比较长，足足接了 5 分钟。

挂了电话，廖红梅显得有些疲惫。打电话的是市某局的局长，想拉着她一起开茶馆。

"他们都怕我退下来后寂寞，没事做，哪知道我这电话是一天到晚都没闲着。有的是请我去学校当校长，还有让我当顾问的，比上班还忙活。"廖红梅脸上露出一丝淡淡的微笑。

"不行，老师要是出山，我是第一个发出邀请的。"

廖红梅忍不住哈哈大笑起来。

"你们都别想了，我已经有去处了"

听她这样一说，周大鹏十分好奇："什么，您要去哪儿？"

"我打算办个学校，我这辈子就是当老师没当够。"

"啊……"周大鹏轻啊了一声，他没有想到廖红梅会这样说。

"最近，好多家长都向我请教孩子的教育问题．所以我就想起来这本东西，想着能不能整理成册，可以帮助更多的人。前两天一个出版社也找过我，说这样的书现在市场上特缺乏，出版应该问题不大。"

周大鹏连连表示：不仅要参股廖红梅的培训机构，还要出资把她要出的书扩大印刷量。

周大鹏离开的时候，向廖红梅索要"酸菜"。

廖红梅乐呵呵的将自己做的酸菜给了他两兜。

周大鹏不客气地接过了两兜酸菜。"我们全家都已经吃上瘾了，吃完了我还来，您多弄点。"

廖红梅送走这位学生后，转身进了厨房。今年腌好的酸菜已经明显不够用了。这不，之前腌制好的一缸酸菜，已经送得差不多了。她要多做一些，否则赶不上趟儿了。

营救灰姑娘（故事梗概）

雍　桦

童话世界，灰姑娘和王子结婚后，过着幸福的生活，他们生活在灰姑娘城堡中。两年后，灰姑娘为王子生了一位可爱的小公主。而恶毒的后母和两位姐姐不甘心，找来了一位女巫。女巫施展魔法，把灰姑娘囚禁在地牢里。把二姐变成灰姑娘的样子。变成灰姑娘的二姐和继母、大姐、女巫住进了灰姑娘城堡。而王子当上了国王，每天都要处理很多事务，没有发现身边灰姑娘皇后的变化。小公主苏亚察觉到灰姑娘皇后的变化，但国王却不相信。

中国北京石景山，尚金山（大山）是首钢一名下岗工人，他下岗后，和儿子尚小川相依为命，靠开出租车拉私活为生，尚金山每天白班夜班连轴转，每天只睡两三个小时。每天早上，小川都自己去上学，并经常搭同学影子的车去上学。为了答谢影子，在小川生日那天，尚金山带他们两人去石景山游乐园。并且为俩人一人买了一个游乐园的吉祥物（大耳猫）。石景山游乐园有一个主题城堡——灰姑娘城堡。在灰姑娘城堡对面的魔幻城堡里，小川发现墙壁中闪烁的特殊的光芒，不料，却无意中射中了女巫水晶球发出的光芒，打通了通往两个城堡间的隧道。

小川、影子和皮特、艾妮来到了童话世界。遇到了小公主苏亚，苏亚请他们帮助营救母亲灰姑娘皇后。可这时，国王也已经被女巫操纵。于是，机智的小川和影子，在皮特和艾妮的帮助下，与恶毒的继母、大姐、二姐以及女巫展开了激烈的斗争。几个回合下来，小川和影子险些掉下女巫设下的陷阱。关键时刻，尚金山、邹月茹和比利、萨沙及时出现，将灰姑娘营救了出来，使国王恢复了正常。并将恶毒的后母和大姐、二姐绳之于法。他们将女巫带出童话世界，在首钢的炼钢大熔炉里，女巫和她的水晶球化为了灰烬。而影子的单身母亲邹月茹也在营救两个孩子的过程中对尚金山产生了感情。

营救灰姑娘（剧本）

编剧：雍桦

童话世界

画外音：灰姑娘和王子结婚后，生活在灰姑娘城堡里，过着幸福的生活。两年后，小公主苏亚诞生了，不久，老国王去世，王子继承了王位，美丽而调皮的苏亚在幸福的环境中长大，已经6岁了，每天都有一大堆人陪着她游戏。但是，她每天都要进行公主的训练，这是最让她头疼的事情，所以，她总是喜欢缠着父亲陪她玩。这不，趁着仆人一不留意，她又溜到了父亲的办公室。

画面从城堡外景，切换到小公主出生。一天傍晚，很多仆人陪着她在草地上玩耍，她略施小计，把球扔到很远的地方，仆人都奔跑去找皮球，小公主趁机溜进了父亲的办公室。

苏亚跑到父亲的办公室，父亲这时正在批阅文件。苏亚悄悄地向父亲身边移动。国王有所察觉，没有抬头。

（以下对话为英语）

国王：苏亚，又是你吗？我在批阅文件，去你母后那玩吧。

被发现的苏亚看无处藏身，干脆一下扑到国王的怀里。

苏亚；父王，你陪我嘛，我不喜欢和他们玩，他们太笨了。和他们玩没有意思。或者，就让我在你旁边看着也行。

国王把苏亚抱起来转了一圈，苏亚两只手搂着国王的脖子。国王点了点苏亚的鼻子，佯装生气。

国王：“好的。我陪你玩吧。那些小海豚我就不管了，让它们去和上帝做伴去吧。”

苏亚：“海豚？”哪里有海豚？为什么它们要去见上帝？

国王：我正在处理一份文件，海豚湾的海水受到了严重的污染，如果再不治理，那里的海豚可就要灭绝了。但现在看来，我要把这个事情往后放放了。没有什么事情能比我女儿的快乐更重要了。

苏亚：不行，那怎么行，那可是生命。父亲您教过我，要珍惜生命不是吗？动物也是有生命的不是吗”

苏亚从国王的身上滑下来，一本正经的说到。这时，灰姑娘，也就是现在的皇后走了进来，为国王端上一杯咖啡。后面，跟着几个惊慌失措的仆人。几个仆人见到国王，赶紧行礼。国王摆了摆手，示意仆人起身。

国王：亲爱的，我们的小可爱很有爱心呢。她来视察我的工作了，在看我是不是在认真工作，尤其是要为小动物提供居住的场所。

皇后（灰姑娘）：哦。是吗？我想，有你的父亲在，每个小动物都会有快乐的家的，海豚、鸟、蚂蚁、大象……

皇后（灰姑娘）拉着公主苏亚的小手，向外面走。

国王：亲爱的，有一件事情……

皇后：我知道你要说什么，陛下，没关心，这些活我都做习惯了，更何况是为您煮咖啡呢。

皇后拉着灰姑娘的手走到门口，回头冲国王微笑。仆人们都跟着走了出去。国王坐下，喝了口咖啡，继续处理国事。

苏亚跟着皇后（灰姑娘）从国王的办公区走到走廊，走向卧室的方向。天色渐渐暗了下来。

苏亚：妈妈，我们去哪里。

皇后：亲爱的，你看看外面，天已经黑下来了，现在是什么时间？你说我们应该去哪里呢？

苏亚：歪了歪头，现在是睡觉的时间，可是，妈妈，我不想睡觉，我还想玩一会呢，我还没玩够呢。

皇后：不行，亲爱的，虽然我和你父王都很爱你，但是，到了睡觉的时间就是要去睡觉的。到什么时间做什么事情，这才是好习惯。

苏亚被皇后拉着到了卧室。卧室是一间粉色的屋子，上面吊满了星星。窗户旁边的玻璃格子上，放着一双漂亮的水晶鞋。仆人们帮助苏亚洗漱，换了一件粉色的睡衣。苏亚躺在床上，皇后也换了件睡衣，在旁边坐着。

苏亚：妈妈，给我讲一个故事吧。

皇后：好啊，那你想听什么故事呢？

苏亚：水晶鞋的故事。苏亚指指窗户旁边的水晶鞋。

皇后：这个故事给你讲过几千遍了。

苏亚：可我还是想听，我就是喜欢听这个故事。

皇后：好的，从前，有一个女孩，她母亲很早就去世了，她的父亲娶了一个继母。继母带着两个姐姐。继母和两位姐姐总是欺负小女孩。在父亲不在的时候，总是把脏活累活都给小女孩做。因此，小女孩每天都是灰头灰脸的。大家私下都叫她——灰姑娘……

镜头慢慢拉远，苏亚慢慢睡去。皇后拉着苏亚的小手，帮她盖好被子。

画面切换到森林一个阴暗的小黑屋子。继母和两位姐姐跪在地上，向女巫献上很多珍宝。

女巫：我已经很久没有出去了。

继母：求您了。帮我们出出这一口恶气吧。

大姐：我们只想要灰姑娘死，当然，如果能操纵国王就更好了。而整个国家都将在您的操纵之中，您将是万人敬仰的国师。

二姐：就是，您看看吧，灰姑娘是多么的残忍，她把我们害成这个样子。我们一定要报仇。

女巫：这么多年，我一直在等待。（她用手抚摸着水晶球，在上面撒下一滴鲜血，水晶球瞬间发出光）。你们来得很是时候。她刚好集结了 999 个人的鲜血。难道真的是时候了。（女巫张开双臂，森林里的鸟兽四分五散，几只鸟扑扇着翅膀飞离丛林）。

女巫：让我们现在来看看她的威力吧。（女巫的手在水晶球上方游离，水晶球上出现了灰姑娘带着苏亚在操场上游戏的画面）。

画面切换至　　21 世纪中国北京石景山

中国北京石景山区苹果园地铁站，很多辆夏利、吉利在地铁出口的路边排队，前面车向前空出一个车位，后面一辆车刚刚慢慢要驶人车位。一辆红色夏利漂移入位占住了车位，抢了先。后面司机刚要发火，前面司机（尚金山）探出头摆摆手，说了句：哥们儿，对不住了。这种情况要拼技术了。后面司机捶了下方向盘，挥了挥拳头做气愤状。尚金山停好车立即从车里跳了出来，一边冲地铁出站口跑去，一边回头按遥控器把车锁好。这时，一辆地铁到站，出站的人群从地铁各出口鱼贯而出，一群黑车司机挤在门口，向出站的人群询问是否打车。尚金山从后面挤到前面，跟住了两位拎包的外地夫妇。

尚金山：打车吗？找旅馆吗？

外地夫妇（女）：不打，不打。俺外甥来接俺。

尚金山：十元一位，包送你们到最近的旅馆。决不多收。

外地夫妇（女）：不打，不打。

尚金山：怕乱收费？不能。这一片儿的都知道我，出了名的诚信驾驶员。别看我长得不老，驾龄都快 16 年了。

尚金山一路跟在外地夫妇后面。外地夫妇走到一辆黑色帕萨特面前。车门打开，下来一位年轻男子，帮夫妇俩把行李放到后备箱。外地夫妇跟着上了车。尚金山张着嘴巴看着。外地夫妇（女）从车厢探出头。

外地夫妇（女）：小伙子，跟你说了俺外甥来接俺，俺每年都来，俺外甥每年都把车停在这个地方。这里查黑车的多，人不能离车的。

尚金山睁大眼睛目瞪口呆。这时，刚才被他抢位的那辆车开了过来，黑车司机摇开车窗，冲着尚金山。

黑车司机：哥们儿，这种情况要拼运气了。

说完，一脚油门，拉着车内的乘客扬长而去。尚金山很不服气，又回到地铁出口。这时，刚才从地铁出来的人群已经各奔东西，打车的也已经上了车。出口处人员渐少，少数的几个乘客听到尚金山拉活，理也不理径直而去。正当尚金山准备离开时，地铁内传来“踏踏”的脚步声。尚金山扭头，满怀希望地看。一位年轻男子衣衫褴褛地拖着一袋子东西。缓慢地从地铁楼梯向上拉，看着尚金山。

年轻男子：大哥，附近有旅馆没？”

画面切换

尚金山开着红色夏利。年轻男子的一大袋子东西放在夏利上方。尚金山一边吹着口哨一边开车。后面的年轻男子向窗户外面左顾右盼，做新奇状。

尚金山：小伙子，来这里打工啊。那你这身行头得换换。你看我，开车，就得带手套，这叫职业装备。不是我说你，就你这身装扮，哪儿敢要啊。

年轻男子：大哥，那您说咋办。俺把一年四季的衣服都带来了，都是俺娘和俺姨做的。俺娘说，城里东西贵，不让俺乱花钱。

尚金山：没听说过，人靠衣装马靠鞍吗？我自从置了这么身行头，坐我车的人都排队。除非你有什么过人的技术，就是别人都不会的东西。

年轻男子：俺会种地、养猪。

尚金山一边摆手一边摇头。

尚金山：不行，这些在这都用不上。还有吗？

年轻男子：俺会焊东西，以前跟俺表叔学过。

尚金山：勉强说得过去，能去应征个焊工之类的。

年轻男子：大哥，您说俺在城里混行不？

尚金山：行啊。人啊，谁都别太小瞧自己了。这世界富豪排行榜上的，好几个都是垃圾大王，捡破烂起的家。你比他们强多了。好歹您也算个吃技术饭的。

年轻男子：真的大哥，这下俺可有信心了。

车子驶入一辆小旅馆前停下。尚金山熄火。从车里走出来，帮年轻男子把绑在车上的行李拿下。

尚金山：你就在这住吧。这又便宜又实惠。我好多客人都住这。

年轻男子：谢谢大哥。你真是好人。

尚金山领着年轻男子进入旅店，旅店前台给年轻男子开好房间。把钥匙给了年轻男子。年轻男子坐电梯上了楼。尚金山微笑着送年轻男子上了楼。等电梯上去。尚金山扭头冲向前台服务员。

服务员：这次记帐还是提现。

尚金山：提现吧。把前几次的都提了。

服务员：呦，都提了。那可不少呢。按人头。一共是 28 个客人。一人提 20。一共是 560。不错啊。

尚金山：不多。也就够我带儿子去趟游乐园的。我答应他了。六一带他去游乐园。

尚金山把钱揣在兜里。哼着小曲上了汽车。

画面切换 至 石景山区外语实验小学门口。

下课铃响了。学生们背着书包从教室里跑出来。尚小川和邹影拉着手跑出教室。到了学校门口，尚小川看到尚金山在学校门口，靠着车门站着。很兴奋地跑了过去。

尚小川：老爸。真够意思。亲自来接我了今天。

尚金山：是啊，今天捞了点外快，提前收工了。

尚小川：太棒了。那能请我吃大餐了。

尚金山：没问题。

尚小川：还有游乐园，让影子和我们一起去，你答应我了。

尚金山抱着尚小川。歪了歪头。

尚金山：当然，什么时候老爸答应你的事没兑现了。

尚小川：老爸万岁。

这时，一辆别克停在身边。影子从里面探出头来。

影子：大川。你爸爸今天来接你啊。

尚小川：是啊。我爸爸说明天带咱俩去游乐园。

尚金山冲车内驾驶座上的邹月茹（影子妈妈）摆了摆手。邹月茹冲他笑了笑。

尚金山：谢谢啦，今天小川不搭你车了。

邹月茹：没关系，反正也是顺路。

双方互相摆了摆手，邹月茹开车离去。剩下尚金山和尚小川。尚金山脸上的笑容凝住。假装扳起面孔。

尚金山：我有说明天就带你们去游乐园吗？

尚小川：你教的，凡事速战速决。夜长梦多。

尚金山：还有，你什么时候成了大川了。我叫大山，你叫大川。听着不像爷俩像哥俩。

尚小川：哦，同学们封的。他们说我什么都懂。所以都叫我大川，那我跟她们说人，让他们别这么叫了。

尚金山：臭小子，上车。

画面切换 至 童话世界

（以下对话为英文）

皇宫内，皇后（灰姑娘）的继母、两个姐姐和乔装好的女巫跪在地上，向灰姑娘祈求。

继母：伟大的皇后啊，请您用您慈悲的情怀原谅我们的罪恶和无知吧。

大姐：真的，请相信我们的母亲，这么多年，我们一直躲在森林里忏悔，不敢出来见人。

二姐：是的。不仅如此。为了赎罪，我们把我们身上仅有的财物都给了很多穷人。并四处传播您和国王的善良和伟大。

皇后（灰姑娘）：母亲，姐姐。你们别这样。我也不希望这样。其实，对于国王给予你们的刑罚，我一直觉得过重了，所以我也一直很内疚。

继母：不，不，不是国王的错误，这都是我们罪有应得。

大姐：是的，都是我们不好。

二姐：是的，让我们为自己的行为赎罪吧。我们愿意，今后永远陪伴在您的身旁，为您和国王做牛做马。

皇后（灰姑娘）：父亲已经去世了。再怎么说，你们也是他的妻子和女儿。是我的母亲和姐姐。如果你们愿意，就留下来和我一起生活吧。这位是？

灰姑娘指着乔装后的女巫。

继母：她是我远方的妹妹，父母很早就过世了。现在和我们一起来投奔您的。

皇后（灰姑娘）：也是个可怜人，好吧。罗比，去，腾出几间房子来吧。先让几个客人洗个澡吧。再准备些吃的送过去。

仆人：是，遵命。

继母、女巫、大姐、二姐四人跪着齐声说：谢过皇后。

四人在仆人的带领下，退出皇后大殿。

画面切换 至 女巫房间

女巫在屋子里，把水晶球摆弄了出来。继母、大姐、二姐围了过来。

大姐：看看这皇宫，我快受不了了。这么豪华的宫殿，本来应该属于我的。我都快疯了。

二姐：就是，看那国王，还是那么英俊。本来是属于我的。

继母：你们两个如果不把你们的嘴巴闭上，那就等着再享受一次惩罚吧。

女巫继续从袋子里掏出一堆瓶瓶罐罐，打开一个小瓶子嗅了嗅。

女巫：就是它。我已经调治好了。就差一滴鲜血了。把她的鲜血滴进去，喝下之后，所有的荣华富贵就都是你的了。

二姐：我有办法。

二姐坏笑。

画面切换 至操场

操场上，皇后（灰姑娘）正和仆人们陪着苏亚玩皮球。淘气的苏亚一会儿把皮球扔给仆人，一会又把皮球扔给皇后（灰姑娘），大家应接不暇。这时，继母、大姐、二姐走向灰姑娘，二姐手中拿着刺绣手工。

二姐：皇后陛下，我想给苏亚做一条裙子，想在上面绣一对可爱的小鸟，可你看这一小鸟上的眼睛总是绣不好。要知道，这些活儿，以前总是你做的比我们做的好。

皇后（灰姑娘）拿过刺绣手工，端详着看了看。

皇后（灰姑娘）：哦，姐姐，看来，你的手工比以前进步了不少呢。眼睛是最难绣的部分了。我来吧。卡迪，去，把我的工具拿来。

仆人卡迪跑着回去，一会拿来了灰姑娘的刺绣工具。

二姐：天哪，想不到，您现在贵为皇后，还一直做这些活儿呢。

皇后（灰姑娘）：以前做惯了，现在要是不做就更没事做了。

苏亚跑过来。

苏亚：母后，您陪我玩嘛。

皇后（灰姑娘）：亲爱的，我要先把你这对小鸟的眼睛给装上啊，否则，它没有眼睛就什么都看不到啊。

大姐：来，宝贝儿，姨妈陪你玩吧。

大姐和仆人一起，陪着苏亚玩皮球。大姐在玩球儿的过程中，慢慢地向皇后（灰姑娘）的身边靠拢。皇后（灰姑娘）和继母、二姐坐在草地上，聚精会神地做刺绣。苏亚把球儿抛向大姐的时候，大姐惊呼一声，故意没有接住，球正好砸到了皇后（灰姑娘）的手上。刺绣针刺破了灰姑娘的手指，鲜血流出，滴到了底布上。继母和二姐（惊呼）：我的上帝。

皇后（灰姑娘）：苏亚，小心点。告诉你多少次了。不要那么用力。

大姐：哦，天哪，我发誓，我应该用尽全力接住那个球的，但是，它实在是太重了。

苏亚：对不起妈妈，可是，我没有很用力啊。

皇后(灰姑娘)：苏亚，犯了错误并不可怕，可怕的是犯了错误还不承认。那就不能原谅了。

苏亚显得十分委屈。

晚饭中

国王、皇后、继母、大姐、二姐、还有苏亚围坐在饭桌前。大家一边吃饭一边聊天。二姐吵着给皇后（灰姑娘）盛汤。将药瓶藏在袖子里，盛汤的时候顺手散在汤碗里。吃完饭，大家陆续回到卧室。继母、大姐、二姐急急忙忙地回到房间。卧室里，继母、大姐、二姐围着女巫。女巫拿出一个玻璃瓶，把沾有皇后（灰姑娘）血的布点燃，放入玻璃瓶内摇晃。

女巫：快点，要抓紧时间，时间上要同步才能把两个人的基因进行互换。撒到汤里的血是你们两个人谁的？

二姐：我的。她晕血。

大姐：是的，我让步了。

大姐很气愤。但也没有办法。

继母：你们两个别吵了，谁喝都一样。反正以后都是咱们的天下。

大姐：不知道那边怎么样？有没有动静。

女巫：时间应该差不多了。

女巫打开水晶球，水晶球显示，灰姑娘吃完饭。领着苏亚回房。过了一会儿，仆人带着苏亚去洗澡。剩下灰姑娘一个人在房间里整理衣服。不一会，看到灰姑娘捂住头，似乎头很疼的样子。

画面切换 至 继母的房间

正在这时，二姐很痛苦地捂着脑袋。

女巫：忘了告诉你们，基因改变的时候会有一些不适的反应。

二姐慢慢蜕变，变成了皇后（灰姑娘）的样子。

二姐对着镜子

二姐：哦，天哪，我发誓，我太喜欢现在的样子了。

大姐赶紧事先把偷到的灰姑娘（皇后）的衣服拿出来。

大姐：好了，先不要得意得太早，不然人家看到皇后穿着她姐姐的衣服会觉得很奇怪的。

二姐匆忙把衣服换好，三个人一起来到灰姑娘的房间。此时，灰姑娘已经完全变成了二姐。

二姐变成的皇后：哦，二姐，我和妈妈姐姐找了你半天，原来，你来我的房间找我了？

灰姑娘变成的二姐：一脸茫然。指着二姐变成的自己。你，怎么变成我的样子了。

灰姑娘变成的二姐看了看镜子里的自己，发现自己样子的变化。惊呼一声，晕了过去。

继母：这可怜的孩子，在森林里生活的时候被吓到了，得了这么一个怪病，不知道什么时候就会晕倒。

闻声而来的仆人按照假皇后的旨意，把晕倒的灰姑娘皇后变成的二姐搀扶了出去。在继母、大姐和仆人的搀扶下，灰姑娘皇后变成的二姐被扶回了房间。继母、大姐回头冲二姐变成的皇后使了个眼色，二姐变成的皇后假惺惺地说了几句，可怜的姐姐，快把最好的医生叫过来。

此时，国王还在批阅文件，而苏亚还在梦乡里。皇后看着熟睡的小苏亚，诡异地笑着。

画面从熟睡的苏亚切换到夜空，天空被笼罩在一片漆黑的夜色中。次日，清晨，苏亚醒来，像往常一样呼唤自己的母后。

苏亚：妈妈，你在哪里？

二姐变成的皇后：宝贝儿，我在梳头。

苏亚：妈妈，你今天怎么了，每天早上我醒过来你都要亲我一下的，我做错什么了吗？

二姐变成的皇后：哦，亲爱的，不是啊，我这头发今天特别不听话，我正在打理。否则，你的父皇看了会不喜欢的。乖，让拉姆帮你穿衣服吧。

皇后一边对着镜子打扮，一边说道，她一会儿要向国王去请安。苏亚虽然很不情愿，但还是遵从母命让拉姆帮忙。她觉得，今天母后和往常都不太一样了。

画面切换 至 中国北京石景山区

（以下对话为中文）

影子在家里吃早点，阿茹催促她再多吃一点，外面响起“滴滴”声。影子蹭一下站起来，拿起小书包就往外跑。阿茹举着面包片在后面喊“再吃一点”。影子一边喊着：吃饱了。一边冲向小夏历。

阿茹追到门口，冲着夏历。

阿茹：游乐园人多，注意安全啊。

影子、小川、大山（齐声）：放心吧。走喽！！

车子一路狂奔，三个人在车里欢快地唱歌大叫。很快，车子停在了石景山游乐园的门口，小川和影子从车内冲出来。尚金山在后面慢悠悠地。

尚金山：着什么急啊，我不买票你们能进去吗！

小川和影子听到后来了个急刹车，冲着尚金山做鬼脸。尚金山买了几张套票，并对他俩进行了约法三章。

尚金山：第一，只玩票里有的项目。票里没有的项目不许玩。第二，游乐园人多，你们俩个小家伙必须跟紧我，不许乱跑。第三，里面有很多卖玩具的，但你们一人只能挑一个。怎么样？成交了咱们就进去。

小川、影子（齐声）：成交。

三个人蹦蹦跳跳地走进了石景山游乐园。（镜头在此给石景山游乐园门口一个特写）。

影子和小川小跳上了双层旋转木马。尚金山在下面看着。从旋转木马出来，又跳上了青虫过山车。影子和小川玩得非常开心。而尚金山则拿着套票，在他们玩项目的时候找寻下一个项目。

一会儿，三人来到一个玩具店，里面有好多毛绒玩具。影子和小川跳着进了玩具店。走到一套毛绒玩具前面，影子和小川都停住了。

影子：这几只兔子真可爱。

小川：什么兔子啊，这是猫行吗？ OUT 了你。

影子：什么？这是猫咪？明明是只兔子嘛。

这时候，售货员走了过来。

售货员：小朋友，喜欢吗？这是我们游乐园的吉祥物。是猫咪一家子，这是爸爸妈妈，叫比利和萨沙，这是两只小猫咪，皮特和艾妮。

小川（面露得意）：看看，我说得没错吧。

这时，尚金山从外面进来。

尚金山：你们两个小家伙，我稍不留神你们就没影了。忘了咱们的约法三章了？

影子：没忘，我们每人可以挑一个玩具是吧。叔叔，我要这个。

小川：我也要这个。

两人一起指着游乐园吉祥物套盒。

尚金山侧身，悄悄问向服务员。

尚金山：劳驾，这一套多少钱。

售货员：先生，198 一套。

尚金山：呵呵，呵呵，198 一套，不贵，不贵。那能拆开卖吗？

售货员：可以的先生，这是一家子，是套装的，如果您喜欢其中的一个也可以单卖。

尚金山：哦，那就好，那就好。

（尚金山转过身，冲向小川和影子。）

尚金山：说好了是一人一个玩具，这是四个知道吗？一人只能挑一个。

小川：那，我要皮特。

影子：我要艾妮。

尚金山一边付钱，一边说：这两只小兔子有什么好玩的，真是搞不懂你们。

小川和影子一人拿一只大耳猫，齐声喊：你 OUT 了，这是大耳猫，不是兔子。

尚金山：慢点，慢点，你们俩跑慢点，我管它是兔子还是猫，我就知道一个 50 那！

三个人经过游乐园灰姑娘城堡。

影子：啊，快看，太漂亮了，灰姑娘城堡。

小川：哦，这就是传说中的灰姑娘城堡啊。我知道，灰姑娘和她的后母生活在一起，她的后母和姐姐总是欺负她。

影子：对呀，后来，灰姑娘碰到王子，把后母和姐姐赶走，和王子就生活在灰姑娘城堡里了。

小川：那这里面有没有灰姑娘啊？

影子：你自己进去看呗，傻瓜，那是童话世界里的事。我要去玩项目了。

影子和小川跑到灰姑娘城堡对面的魔幻城堡。

小川：哇塞，这个肯定很刺激，打枪的。咱们两个比赛，看谁的分数高。

影子：行，没问题是，谁怕谁啊。

尚金山跟在后面，把套票给了检票员。小川和影子上了车，一人把着一个射击口。

车子缓缓驶入城堡。城堡里漆黑一片。墙壁上有星星点点的光。

小川：很容易的，你就把枪对准墙壁上的亮点进行射击就行了，打灭一个亮点就能得十分。

影子照他说的进行操作。他们俩个开始对墙壁上出现的亮点进行猛烈射击。

画面切换 至 童话世界

（以下对话为英文）

女巫在用水晶球施法，调制药水。旁边，恶毒的继母、大姐及二姐变成的皇后站在一旁。不一会。女巫端起被施过魔法的药水递给二姐变成的皇后。

女巫：这是第十三瓶了，你只要按照我说的去做，把这个药水滴在国王经常喝的茶里，汤里，随便什么，只要他喝下去。等他喝完第十八瓶的时候，他一定会对你言听既从的。这就是“听话”的魔力，可是我多年研制的心血啊。记住，一定要看着他喝完。

皇后（二姐变成的）：啊，哈哈，太好了，国王总是问我一些问题，还有那个小苏亚，总跟国王陛下说我不是她的母后，再下去真是要穿帮了。还有 5 天，太好了，这个国家就会真正属于我了。到那时候，我就不用再对任何人卑躬屈膝的了。哈哈！！！

大姐：国王陛下要不是整天忙于政事，早就该发现你这个冒牌货了，你这个愚蠢的家伙。

皇后（二姐变成的）：是吗？我要是被揭穿，恐怕也没有你的好日子过吧。哈哈！！！！二姐变成的皇后拿着药水，高兴地走了出去。

女巫：好了，你们不要吵了。都出去，我还要继续研制新的药水，不要打扰我，你们这些可恶的家伙！

继母、大姐不情愿地离开了女巫的房间。女巫继续研制新的药水，水晶球发出耀眼的光芒，直射向城堡的塔尖。

画面切换 至 石景山游乐园

（除注明外，均为中文）

尚小川和影子还在魔幻城堡里进行激烈的角逐，他们拼命地向墙上的光点进行射击。小川发现墙上有一个光点，他明明瞄得很准，却总是射不中。这个光点还会闪光。于是，要求影子和他一起射击。他们俩一起射向墙上那忽隐忽现的光点。但他们没有料到，是女巫的水晶球使两个灰姑娘城堡之间出现了时间隧道，打开了现实世界通往童话世界的大门。水晶球的光芒连接在两个城堡之间，光芒反射到魔幻城堡中，小川和影子继续向光点射击。突然，一阵耀眼的强光笼罩，小川和影子只觉得被一股强大的引力所吸引，被卷入了通往童话世界的隧道。

画面在现实世界和童话世界之间来回切换，小川和影子在隧道中旋转。尚小川和影子被带到了童话世界里，跌落在一个破旧的地下室内。影子先醒了过来。

影子：大川，快醒醒，快看，这是什么地方啊！

小川迷迷糊糊地醒过来。

小川：这是哪啊！我们怎么跑到学校的仓库里了？

影子：什么啊，你看，这哪里是学校的仓库！

小川：妈呀，那这是什么地方啊！

影子：我要是知道还用问你啊！快起来。

这时，从旁边传来一声。

灰姑娘变成的二姐：能帮帮我吗？我需要帮助。（英文）

小川（影子）齐声：啊！谁啊你是，有鬼啊！

灰姑娘变成的二姐被锁在一个铁笼子里。

灰姑娘变成的二姐：我需要帮助。（英文）

影子：她好像是在说需要咱们的帮助。

小川：没听明白。我英语学得不太好。我觉得咱们还是赶紧从这个鬼地方出去为好。

影子：你太没有同情心了。

灰姑娘变成的二姐：我是灰姑娘皇后，你们不像我们国度的人。但是，不管你们从哪里来的，我希望你们能帮帮我。告诉国王，现在的皇后是我二姐变的。我很害怕她们会继续伤害我的家人。还有我可怜的苏亚。（英文）

小川和影子面面相觑。没有听懂。这时，小川的书包里有东西在动。皮特探出脑袋，露出两只大耳朵。

皮特：她在说，她是灰姑娘，被女巫施了魔法。现在的皇后是她二姐，而她却被施了魔法变成了二姐的样子，被关在了地下室。一看你们两个平时都不好好学英语的。还背这么个大书包，可把我憋坏了。

艾妮也从影子的书包探出头。

艾妮：她希望我们能帮助她，通知国王和公主苏亚，不让他们再继续受女巫的毒害。

小川和影子瞪大了眼睛，互相看看。

小川 、影子(齐声)：你们是谁!

皮特：我叫皮特。

艾妮：我是艾妮，不是你们从石景山游乐园把我们买回来的吗？

小川：可我们买你们的时候没说是会说话的啊，还能听得懂英语。我想，我们还是想办法从这里赶紧出去吧。至于帮忙的事，等从这里出去再说，怎么样？

皮特：这里是童话世界，刚才，你们在玩游艺时射中了女巫水晶球的光，打通了通往童话世界的隧道。但从这里回去恐怕就没那么简单了。需要天时、地利和人和。

小川：啊……

影子：童话世界？我们到童话世界了？太好了。

影子扭头冲向灰姑娘。

影子：你就是传说中的灰姑娘吗？可是，怎么和故事书的的不一样啊？故事书里不是说灰姑娘从此和王子过上了幸福的生活吗？

皮特：我觉得她没必要骗我们。

皮特扭头冲向灰姑娘。

皮特：那，有什么证据能证明你的身份呢？（英文）

灰姑娘从身上摘下一个项链。

灰姑娘变成的二姐：把这个交给国王，她们只抢走了我的结婚戒指，不知道还有这个。告诉国王和苏亚。我永远爱他们，火炉里的火是红色的，水晶鞋是透明的，像人们的心一样纯净。你这样对他们说，他们就会相信了。（英文）

小川：可是，就算我们愿意帮助她。我们怎么才能从这个鬼地方出去呢。

艾妮：是啊，我们该怎么出去呢？（英文）

灰姑娘变成的二姐：我知道有一条密道，可以通往花园。（英文）

影子：那我们不如想办法把笼子弄开，咱们一起出去。你亲自和国王讲，他会更相信你的话的。

艾妮：对呀，咱们一起出去吧。（英语）

小川、影子、皮特、艾妮想了一些办法，但是笼子上的锁依旧坚固无比。

灰姑娘变成的二姐：你们打不开这个笼子。女巫对这个笼子的锁已经施了法，只有她的药水才可以打开这把锁。不要管我，你们要抓紧时间。我怕她们会对国王和苏亚下毒手。（英文）

小川：也好，既然来了。我们就要干一些轰轰烈烈的事情。一定要把可恶的女巫绳之于法。

画面切换

（中文对话）

小川、影子按照灰姑娘变成的二姐指示的方向，爬进了一个隧道。皮特和艾妮在他们的书包里。他们在地下隧道中行进。

小川：你到了童话世界就会说话了，那也应该自己能爬隧道吧。刚买的时候你绝对没这么重的。

皮特：你最好给我留点力气，一会从这里出去好给你当翻译。万一我爬隧道把力气都用完了，一会出去说不出话了。在花园碰到卫兵怎么办？

小川：小人啊！真是小人啊！

皮特：我不是小人。记住，我是大耳猫皮特。

小川：是啊，长着兔子耳朵的猫。小猫啊！

皮特：如果你不侮辱我的家族我想我自己还是可以爬两下的。

艾妮：那可是我们家族的骄傲。

皮特和艾妮从书包里跳出来，跟在大川和影子的后面继续在隧道中爬行。

小川：我真不明白，皇家的隧道怎么还修得那么窄。要是宽敞一点就舒服了。

影子：要是再来两个冰激凌就更舒服了。等回家吧。看，前面有光，应该快出去了。

几个人一起抬头，冲向有光的地方。

小川：我建议，为了安全起见，让皮特先上去探探路。理由有二。第一，他目标比较小。第二，他会讲英语，如果碰到什么情况处理起来也方便。

影子、艾妮（齐声）：我同意。

众人看向皮特。皮特看向艾妮。

皮特：不是吧，你叛变大耳猫家族，倒向人类。速度也太快了吧。

艾妮：我只是就事论事，最适合的人做适合的事。对事不对猫。仅此而已。

光线是从一个井盖中透露进来的，他们慢慢推开井盖。皮特先探出脑袋。发现这是一大花园。周围非常寂静。只有一些树木和花草，还有几只小鸟在叫。皮特从井盖下钻了出来，对着下面。

皮特：上来吧，上面没有人，安全。

艾妮、影子、小川陆续爬了上来。小川最后爬上来。小川往上爬的时候，从外面飞过来一个皮球。“嘭”的一声砸到了小川的脑袋上。小川捂着脑袋。

小川（大叫）：啊呀！你不是说安全吗！哪来的球啊。

皮特：“嘘”。小点声。你想把卫兵都招来吗?

小川：你说安全的!

皮特：我们上来的时候都挺安全的。你点背能怪谁!

小川：我点背……

这时，小公主苏亚从旁边走了出来。冲着小川。

苏亚：你是什么人，从井盖下面爬出来的人，一定不是好人。（英语）

小川：刚才是不是你用球砸的我?

苏亚：对，是我砸的。

小川：那你还没向我道歉？说对不起。你为什么用球砸我?

苏亚：那你为什么在我们家的花园里?

小川：你们家？我……你……你会说中文?

皮特：太好了，出来碰到的第一个人就会说中文，这下不用我做翻译了。啊……哈哈哈。

苏亚：还有你们，都是同伙吧，一定也不是好人。一会叫卫兵把你们都抓起来。（英文，以下对话除注明外，均为英文）

艾妮：等等，你这样做会后悔的。你不能抓我们。

影子：对，你不能抓我们，我们还要救灰姑娘皇后呢。（中文）

影子向前走了几步，项链从她身上掉了下来。眼尖的苏亚看到，从地上捡了起来。

苏亚：你们怎么会有我母后的贴身项链。

正在这时，几个仆人和卫兵赶到。领头的仆人气喘吁吁地。

仆人：小公主，别总是和我们玩捉迷藏了。要知道，如果找不到你，就有我们的好果子吃了。最近皇后的脾气不太好。

仆人看向小川几个。

仆人（大喊）：啊，他们是谁！有刺客！

后面几个卫兵立即把刺刀举起来。

苏亚（十分镇定地）：等等，等等，我说扎巴，你怎么最近胆子变得越来越小了，他们不过是母后最近给我找的几个朋友而已。天天和你玩对我来说有点腻了。所以就找了几个新伙伴。我们在玩捉迷藏。

仆人：哦。苏亚公主，别这样说。虽然我老了，我还是可以为您服务的。

苏亚：是吗？那你能跟我玩捉迷藏吗？

仆人：当然了，我的小主人。

苏亚一边说，一边向皇宫走去。仆人跟随着。小川、影子、皮特、艾妮傻站在那里。苏亚转身冲向他们。

苏亚：你们几个还在那傻站着干什么。我饿了。陪我吃东西去。

小川、影子、皮特和艾妮跟随着一起走向皇宫。苏亚继续和仆人说话。

苏亚：哦，是吗？那玩从井盖下面钻出来的游戏也没问题吗？

仆人：我亲爱的公主。我们可以尝试玩简单点的游戏。您知道，钻井盖这种游戏对我来说年纪有些大了。

苏亚：那我可以向父王和母后申请一下。让你早点回家休息。

仆人：亲爱的小公主。求您千万不要这样做。我家里还有三个孩子、十头猪、二十头羊靠我养着呢。

苏亚：看在你负担还很重的份上，你还是继续留在我身边吧。或许，我还可以向父王申请给你加薪也说不定呢。

仆人：哦，我可爱的小公主，我太愿意为您效劳了。能顺便问一句吗？你的两位、哦不，是四位朋友。他们穿的衣服好奇怪啊。还有那两只长耳朵兔子看上去也很有意思。可以放到马戏团。

苏亚：是吗？他们就是从马戏团找来的。否则，哪里有那么奇怪的衣服。

听到仆人的话，艾妮和皮特用中文小声嘀咕。

艾妮（小声）：听见了吗皮特，他要把我们送到马戏团去呢。咱们得赶紧离开这个鬼地方。（中文）

皮特（小声）：淡定、淡定，苏亚是不会让我们去的。（中文）

画面切换至餐厅

（除注明外，均为中文对话）

小川、影子和苏亚在餐厅里一起吃东西。小川和影子已经换上了童话人物的衣服。

小川：这衣服太奇怪了。能不穿吗？

皮特：他说他不愿意穿这个衣服。（英文）

苏亚：你要是不想看起来很奇怪最好还是穿上。只有我的时候不用你翻译。

皮特：对了，忘记你懂中文了。不说话，吃鱼了。我是猫，就爱吃鱼。

影子：我看我们还是穿上吧。留得青山在，不怕没柴烧。

苏亚：一会你们填饱肚子后，最好能给我说清楚这项链的来路。从小母后就为我请了中文老师。我只知道中国有个北京，没听说过石景山游乐园、石景山、那是什么，一座山吗？

小川：石景山区，是一个区，里面有一座石景山。知道吗？唐僧师徒取经的时候在那座山上晒过经书的。很有名的。石景山游乐园呢，就是石景山区的一个游乐场，里面有很多好玩的。也有一个灰姑娘城堡。和你住的这个一模一样。我们就是从游乐园的魔幻城堡里来到这里的。你们这还是童话世界呢，一点都不好玩。

苏亚：听起来还挺有趣的。我从小就在皇宫里。父王没有时间陪我玩，他不让我走出城堡。母后也是一样。

影子：你现在的母后是假的。你真正的母后在地下室呢。被锁在笼子里了。女巫施了魔法。我们没有办法打开那个铁笼子。

苏亚：你们见过我的母后？她被关在地下室？可是，要我怎么相信你们。

影子：她让我告诉你，她永远爱你们，火炉里的火是红色的，水晶鞋是透明的，像人们的心一样纯净。

苏亚听到这句话，呆在那里。过了一会儿，放声大哭。

苏亚：母后，真是你吗？真的是你。其实，我早就知道现在的皇后是冒充的了。只是一直找不到证据。

苏亚手里拿着项链，回忆起前几天的情景。

画面切换 卧室

（英文对话）

一天晚上，苏亚上床睡觉。向往常一样缠着皇后要她讲水晶鞋的故事。

苏亚：妈妈，我想听水晶鞋的故事。

二姐变成的皇后：哦，亲爱的，赶紧睡觉吧。我一会还有很重要的事情要做呢。

苏亚：妈妈，你看，火炉里的火是什么颜色的？

二姐变成的皇后：亲爱的，火炉里的火当然是黄色的了。

苏亚：那，妈妈，你看水晶鞋是什么颜色的？

二姐变成的皇后：水晶鞋当然是没有颜色了。快点睡吧。你父王还在批阅文件，我一会要给他送咖啡去。

苏亚：妈妈，你的项链呢？

二姐变成的皇后：项链？什么项链？哦，大概是丢在花园了吧。

苏亚：可是，那是你最喜欢的项链啊。里面有我和……

二姐变成的皇后：是的，我知道，里面有你和你父亲的画像。但是，丢都已经丢了。我们改天再请一个画师。

苏亚：……

画面切换 餐厅

（英文对话）

苏亚摸着项链，看着里面的画像。

苏亚：这是姥姥留给母后唯一的东西。怎么可能弄丢呢？还有，火炉里的火是红色的，水晶鞋是透明的，就像人的心灵一样。这才是母后说的话。假的，她一定是假的。

小川：好了。既然你都知道了。那我们的任务就完成了。你赶紧告诉你的父王，让她把女巫她们都抓起来。

苏亚：你们和我一起去吧。有你们，父王一定会相信的。你们带我和父王去把我母后救出来吧。

影子：那你要帮助我们回去。

苏亚：一言为定。

在苏亚的带领下，小川和影子等人决定去找国王，向他说明一切。

画面切换 国王办公室

（英文对话）

二姐变成的皇后：亲爱的国王陛下，您太劳累了，这是我亲手为您煮的咖啡。

国王：亲爱的皇后，其实我都说过很多回了。这些事你不用自己来做的。不过……你最近煮的咖啡好像和以前的味道不大一样了。是不是加了什么东西在里面。

二姐变成的皇后：呃……我只是换了另一种调制方法。

国王：我觉得以前的味道更好一些。可能是习惯了。

二姐变成的皇后：当然，如果您喜欢，我下次还用以前的调制方法。不过，如果您多喝几次这个，也许也会习惯的。

国王把咖啡喝完，不一会儿，捂着头。

国王：我觉得头好疼。

二姐变成的皇后（假惺惺地）：您是太累了，应该好好休息一下了。

国王捂着脑袋，倒在椅子上。这时，女巫、继母、和大姐从旁边走了过来。

女巫：他会好好休息的。等他醒过来的时候，他就什么都不记得了。只记得是你的仆人，对你的话会言听计从的。

二姐变成的皇后：哦，天哪，如果那样的话，我就太累了，这么多国家大事需要我操心。

女巫、继母：大姐（齐声）：哈哈……哈哈

苏亚、小川、影子等人躲在外面，看着这一切。

影子：太可怕了。她们竟然在国王喝的咖啡里下毒。她们把国王也操纵了。

皮特（从书包里探出脑袋）：我认为，那不是毒药，那一定是女巫配制的魔法药水。

艾妮：那应该有解药吧。

苏亚：我不会让这些家伙们得逞的。

小川：也许，我有个好主意。

一天后

画面切换 苏亚的房间

（英文对话）

苏亚躺在床上。二姐变成的皇后正对着梳妆台卸妆。

苏亚：妈妈。

二姐变成的皇后：我受够了。要知道，对我这种未婚女性来说。天天有个那么大的孩子管我叫妈，简直是一种耻辱。哦，我的天那，我终于可以不用忍受这些了。

苏亚：哦。妈妈。你在说什么啊。如果你和父王都不爱我了。就从你们藏的那些宝库里分一些给我。我可以带着他们远走高飞。到森林里建设一个属于我的王国。

二姐：什么？宝藏？

苏亚：是啊，那么多的宝藏，只分我一点点就够我建一个属于自己的王国了。

二姐：是吗？那，宝藏在哪呢？

苏亚：哦。妈妈，你这是怎么了，上次不是你和父王带我去的吗。只有我们三个人知道。哦，我困了，我要睡觉了。

苏亚翻了翻身，闭上眼睛睡着了。

画面切换 女巫的房间

（英文对话）

女巫、继母、大姐和二姐变成的皇后一边说话，一边朝屋内走去。

二姐变成的皇后：是苏亚说的，不会有错，一定有一大笔宝藏。这下可发财了。

继母：你现在对苏亚要好一点？不要总是恶狠狠的，一点都不像个母亲的样子。

二姐变成的皇后：我想，今后我会对她好的。其实，我一直都对她很好。

大姐：简直就是天方夜潭。

二姐变成的皇后：你敢嘲笑我。

女巫：都别吵了。哦天那，你们看。

四个人走进屋子，看见苏亚站在那里，手里拿着一个药水瓶子，空的。

女巫：天那，该死的，你把这瓶药水都喝了？

苏亚捂着头。

苏亚：我头好疼。

苏亚捂着头。说完，就倒在了地上。

二姐变成的皇后：哦，该死的，她喝的该不会是你的“失忆听话”药水吧。快，有没有解药。她现在可不能失去记忆。

女巫转身在一大堆瓶瓶罐罐里寻找，拿出两个小瓶子。想了想，递给了二姐变成的皇后一瓶。将另一瓶又放回了原处。

女巫：这个药水我就配了这两瓶。先给她喝一瓶试试吧。

二姐变成的皇后把药水灌入苏亚口中，过了一会儿，苏亚慢慢醒过来。

二姐变成的皇后：哦，天那。总算是醒过来了。

此时镜头拉向女巫的桌子，另一瓶药水也不见了。

二姐变成的皇后：怎么样，宝贝儿，还记得咱们的宝藏藏在什么地方了吗？我和你父王都不记得了。时间太久了，要知道，我们都老了。

苏亚：妈姆，就在不远处森林的……啊，我好累。

苏亚闭上眼睛，假装睡着。

女巫：看样子没有失去记忆，但我的药水会让她睡上一会儿的。

大姐：该死的，我们还要等多久。

镜头拉远，皮特和艾妮从屋子里一侧闪了出去。

镜头切换 至苏亚房间

（中文对话）

小川：干得不错。伙计。

皮特：小意思。对我来说很容易。

艾妮：吹牛不是好品质。苏亚的功劳最大。要不是她我们根本没机会的。

苏亚：好了，我们不要吵了。我得抓紧时间把这个解药给父王喝下去。父王醒了，我才能救母后。

影子：啊，好想我老妈啊。我们什么时候能从这个鬼地方回去啊！

小川：虽然你父王不认识你了，但至少还在你的身边。我也好想老爸啊。

镜头切换 现实世界 石景山游乐园

（中文对话）

尚金山来到石景山游乐园，接待的服务人员对他十分彬彬有礼。尚金山在2名工作人员的陪同下。走到魔幻城堡门口。

尚金山：今天该坐第几辆车了？

游乐员工作人员甲：尚先生，1—12号您都坐过了。今天该第13号了。

尚金山：13号？好，就13号，这可是我的幸运数字。

工作人员乙：尚先生，发生这样的事情我们都很难过，但是公安局已经在查了。

尚金山：这年头找失踪儿童不能全靠公安局，还得发动民间力量。前阵子那个失踪三年的孩子被找到就是通过微博。给我开个13号。我就不信了，你们这个山洞能有什么秘密？两个大活人坐着车子进去，出来车就是空的了。真是见鬼。

工作人员甲：好的。

工作人员发动机器。一辆射击游艺车缓缓驶过来。尚金山坐上去正要发动，影子妈妈邹月茹从旁边跑过来。

邹月茹：大川爸爸。今天我请了假，让我和你一起吧。

尚金山：好吧，不过这一辆车坐两个大人可是有点挤。

邹月茹：没事，我不怕挤。只是，你要教我，我从来没玩过这个。

邹月茹也坐上游戏车，游戏车缓缓向城堡内驶去。

尚金山：其实很简单。你看到墙壁上发光的亮点了吧。就冲着亮点射击就可以。我现在能玩到1千多分了。

邹月茹：哦。是吗，你太厉害了。

尚金山：哪里哪里，以前我也没玩过，就是这几次练的。对了，我叫尚金山，叫我大山就可以。没必要总是“大川爸爸，大川爸爸”的叫，太生分。

邹月茹：这样啊，好的。不过，你们父俩还真有意思。一个大山，一个大川。

镜头切换 童话世界 国王办公室

（除注明外，均为英文对话）

国王：最近记性越来越差了，我来办公室是要做什么呢？想不起来了，算了，还是回去吧。

国王转身准备离开办公室，迎面碰到苏亚走了进来。

苏亚：亲爱的父王陛下，把这个喝了吧，喝了它您就会恢复记忆了。您这是被女巫施了魔法，所以，失去了记忆。

国王：哦，可怜的孩子，你是谁，从哪里来，为什么要说那么奇怪的话呢？不过，你是怎么知道我喜欢喝咖啡的呢？

苏亚：是的，这是特别为您熬制的咖啡。

国王接过咖啡，刚准备喝下去。女巫突然出现在门外。

女巫：不能喝。我就知道是你这个小家伙捣的鬼。敢偷我的药水。

苏亚：快喝，父王，不要听她的，她是女巫，是坏人。

这时，二姐变成的皇后也走了进来。

二姐变成的皇后：不能喝，亲爱的陛下。您就不怕里面有毒吗？我们应该相信朋友。

国王：哦，是的，亲爱的，要不是你来，我都有点不知所措了。是的，你说的对，我们应该相信朋友的话。

苏亚：你们这些坏人，害我的父母，我绝不饶你们。

苏亚一边喊一边向前冲到二姐变成的皇后面前，挥动着拳头，但被女巫拦住了。

女巫：陛下，你们先离开这吧。这里交给我了。我会处理好的。

二姐变成的皇后：别伤害她，这孩子太可怜了。父母都不在了。陛下，可能您不记得了，这是我二姐的孩子，她父母前阵子遇到了龙卷风，现在都还没有踪影，可能这孩子是受了刺激了。所以有些不正常的行为。

国王：哦，真是太可怜了，不过，皇后，你的心肠可真好。

二姐变成的皇后和国王慢慢走出办公室。女巫死死地拽着苏亚不松手。拖着她到自己的屋子，苏亚一直在挣扎并嚷叫，但却无济于事。

女巫：你要为你自己的行为付出代价的，我要让你知道我的厉害。

正在这时，小川、影子、皮特和艾妮从外面跑了进来。

小川：该死的女巫，不要伤害她。皮特、艾妮，动手。（中文）

皮特和艾妮从旁边扑过来，一人抓住女巫的一只手，狠狠地在各自抓的手臂中咬了一口。

女巫：啊。该死的。就知道你们有同伙。

女巫疼得放开了苏亚。

小川：好样的，皮特，艾妮。不过，叫你们动手，不用动嘴。（中文）

皮特：君子动口不动手。（中文）

小川：真有你的。（中文）

这时，女巫，拿起水晶球开始做法。

女巫：我要把你们全都收进来，让你们知道和我作对的下场。

水晶球发出耀眼的光芒。影子第一个被水晶球发出的光罩住，不能动弹。

小川：该死的女巫，不要伤害她。（中文）

女巫：这下知道我的厉害了吧。放心，你们一个都跑不掉。

影子：不要管我，你们快跑。留得青山在，不怕没柴烧。（中文）

女巫继续施法，小川几个人继续躲避着水晶球发出的光芒。水晶球发出的光芒继续穿透了城堡，透过城堡的塔间冲向天空。小川、苏亚、皮特、艾妮他们一直奔跑，从城堡内跑到外面，穿过小花园，跑到城堡的外墙下面，城堡外墙很高很高。小川几个人无路可走，女巫逼近。正当女巫要对他们施法术的时候，突然，有一个人从后面给了女巫一个闷棍，女巫倒在了地上，小川定睛一看，原来是自己的父亲尚金山。

小川：爸爸。（中文，以下均为中文对话）

就在小川喊爸爸的同时，皮特和艾妮也同时也喊着“爸爸，妈妈“，并向尚金山跑去。小川扑在了尚金山的怀里，皮特和艾妮继续向后跑。原来，小川后面，站着皮特、艾妮的父母比利和萨沙。

尚金山：你们是谁啊？什么时候跑到我后面的。

比利：你在魔幻城堡里射击的时候，我们其实一直就藏在你的后面。只是你太投入了，没有发现我们。

萨沙：我们听说了，皮特和艾妮被你们买走后，和你们的孩子一起失踪了。我们也想找寻失踪的孩子，所以就从玩具店偷偷溜了出来。

尚金山：好了，这回找到了。但是我先声明，我可是花了钱的。就算回去也不能还回玩具店啊。

萨沙：那没有关系，我们知道他们是安全的就行了。

尚金山：我就知道那个魔幻城堡有问题，但不知道有这么大的问题，这什么年头了，怎么还有女巫。

邹月茹：大川，影子呢？怎么没和你在一起。

皮特、艾妮一人一句地将他们的经历向尚金山和邹月茹讲述。听完他们的讲述，邹月茹扭头向城堡走去。

尚金山：你去哪？

邹月茹：我要去把影子救出来，不能让影子在他们手里。

尚金山：这个城堡现在都是她们的，你拿什么救人。

邹月茹停止了脚步。尚金山走上前，拉住她。

尚金山：冲动是魔鬼，救不了人，没准还得把自己搭进去。

邹月茹：你有什么好办法吗？

尚金山：不知道算不算好办法，但可以试一试。但我要先问一个问题，你们给国王喝的药水还有没有剩余？

小川翻了翻书包，找出一个瓶子，镜头拉近，给瓶子一个特写，里面还有半瓶药水。尚金山接过药水，举起来端详了一会儿。

尚金山：有了它，一切都好办了。

镜头拉向远处，几只大鸟从天空中飞过，遮住了部分月亮。

镜头切换 至厨房

（英文对话）

仆人在厨房忙碌地准备着国王和皇后的早餐。小公主苏亚从后面蹿出来，吓了正在准备饮料的仆人阿姆一跳。

苏亚：阿姆！

阿姆：啊！苏亚公主，你在这里做什么？听说这两天皇后一直在找你，快回去吧。她必定是你的母亲，就算你闯了祸，她也会原谅你的。

苏亚：当然，阿姆，我一直认为在仆人里，你是最勤劳的一个。

阿姆：哦。苏亚公主，你真是个好人。要是国王退休了，你接位当女王，我还没有退休的时候，您还这么说那就更好了。

苏亚：当然。那是必须的。你现在是正在为我父王调制柠檬汁是吗？

阿姆：是啊，国王的口味一直没有变过。只是最近皇后的口味变化很大。以前喜欢吃的现在都不喜欢了。

苏亚：是啊，也许是更年期提前了吧。

阿姆：小声点，这要是让皇后听见是要挨骂的。不过，我觉得你说得很有道理。

这时候，旁边的炉子的火苗溅到了厨台上，厨台上着起了火。苏亚赶紧帮助阿姆扑灭了火苗。

阿姆：上帝啊。倒霉的火炉。我早就说过该换新的了。谢谢你苏亚，你真是个好姑娘。

苏亚：不用客气。

就在苏亚和阿姆扑灭火苗的时候，皮特和艾妮从旁边偷偷把国王的柠檬汁调换了。

画面切换 至 餐厅

（英文对话）

国王、二姐变成的皇后，继母、大姐围坐在餐桌前吃饭。

国王：今天的天气真不错。

二姐变成的皇后：是啊，一会吃过饭我陪陛下到花园散步吧。那些文件，还是交给我们的军师处理吧。

国王：好的。亲爱的。

国王喝下柠檬水，精神为之一振。恢复了记忆。

国王：苏亚呢？怎么没来吃饭。

二姐变成的皇后听到国王突然问起苏亚，被刚喝下的一口水差点呛到。

继母立即接话。

继母：哦，陛下，她昨天晚上睡得太晚了，现在恐怕还在被窝里。我刚才叫她她也不起，说要再睡一会儿呢。

国王：哦。这样，这可不是个好习惯。好了，我吃饱了，你们继续吃，还有好多文件等着我处理呢。

二姐变成的皇后：处理文件？可是，陛下，您刚才不是说，那些都交给军师处理吗？我们散步。

国王：那可不行，有些事情是无法替代的，这是我的责任。

国王说完就离开餐厅向自己的办公室走去，剩下二姐变成的皇后、继母、大姐在后面慌乱作一团。

二姐变成的皇后：怎么回事？怎么突然恢复正常了。

大姐：看来女巫的药水也是有有效期的。

继母：哦，天哪，他回自己办公室了，巫师在那里呢。

镜头切换 至 国王办公室

（英文对话）

国王走进自己的办公室，看到女巫正坐在自己的办公桌前，桌子上，是各种文件。

国王大怒。

国王：虽然你是皇后继母的亲戚，可我也不能忍受你动我的文件。给你 1 分钟时间，快离开这里。

女巫：啊，可是，我做这些都已经好几天了。您？……

国王：那就更不能饶恕了。不管什么原因，请你快离开这里。

女巫跌跌撞撞地离开了国王的办公室，国王看着摊放在桌子上的文件。非常生气。

国王：把我的文件搞得乱七八糟的。

这时，苏亚出现在国王的身后。

苏亚：父王，真高兴您能回来。女巫天天代您处理文件。现在的皇后是假的。她们把母后关在笼子里了。

国王吃惊地回头看着苏亚，苏亚手里拿着真皇后的项链，向国王讲述最近发生的一切。

镜头切换 至 女巫房间

（英文对话）

女巫气急败坏地回到房间，发现自己的宠物秃鹰被五花大绑地锁在了一个笼子里。

女巫：哦，该死的，谁干的。

女巫打开一个锁住的柜子，取出一瓶药水，散在了笼子上。顷刻间，笼子不见了。女巫把药水放入柜子里，准备上锁的时候，听到旁边咣当一声。女巫回过头。一个大木箱子从柜子上倒了下来。这时，皮特和比利假扮的雕塑趁机偷偷换了柜子里的药水。

镜头切换 至 国王卧室

（英文对话）

国王：亲爱的，我今天对你服务态度不好。所以，两天后，你的生日，我会为你庆祝一下的。

二姐变成的皇后：哦，陛下，您太好了。

国王：你有什么心愿我都会满足你。

二姐变成的皇后：哦，陛下，您已经给我世界上最好的东西了。只是，继母和大姐她们很可怜。她们可能住不惯这里，想要回家。我想，我们的宝藏是不是可以分一些给她们。

国王：当然，在你的生日晚宴上，我们将宝藏的三分之一送给她们好吗？

二姐变成的皇后：哦，您真是太好了。她们将对您感激不尽。

镜头切换

（除注明外，均为英文对话）

仆人们开始忙碌，为皇后的生日做准备。两天后，国王为皇后举行了盛大的生日晚宴，这一天，来了很多很多客人。接受邀请的贵族们纷纷向皇后行礼，并献上他们精心准备的生日礼物。继母和大姐负责礼物的保管，她们一时间乐得合不拢嘴。在晚宴上，国王宣布了一个重要的消息。

国王：先生们、女士们。很高兴你们能来到今天皇后的生日晚宴。大家可能都知道，我们所有的宝藏在这之前都一直被保存在一个神秘的地方，今天，我要把这宝藏的三分之一都送给我的皇后，作为生日礼物。

台下一片哗然之声。二姐变成的皇后听后十分振奋，晃了晃身子，差点没有站住。继母在后面扶了她一把。

继母：不管遇到什么情况，今天你一定要撑下去，不能倒下。

二姐变成的皇后：好的。我一定行。

国王：亲爱的，你在说什么？这个礼物你不喜欢吗？

二姐变成的皇后：哦，不，当然喜欢，国王陛下，我只是太激动了。

国王：那你可以做好心理准备啊，还有更激动的呢。

二姐变成的皇后：好的，陛下，您真是太好了。

国王：为了答谢皇后对这个国家的支持以及对我的爱护和照顾，我还有一个决定，剩下三分之二的宝藏也全权由皇后来保管了。亲爱的，这些宝藏的使用，以后都交给你了。

二姐变成的皇后面露欣喜状，正在这时，对面人群里走出一队人。尚金山、邹月茹、尚小川、影子、比利、萨沙、皮特和艾妮身着宫廷装，簇拥着已经恢复真面目的灰姑娘皇后缓缓走了出来。

皇后（灰姑娘）：谢谢国王，您真是太仁慈了，您的心就像水晶一样晶莹剔透。您送我的那些珠宝，我想把它们送给那些为这个国家劳累的臣民们。剩下三分之二的珠宝，我想，主要还是用于建设我们的王国。目前我们的海水被严重污染，我们将彻底清除污染源。

众人惊讶地看着走出来的灰姑娘皇后，又看看站在国王身边的二姐变成的皇后，国王却十分镇定。

国王：哦，我想，这事情有点麻烦。现在我有两个皇后了。宝藏该送给谁呢？

苏亚走出来，指着国王身边的皇后。

苏亚：她是假的皇后，她是坏人。

国王：亲爱的小公主，不能乱说话的，你要有证据。

苏亚拿出皇后的项链，高举在手中。

苏亚：那这项链里的照片是谁？谁能说出来谁就是真的。

二姐变成的皇后：亲爱的，这是我的项链啊，我把它掉在花园了，我一直在找，太好了，原来在你这里。这里面是你和你的父亲啊！

苏亚：哦。是吗？

苏亚转向真的灰姑娘皇后，灰姑娘皇后抚摸着她的头，温柔地笑了笑。

皇后（灰姑娘）：亲爱的苏亚，这里面，有你，还有你的姥姥对吗？你知道的。

苏亚拿着项链，向周围展示着，项链里面，一边是苏亚，一边是一个慈祥的老人。众人开展议论，向二姐变成的皇后唏嘘着。

二姐变成的皇后：哦，天哪，她们肯定在这张照片上做了手脚。我敢发誓，国王陛下，我已经把苏亚姥姥的照片换成您的了，我亲自换的。

国王：好吧，看来，我们还需要做一件事才能辩出真假的。

国王拍了拍手，两个仆人端出一双水晶鞋，水晶鞋在灯光的映射下闪闪发光。

国王：两位皇后，这双鞋你们应该认识吧，就请你们试一试吧。

二姐变成的皇后看到水晶鞋，有些心虚。但想着自己已经被施过魔法的，已经变成灰姑娘皇后的样子了，鞋子应该也能穿得上。就壮着胆子试。结果她的后脚跟有一点怎么也穿不进去。真正的灰姑娘皇后缓慢地走到鞋子旁边，轻轻一踏，不大不小，刚好合适。国王冲着穿上水晶鞋的灰姑娘皇后伸出双手。

国王：你是我的皇后，你受苦了。

众人一起围上了二姐变成的皇后，尚小川走到跟前，拿出一瓶药水，向二姐的身上洒去。

尚小川：该做回你自己了。做别人多辛苦！（中文）

仆人们将二姐、继母和大姐围住，她们平时对仆人都很恶毒，仆人们向她们身上扔鸡蛋，吐口水。国王、灰姑娘皇后、苏亚抱在一起，三个人终于团聚了。

画面切换至森林深处

（除注明外，均为中文对话）

女巫手里托着水晶球，按着水晶球的指引，来到一个锁着的石门前。

女巫：那三个倒霉蛋，如果你们按我说的，把皇后和苏亚都消灭掉，就不会有今天了，你们不听我的话，不要怪我不救你们了。不用你们告诉我，我也能知道宝藏在哪里，我说过，我的水晶球已经具备了万能的力量了。（英文）

女巫开始施法，试图用水晶球散发出的光芒打开石门的锁。这时，尚金山、尚小川、影子、邹月茹和比利一家子出现在女巫身后。

尚金山：你这个老巫婆，就知道你没安好心。关键时刻就把自己人丢到脑后了。

小川：你的那点法术是打不开石门的，别费力气了。女巫转过头来，看到小川等人，十分生气。

女巫：都是你们，破坏了我的计划。那我就先收拾你们，再来开这个宝藏吧。（英文）

女巫开始施法，尚金山启动事先造好的机械飞船，向女巫发出猛烈攻击。

小川：老爸，你太厉害了，你还会做这个。

尚金山：当然，不过，好多年不做了。上学的时候做过模型。真的还是头一次做，反正也是在童话世界。

比利、萨沙、皮特、艾妮驾驶着另一架战斗机，向女巫发出猛烈的进攻。

皮特：老爸，你真棒。但我一直有一个问题，你怎么会使用女巫的药水的？那么多瓶子。

比利：其实很简单，玩具厂在制造的时候，在我的记忆力多输了几种国家的语言。你们只会中文和英语。我还能看懂阿拉伯语。就这么回事。女巫把每个瓶子上都注了标签，用的就是阿拉伯语。

萨沙：哦。原来如此，老爸，我太崇拜你了。你懂得真多。

两架战斗机射出的子弹和女巫的水晶球发射出的光出现了猛烈的撞击，光线反射到城堡的塔尖上，向天空直射，天空中打了几声闷雷，突然，出现一阵强光，笼罩住了两架战斗机和女巫。尚金山、小川等人和女巫一起又被卷入了时光隧道。

画面切换 至 中国北京石景山首钢炼炉厂

（以下均为中文对话）

很多工人聚集在一起，对着首钢的炼钢大炉，潸然泪下。

班长：今天是你们最后一次操作了，按照上级的指示命令，我们的炼钢场地已经转产到河北了。今天这一批，将是我们在这里炼的最后一批钢材了。大家一会还要站好最后一班岗。好了，准备工作。

工人们各自回到自己的岗位上，准备冶炼钢材。突然，一阵强光出现，尚金山、小川、影子等人跌落下来。尚金山首先站起来。

尚金山：这是哪啊！啊！这不是首钢的炼钢厂吧。我以前工作的地方啊！

有一个工人认出了尚金山。

工人：金山，是你吗？你怎么来了，不是拉黑活呢吗？怎么还把孩子带过来了。

这时，女巫也从光隧道里起着魔法扫帚飞了出来，先是撞到墙上，又转了圈撞到一个炼炉上，之后，又朝着熔铁炉飞去。

女巫：我要杀了你们！

尚金山飞快地走到一个机器前面，熟练地操作起来，熔炉的口被打开，女巫朝熔炉直飞过去。只听见，“啊”的一声惨叫。女巫被熔化在熔炉里。

工人：金山，那是人吗？你疯了！

尚金山：哦，那不是人，那也是人，听我说，她只是童话里的女巫。哦，这个，我要慢慢和你们说……

尚金山向围过来的工人们讲述着自己的经历。邹月茹、影子、小川抱在一起。

邹月茹：太好了，我们回来了，回来了。

影子：皮特和艾妮呢？

小川：对呀，还有比利和萨莎呢。

他们开始寻找比利一家子。在一个角落里。散落着一架战斗机模型。比利、萨莎、皮特和艾妮已经恢复了卡通的样子。

画面切换 至 石景山游乐园 礼品屋

小川：谢谢阿姨。我们想把比利和萨莎也买下来。

售货员：好的。

售货员转身要去拿比利和萨莎，却发现不在原来摆放的位置上了。

售货员：奇怪，拆开的玩具我都放在这里了。

影子怀里抱着比利和萨莎。

影子：阿姨，不用找了，我已经找到了。您放在这边了。

售货员：哦，是吗，可我明明记得我是放在这了。

小川：没关系，我们已经拿到了，钱，给您。

小川和影子付了钱，一人抱着两个吉祥物就跑出去玩了。

尚金山：记住，不要玩那个魔幻城堡了。

小川、影子（齐声）：知道了！

游乐员工作人员甲：尚先生，现在很多媒体都很感兴趣，您是怎么找到您的孩子的？现在就有几个媒体在办公室等着采访您呢。您可否接受下他们的采访。

尚金山：这么嘛！我今天比较忙，尽量抽时间吧。

游乐员工作人员甲：那好，那我跟他们说一声，看您的时间安排。

第二天，各大新闻均刊登出“为寻子，父勇闯童话世界”的新闻。尚金山原先单位的领导也来慰问他，并表示要反聘他到新开工的地方做技术指导。

十八年后

镜头切换 至 首钢新厂区

高楼林立，首钢大门处立着“CRD 休闲娱乐文化体验中心”的大牌子，镜头在此给一个特写。厂区内，到处是高科技体验项目和新型艺术展示。在一个高科技体验区内，讲解员在为一个参观团进行讲解。

讲解员：大家现在所站的地方在 18 年前就是我们厂区最大的炼钢炉。你们是我们的贵宾参观团，所以，我要特别为大家讲述一个有趣的故事。这个熔炉里，冶炼过成千上万的钢材，被输送到世界各地。此外，还冶炼过一个童话世界里的女巫，也许大家不相信，但这是一件真实的事情。最有发言权的，应该就是我们 CRD 娱乐产业集团的尚小川董事长了，尚董今天也来到了我们的现场，现在，就有请尚小川董事长为我们讲述他那段离奇的经历。

众人鼓掌欢迎，已经成人的尚小川缓缓站了出来。

尚小川：讲解员说得没错，这些年，我一直致力于打造一个世界型的娱乐产业集团，我的这段经历给了我很多的灵感。那是我和父亲、母亲、妹妹，哦，还有几位石景山游乐园大耳猫吉祥物伙伴共同经历的。事情是这样的……

尚小川背后，缓缓落下一个大屏幕，屏幕上是他们的全家福，上面有尚金山、邹月茹、尚小川、影子。每人手里，都拿着一个游乐园的大耳猫吉祥物。镜头慢慢拉远，声音慢慢变小。

小　舅

茹　儿

一

小舅三岁以里得过一场大病，大到什么程度呢？用迷信的话讲，就是多半个身子已经进了鬼门关。小舅病好后，姥姥就尤其地宝贝小舅，人前人后地拢着，好像只有把小舅夹在自己的胳肢窝下才放心。

小舅人老实，脾气好，象一团面，别人怎么捏怎么是。

初中后的小舅，没上高中，直接就进了农业社。那时，村里有很多小青年看不上农业社的活儿，嫌累还嫌丢人。小舅不这么想，他穿着母亲给他的一身蓝色工作服，一双劳保大皮鞋，夏天戴上草帽，背着柳条编的筐，到地里，和很多中年妇女一块，锄地，种菜，拔草，收菜。那些中年妇女有时和他开玩笑打岔玩，小舅总是红着脸笑着，想不出一句调侃的话应付。菜地里间下小白菜小毛桃什么的，小舅会给我们送来。他到我们家，见到我妈，总是笑着叫声“大姐”，就把东西放下，然后就不知道说什么好了。他跟我这个小屁孩说话，都有些紧张，我能看到他的鼻尖上慢慢沁出汗，脸一会儿就红了，搞得我跟他说话时都不自在。

小舅后来娶了舅妈。舅妈来自比我们村儿更偏远的一个村儿。成家后的小舅，成了舅妈手里的一团面，舅妈怎么捏怎么是。舅妈说今晚吃饼，小舅嘿嘿两声，随你。舅妈说大立柜不能摆这儿要摆那儿，小舅嘿嘿两声，随你。舅妈要砍院里的树做椽子，小舅嘿嘿两声，随你。舅妈要把一个大院改成前后两个院，姥姥住后院，他们两口子住前院，小舅嘿嘿两声，随你。舅妈盯上了社办托儿所，小舅说：“本村的姑奶奶都进不去，你一个外来户，甭想。”舅妈不听。小舅嘿嘿两声，随你。

然而，舅妈真是一个能折腾的人啊！也不知道她采取了什么外交政策，反正没多久，舅妈就进托儿所当保育员了。穿着白大褂，带着一群小孩玩，比在地里太阳晒雨水淋滋润多了。舅妈两年后，又盯上了队企业。她今天晚上手里拎点东西出去一趟，明天晚上手里拎点东西出去一趟，每次都是神神密密的，没出一个月，舅妈就当真进了队企业。她给一个实权人物写稿，办事，很得力。几年后，实权人物调到大队当了书记，舅妈顺理成章地也跟到了大队，当了大队干部。舅妈作为大队干部，后来经常出去考察、旅游、学习，见识可谓广矣。她认识人也多，批个条子办个本，对她来说，不难。

舅妈有一次说："没有她送不出去的礼，没有她打不通的关系，也没有她撂不倒的人。"

二

舅妈却也有弄不转小舅的时候。什么时候？有关姥姥的时候。

结婚不到一个月，舅妈和姥姥拌了一次嘴。小舅涨红着脸，一个字一个字蹦着说："我和我妈一头。你记住，我和我妈一头。"

舅妈不信。什么是夫妻？一床被子盖两个身子，能有二心？那颗心早晚能拽过来。她第二次跟姥姥不痛快。她坐在床上，披头散发，红肿着眼睛，不吃不喝。小舅走进屋里，舅妈抽抽嗒嗒，把自己委屈得象个柔弱的小媳妇，捂住脸的手偷偷张开一道缝，想看看小舅的反映，小舅看都不看她，搬着被子出屋上姥姥那院去了。舅妈双手捶着床，又哭又骂，又蹭地蹿到院里，双手叉腰，一幅天不怕、地不怕的样子，象她小时候看到的山里婆娘打架那样。然而，后院始终静悄悄的，堵得舅妈只能到我妈也就是她的大姑姐这里哭诉。

不记得是哪位名人说过一句话：婚姻，是两个女人对一个男人的争夺。这句话，有些在理儿。小舅这个人，舅妈虽说没特别放在眼里，但是，每每和姥姥的目光一相遇，舅妈总好像能从中读出点胜利的味道，这一点弄得舅妈心里很不舒服。说实话，舅妈一进这个家，看到一个面团一样的男人，一个不刁的婆婆，几个不爱言语的大姑姐，心就放下了。这个家，一结婚，舅妈就开始当着，当得说一不二。舅妈一直用所有的心思去对付外面的人和事。与姥姥两次交锋失败后，舅妈也稍稍腾出点心思开始琢磨小舅，琢磨姥姥。琢磨的结果是，舅妈转变了策略，变着花样地开始对姥姥好。舅妈这个人，动点心思，说出的话，办出的事，就让人感觉特别舒服，舅妈因此有了好儿媳的名声。姥姥有时背地里跟我妈抱怨舅妈点什么，我妈反而会替舅妈说话，让姥姥少点事。

舅妈跟姥姥发生了第三次冲突，是因为老姨的事。老姨是舅妈的小姑子，自小受宠，当姑娘时就和嫁进门的舅妈不对脾气，结婚后有时回娘家还要和舅妈发生冲突。舅妈和姥姥翻了牌："有她没我，有我没她。"姥姥心里当然偏着老闺女。舅妈又和小舅翻了牌：" 有她们没我，有我没她们，咱们和妈分家。"小舅这个面团一样的人，被搅和在女人们的乱事中，不知道如何解决。逼急了，只会到我妈他大姐这里坐会儿，他低着头，时不时地揪几下头发，再时不时喘几声粗气。舅妈回了娘家。小舅带着礼物去接舅妈，结结巴巴地说了好多好话。舅妈说："咱们和妈分家。"小舅愣怔了一会儿，红肿着眼睛坚定地说："我和我妈一头，你实在要分家，那就你一头，我和我妈一头。"舅妈后来有一次说，那一天，她从小舅坚定的目光中，看到了石头一样坚硬的东西。

舅妈后来终于想开了，随小舅去吧。她又开始把大把的心思放在外面了。

三

姥姥八十岁后，行动开始不灵便。小舅跟舅妈商量，要从前院搬到后院，陪姥姥一起住。舅妈那时早已对这件事大彻大悟，说："随你。"小舅就从前院搬到了后院，在姥姥的大床旁边，搭了一张小床。每天一回家，就进到姥姥这屋，陪着姥姥。这一陪，就是十三年，直到姥姥九十三岁去世。

小舅陪姥姥的这十三年，我感觉舅妈象在守活寡。这些年，舅妈在外面的事情，顺风又顺水，官当得不错，钱挣得不少，在外面还买了楼房，三室，装修极舒适。我去过一次，家具上档次，水晶灯很豪华。但偌大的房子，只有舅妈一个人，小舅要陪姥姥，表妹住宿舍。晚上，灯影将舅妈的影子一会儿拉长，一会聚成一团，屋里就显得空空荡荡，冷冷清清的。我问舅妈："我小舅这么做，你有怨言吗？"舅妈说："燕子，我有时就想，你小舅对你姥姥这么好，等我老了的时候，我有个病，有个灾，他对我能差吗？你小舅这么孝，老天会照顾他的。"我看着舅妈，觉得她真的想通了。怪不得，舅妈在外面这么能折腾，却从没听到过什么男女方面不好的传闻。她还利用她的关系，给小舅在队里谋了个闲差，很清闲，每月却可以拿四千多块钱呢。

乌鸦反哺，羊羔跪乳。

小舅把一个"孝"字，演绎到了极致。

小舅每天给姥姥梳头，要梳一百下，一百下就是一百下，差一下都不行。他不知道从哪里听说了"檀木匠"这个品牌，专门托人到檀木匠的店里买了一把桃木梳子。小舅每天给姥姥洗脸，洗完脸后，不忘给姥姥抹上蛤蜊油。小舅每天给姥姥洗脚，洗完脚后，要抹凡士林，要脚趾、脚背、脚腕一下一下地揉，直揉到姥姥的脚通红了。

小舅喜欢给姥姥晒她睡觉时铺的盖的，他说，晒后的被子褥子暄和。小舅喜欢让姥姥穿纯棉的衣服。

小舅每天推着姥姥逛街。姥姥想去哪里，小舅就推她到哪里。姥姥坐在车上，红光满面，头发一丝不乱。路上，认识的大妈大婶遇到总要说句话，四十多岁的小舅，这时，还是那么腼腆，有时还要脸红。

姥姥的心思，小舅一猜一准。姥姥哪天想吃周家包子铺的包子了？姥姥哪天想吃胡同李家的羊杂了？姥姥哪顿想喝点小米粥了？姥姥哪顿想吃韭菜虾皮的饺子了？小舅总能适时地递过去。小舅递过去时，能看到姥姥干瘪着嘴小孩似的乐。

小舅和姥姥总有那么多的话。小舅在别人面前很不善说，在姥姥面前却那么自在。

姥姥被小舅伺候着，一直精神头十足，九十多岁的皮肤，还那么细腻。姥姥一直也没糊涂，明白着呢。有时还玩两圈牌，赢多少钱，一分也不能少给她。

姥姥去世的时候，九十三岁，自然冥归。那一晚，姥姥好像有预感，紧紧拉着小舅的手，一直拉着，直到睡着也没松开。

五十多岁的小舅在丧礼上，手足无措，想号啕大哭，又不好意思，只是不断擦擦红肿的眼睛，站在一旁忍着。好像，他从来没有侍候姥姥那么多年，好像，他从来不是功臣。其实，早几年，他的孝子行为就已经传遍全村。村里人说，麻峪村如果有一个孝子，那就是后地冯家的了。后地冯家的，指的就是小舅。

四

小舅又成了一团面，脾气好得只会嘿嘿笑。

小舅被村委会推荐到了区里参加“和谐社会、感动京城”人物评选。区里让他现身讲讲自己的事迹，他推辞不过，只得前往。讲话时，面对数百观众，他一路磕磕绊绊，脸红红的。但讲完后，会场先是一阵沉寂，随后，爆发出一阵热烈的掌声。小舅连连摆手，红着脸，跑下台。

下面，再次爆发出掌声。

剪指甲

茹　儿

学校规定，一周查一次个人卫生，重点查的是学生的指甲。学校会把每次检查的结果显示在校门口的小黑板上。

小黑板上的分可是班主任的命根。于是，每一次学校检查前，我都会在班里先检查一遍。不合格的就叫过来，由我一个个给他们剪干净。

可能是学校说的紧，老师查的紧，也可能是一年级的小孩儿在家里剪指甲家长是千般小心、万般温柔。因此几周过后，我的剪指刀基本上就派不上用场了。说基本上，是因为每次都会有一个小孩儿，而且都是同一个小孩儿不剪指甲。

几周都是他，我有些起急。狠狠批评他一顿，我就又拿起了剪指刀。他的小手被我紧紧攥在手里，手指匀称白净，指甲盖儿上有一层红红的圆晕。只是指甲有点长，有点黑。我剪的很仔细，生怕这样嫩的小手被我剪破了。每剪完一个手指，我就用小锉细致地给他锉一锉，然后轻轻吹去指甲上的粉末，于是指甲上就锉出一个优美的圆弧。小心翼翼地一个手指甲一个手指甲地剪着，此时他的头低垂着，我们两个挨的很近，我好像能听到他的鼻息声。终于剪完了，我抬起头，发现他的眼睛很亮，神情间有一种满足。我又一次叮嘱他以后要在家里剪指甲，就让他走了。

几天后的一节语文课上，我让他们用“像”说一句话。他举手了，说：“老师给我剪指甲时就像我的妈妈。”我听了很感动。这时仿佛是一个跟他很要好的小孩站起来说：“老师，他跟我说过，他的爸爸要给他剪指甲他就不让剪，他就想让您剪。”我有些不解地望着他，问他是这样吗？他低下头一句话不说。我又问他为什么，过了很久，他才轻轻地说：“爸爸的手很硬，不像您的手特软，您剪指甲时就像我的妈妈。”“那你为什么不让妈妈剪？”“爸爸妈妈离婚了。”

听了他的话，我沉默了。这时我才真正懂了他为什么在我多次批评下仍然不改，原来他是想要在老师身上寻找久已不得的妈妈的感觉。

突然间，我为能给孩子这样的感觉而感到幸福。我想我还要再准备一把梳子、一根针、一团线，我要把一个妈妈应该给予孩子的柔情在今后的日子里源源不断地输送给他。

花　姐

茹　儿

一

我曾经在一所农村小学呆了五年。农村小学的校舍早先是一个地主的大院：前院、正院、后院、偏院、跨院，院子套着院子，古老的槐树，一棵又一棵，浓荫遮着浓荫，走进去容易迷路。

我去的第一年，教二年级，教室在正院的南屋。正院的北屋是大会议室，东屋有一小间是校长室，校长室对着的一小间西屋就是食堂。

管食堂的是花姐。

花姐一米七的个儿，有点胖，但身材匀称，眉眼也算可人，尤其是她的皮肤，白皙细腻，一点不象四十多岁的人。花姐是教师编制，但教不了课，主科教不了，副科也教不了，很容易的课她能把人绕糊涂了，最后只能上食堂。花姐的工作很清闲，给带饭的老师热热饭，给定饭的老师准备一盆饭一个菜，一天的工作就结束了。说实话，花姐炒菜，小炒能炒出大锅熬的感觉。

我在南屋上课，经常听到花姐的大嗓门。她常拿着一把韭菜或一把豆角，晃到校长室的门口，倚着门框，说："哎，我说老赵啊（我们校长姓赵）……"

学校几个中年女老师拿她开涮，她也不知道是听出来还是没听出来，也跟着笑得前仰后合。

但能看出，花姐对我们几个小年轻的还是挺实心眼的。领导研究我转正的问题时，花姐不管不顾地推门进去说："这丫头老实，一大早就给孩子听写，我在窗根下天天能听见。"花姐那里总有一些好吃的东西：瓜子、花生、薯干、米花糕，没人时，她的嘴不闲着，只有我们去食堂时，她才小得溜儿的拿出一些跟我们一起分享。冬天的时候，她偷偷地向我们招手，我们就知道有好事了，我们过去了，她总能从炉膛里拿出几块烤好的白薯，给我们。然后，我们吃着白薯，就开始和她调侃。

我们说："花姐，今天脸色这么好，昨天美了吧。"

"美什么呀？不行，我跟你们说啊，他真的不行，不过瘾。"

我们就哈哈大笑，花姐也笑，毫不城府地笑。

在我们这些人来看，花姐还是很有福儿的。花姐的婆婆是一个心里有数的人，不言不语，儿媳妇在家里咋咋呼呼的，不干家务不管儿子，老太太什么也不说，悄么声的自己全干了。花姐东家西家的抹牌聊大天，她也从不说什么。相反，老太太总好像要讨好她似的，给她买金戒指、金耳环、金项链，给她买很多小零嘴。就冲这一点，学校里几个对婆婆有切齿之愤的老师都对花姐羡慕得不得了。花姐的爱人是个工人，工作稳定，收入不错，但据说是夫妻那方面的事不行，花姐对此颇有怨言，花姐没心没肺，这方面的事从不知遮掩着点，不遂她的心，她就东家西家学校到处露，总让人感觉她已是急蹿蹿的没处败火的样子。花姐的儿子很懂事，行事风格随了他奶奶，母子俩出去，母亲有点不着调的时候，儿子就不动声色地遮和过去。她们住在工厂分的一个独立的小院里，冬天有暖气，夏天有煤气，院子里还种着几杆竹子。

二

我歇产假半年，再回学校的时候，学校有好几个新闻，其中一个就是关于花姐的。

话说我们学校的分校有一个门房，门房住着一个姓王的老头，门房的门总关着，王老头出出进进的，总阴着脸，很少跟我们说话。一天，我去门房拿东西，轻敲几下紧闭的门，没声，我轻轻推开门，逼仄的门房里，床上躺着一个光上身的男子，王老头也光着上身，正站在床前给床上的男子捏后背。我啊的一声，回身就走。王老头在背后，哑着嗓子喊："哎，哎，你别走。"

这件事，我跟谁都没说过。

王老头有个儿子，半年前从监狱出来，打听到他爹在学校，就找来了。我临歇产假前见过一次王老头的儿子，瘦、黑、不高、看人时眼珠左转右转，给人一种滑不啦儿的感觉。我对他印象实在不好，其他老师也一样，我们背地里都叫他王猴子。

王猴子却和花姐搞上了，以一种迅雷不及掩耳的速度。据其他老师讲，王猴子好像一下子就摸到了花姐的软肋。我们学校的旁边是永定河，王猴子到永定河里给花姐摸泥鳅，摸到泥鳅就在食堂给花姐做泥鳅吃。还去永定河旁边的树林子里给花姐粘知了，给花姐炸知了吃。不知从哪里踅摸来一只野兔子，剥皮剔骨地给花姐做红烧兔肉。花姐那一阵子没少过嘴瘾。又据说，花姐不但解了嘴馋，好像那方面的馋也解了。这种事还真不是其他老师猜出来的，实在是花姐第二天，扭扭捏捏欲说还羞话里话外的，把那层意思捅破了，好多老师就都明白了。

花姐很快就不回家了，晚上跟王猴子一起粘在学校。那一段时间，花姐滋润得好像一个饱满的水蜜桃，一掐一汪甜水。学校不干了，学校领导找花姐谈话，一起好些年了，都知道花姐没心眼，就一点一点，剥丝抽茧地给花姐讲道理，学校的几个老师，也背地里劝花姐，花姐当面不说什么，但接下来几天，不管是找花姐谈话的领导还是好心要劝花姐的老师，都遭到了一些小小的报复，大家心知肚明，就再也没有人找花姐谈话了。

我回学校的时候，花姐已经离了婚。

三

我很快离开了那所学校。

再见花姐，已是一年以后。她在我妈妈家对面租了一间房，我看见她时，她正坐在租住的院子里择菜。看到我，她热乎地招呼我坐下，聊天。

我不知道她是不是和王猴子租住在这里，也不知道他们是不是结了婚，也不好问，就没有问。

她还是那么爱说，而且无遮无拦。

她说："你姐夫，哎，就是那个人，你知道吧，我们结婚了。"

我啊了一声，不知道要不要祝福她。

"他上班了？"我问。

"他哪儿上过班啊，出去玩牌了。现在我们俩花我一个人的工资，再租房，真紧巴。"

我看到她露出的脖颈上有一道痕，脖子上也没了那条很粗的金项链，就问她。

她犹豫了一下，说："前天，他输了钱，想扳回来，家里没钱，就把项链抢走了。"

她说这话的时候，脸上很平静，手里择着菜，好像也不觉得这是件很大的事。

我觉得这样的日子很不靠谱：没房，那个人不上班，还赌博，还打她。就大着胆子问了一句："你后悔吗？"

她没听懂似地看着我，"后悔？为什么后悔？他对我挺好的，给我炖泥鳅，炸知了猴，那天不知道谁给他点炸蚂蚁，他舍不得吃，带回来让我尝，嘿，真它妈的，洒点盐，还真好吃。"

她还想说什么，突然间就有些扭捏，脸也奇怪地有些泛红。我看着她，等着她要说点什么，她憋了一会儿，还是说了。她说："你知道吗？他干那种事时劲儿真大。”

她低下头，掩饰似地赶紧择菜，不再说什么。

我看到了她脖子上的伤痕，看到她有些凌乱的头发，仍然为她的后半生发愁，就跟她告辞了。

四

十年之后，我们几个曾经在那所学校共过事的老师一起聚了聚，我们都经历了一些沧桑，然而我们还都算幸福。

那次聚会上，最令我们唏嘘不已的是花姐后来的日子。

我们都是吃过花姐白薯的人，凭心而论，花姐算得上是一个善良的人，我们希望花姐幸福。但是，聚会之后，有两个画面经常交织着出现在我的脑海里，那两个画面不是我虚幻出来的，也不是聚会上讲述的人杜撰出来的，而是实实在在发生的事情，是花姐后来实实在在的生活。

第一个画面，是花姐战战兢兢地积攒着手里没有被发现的每一分钱，她终于凑够了 500 元钱，心里擂着鼓一样来到她曾经生活过的那个小院，那个有几竿竹子的小院，小院里的三个人平静地接待了她，就在去年，她的儿子争气地考上了大学，花姐好像突然想到自己是个母亲，突然发疯了一样想要补偿儿子，小院里的三个人客气地看着眼前这个脸上有伤，胳膊上有伤的女人，他们接受了她的 500 元钱，那是儿子的决定，他们客气地将她送出门，毕竟，她早已不是他们中的一个。

第二个画面，是花姐坐在永定河的堤岸上，看远山残阳如血，染红了对面的那一片树林。她的后面是一排小平房，她们现在租住着其中的一间。她的第二个男人正在屋里和一个年轻的女人苟合，他从来不避讳她做这种事情。他现在对花姐只有一句话：“你记着，我永远不会放了你，我还得用你的退休金给我养老呢。”

村里的女人

茹 儿

亚 琴

亚琴是我大爷家的女儿。

大爷家穷，亚琴从小吃得糙，穿得破，大一点，还要帮着忙乎地里的农活，风吹着，日晒着，雨淋着。

但亚琴却是美人的底子：皮肤白皙细腻得赛过蛋清，眉眼清秀得象画上的人。十七、八岁时，嫩生生得跟一把水葱似的。

亚琴的性情好。逢有人夸她，总爱低眉一笑。

亚琴十八岁高中毕业后进了农业社，当广播员，广播站的门口就再没消停过，总有几个小伙子在那里转来转去。

亚琴的婚姻一开始就不被长辈看好。

亚琴二十岁时，一个小脚老太太来到我大爷家。

那天，老太太没坐稳就着急麻慌地对大爷大妈说，别让你家大丫头和张家二小子处朋友，我跟他们家街坊邻居住了几十年，那小子混，千万听我的，让大丫头赶紧和他断了。还有，别让那小子知道我来过了，知道我来过了，我后半辈子别想过踏实了。老太太扭着小脚来了，又扭着小脚走了。

温顺的亚琴这一次却铁了心，任凭大爷的嘴皮磨破了，巴掌打了，断关系的话说了。她不明白，小张子对她这么好，她说一是一，说二是二，他怎么能是混蛋呢？

亚琴二十三岁那年，接了大妈的班，进了首钢。半年后，还是嫁给了那个姓张的小子，我们叫他小张子。

嫁到婆家后的亚琴，脾气好，人又伶俐，人前人后手里有活儿，嘴里有中听的话，她凡事很少计较，公公婆婆喜欢她，大姑子小姑子也喜欢她。

那一段日子，见到亚琴，她的眉眼里都带着笑。

小张子却逐渐露出了他的本相。

结婚不到半年，亚琴有一天肿着脸跑回了家。小张子平时人模狗样，可别喝酒，一喝了酒就撒酒疯。撒酒疯时就跟不是人一样。那一次，他揪住亚琴的衣领：“你们家人看不起我，看不起我农民，我让你看不起，让你看不起。”小张子左右开弓，打亚琴的耳光。

亚琴傻了一样跑回家，肿着脸坐在那里，她的头发是乱的，她的眼睛是直的，让她喝水她就喝一口，让她吃饭她就吃一口。她在想大爷以前跟她说的话，想那个好心的老太太说的话，她突然又想到小张子的蛮横劲，她心里哆嗦了一下，她隐隐地感觉到了她婚姻中是存在着大麻烦的，她有点恐惧。大爷大妈看到她的样子，默默在一旁叹气。

亚琴还是回了家。

但亚琴美满的心象被狗咬下一块儿，残缺了。

小张子是个提笼架鸟的主儿：养狗、养鸟、养鸽子、养鹦鹉、养蝈蝈、买古董。

改革开放后，他挣了一点钱。

可他挣一分能摆十分谱。他架不住有人说：“张子，你都大款了，还穿这衣服。”小张子开始穿上千的衣服。他们说：“张子，这家具可不配你。”小张子把所有换了不到一年的家具都贱卖了，又买了满屋的新家具。那几年，他手拿上万块砖头一样的大哥大，开着私家车，夏天穿上千的T恤冬天穿上万的裘皮大氅，天天一幅老板大款的样子。

他养鸽子。他一定要买纯种鸽，花不少钱，最后纯种的鸽子没有训练出来，都让他炖着吃了。他养鸟。他先置办昂贵的鸟笼，一个鸟笼好几千。他养画眉，养八哥，笼子上罩一块蓝布，迈着八字步到鸟市上逛。他养蛐蛐，先买好几个蛐蛐罐儿。他有一个瓷的蛐蛐罐，上面刻着竹刻着兰，玲珑秀丽，色调淡雅，一看就价格不菲。他还买仿古家具。他真的很得瑟。

亚琴是个过日子的人，看到小张子这么糟，很心疼。她说：“张子，过日子得悠着点，有一分花半分，得存点。”不等话说完，小张子一瞪眼，说：“瞧你那穷酸样，一辈子没见过钱，能挣就得会花，那才象爷们。”

亚琴杵在那里，她不会高嗓门嚷嚷，不会撒泼打滚。她温顺的性情，让她在这样的日子里，只有私下筹谋，省下点钱，以备万一。

钱到后来，就不好挣了，小张子做了几种生意都赔了。他看人家养鹦鹉挣钱，他开始养鹦鹉，别人都在抛，他还拼命进。亚琴劝他：“先卖一些鸟，把本捞回来，再挣的钱就是你赚到的了。”他吱地喝了一口酒，一撂筷子说：“你懂个屁，要做就做大了。”大爷大妈也说：“一只鹦鹉七八千块钱，它值那么多钱吗？万一跌了怎么办？”他这时喝得眼睛已有些红，他眯缝着眼睛说：“还得涨，还得涨。”

结果，这顿酒喝了没到两个星期，鹦鹉的价格一落千丈。他一下子赔了十几万。

看着家境象坐了铁滑车一样迅速地跌至谷底，亚琴，沉默得象块石头。

小张子喝酒，摔东西，埋怨老天，骂骂咧咧。亚琴呢？低头一边干活，她早已从心底看不起这个男人了，

小张子把家底折腾得快空了后，亚琴从首钢内退了，拿回了几万块钱内退钱。亚琴说："张子，这是咱们最后几万块钱，好好收着，咱们好歹也得给儿子留点钱。"

小张子却决定养狗。他租了一大块地，很大一块，一年租金要不少钱。他进了几条不好不坏的狗，纯的好狗他买不起，不好的狗他看不上。他做出的架子很大。然而跟以往的生意一样，几条狗接连死了，有一条狗下了崽儿，好几条，只卖出了一条。不到一年时间，亚琴的几万块钱折腾没了。

小张子没事人一样。

亚琴思谋了一段时间，赁了一间门脸房开始卖羊肉。亚琴真是一个能干的人啊！亚琴的能干是从小到大训练出来的。别看亚琴人长得小巧玲珑，但她身上有把子男人的力气。小时帮大妈干活，一背筐草最后练得一甩胳膊就背起来。后来进了工人，开天车，干和男人一样的活儿，也干得让人没的挑。没有剔过羊肉的人，一天要剔一只羊。亚琴伶俐，几天就学会了。后来看亚琴用刀剔羊，真是游刃有余，整个过程极养眼。亚琴将羊挂在铁勾上，一只羊，亚琴唰、唰、唰，一会儿工夫，腿是腿，肉是肉，排骨是排骨。肉呢？除了精肉，亚琴还要卷羊肉卷，十几斤的羊肉卷，亚琴每天要卷几卷。亚琴要绞肉馅儿，每天要绞一大盘。亚琴要切羊肉片，一袋一袋装好放到冰柜里。亚琴卖羊肉的案子永远是干干净净的，切羊肉的机子永远是干干净净的，卖羊肉的那间小铺也永远是干干净净的。这么多的活儿，亚琴嘴里跟你说着话，手里麻利儿地干着，一个早晨的工夫就干好了。我妈有一次跟我说："就亚琴那点活儿，要让你干，给你一天时间你都干不完。"这话，我真的相信。亚琴卖羊肉，每天还要收拾屋子。进亚琴的家，什么时候都让人感觉是洁净无尘的。亚琴那时每天还要熬一大锅狗食，提到她自己的家里去喂狗。小张子把那几只小狗崽带回了家，他只会逗逗狗，溜狗。至于，喂食、洗澡、清理狗舍、带狗打针吃药，全是亚琴在干。亚琴对狗真好，我经常看她象对待一个小孩一样爱护那些小狗。

村里的人都心疼亚琴，数落小张子的不是，每次说到这儿，亚琴会避开话头，说到别的事情上去。

但奇怪的时，经历了这么多，亚琴却仍然很美，没有一点落拓样。

小张子照样湖吃海喝。羊肉真是现成的。他的小桌子就支在了羊肉摊的一边。冬天，他跟几个人吃涮羊肉，没肉了，就从冰柜里拿。夏天，他跟几个人吃烤肉

串，他挑最嫩的肉串成串。

亚琴跟没看见一样。

亚琴有一次真急了。

那一天，亚琴正为明天进肉的钱发愁。小张子约了两个人在家吃饭，他从冰柜里一手拿了一袋羊肉，一手拿了一袋百叶，旁若无人地往里屋走。一旁的亚琴压抑了多年的火气象火山一样瞬间喷发出来，她抓起钩羊肉的钩子一下子甩过去，钩子一下子钩住了小张子的胳膊，钩下了一块肉，血喷涌而出。小张子当时就愣住了。亚琴站在那里，眼珠一动不动，冷冷地看着小张子。

小张子看着眼前怒目而视的亚琴，第一次什么话都没敢说。

亚琴卖羊肉的第三年，一天晚上，小张子嘴斜了，流着哈喇子，第二天就动不了了。医院诊断，脑梗，再加上长期喝酒，好多器官都衰竭，他恐怕后半辈子都要瘫在床上了。

很多人替亚琴高兴。街坊邻居们就说："看他那些年对你的劲儿，你该治治他。"

亚琴呢？一笑。

亚琴将摊在床上的小张子收拾得利利落落。

我有一天到亚琴家，亚琴正给小张子喂水：新榨的苹果水。

小张子是真老了，都脱了人相了，话说不出来了，只会啊啊地叫，躺在床上，也不会翻身。

亚琴坐在床边，一勺一勺地喂。

从亚琴的脸上，什么也看不出，只有温柔的平静，象经历过风雨后的海面一样。

春　芳

春芳是小张子的姐姐。春芳最后又做了我们刘家大院的媳妇。春芳嫁的人，是我一个没出五服的二哥，我叫他猴子哥，大院里的人都叫他猴子。

春芳丑。打小就丑。她脸黑。眼睛、鼻子、嘴、脸型，长成一个倒三角，耸着脸一笑，让人无端地能想到一只老鼠。

春芳记得很小的时候，她也想象邻家的小姑娘一样，和周围的大妈大婶们亲近，但从没有人愿意抱她，愿意亲昵她。从小到大，她一直想捕捉到一个爱的目光，但从没有一个，就是一个怜惜的目光都没有。

长大后的春芳，性情就有点阴。爱做背地里的事，爱说背地里的话，窸窸嗦嗦的，总不是那么正大光明的。

春芳先相中了猴子。猴子认识春芳的哥哥，到她家喝酒，春芳一眼就相中了。她一看到猴子，就跟没有骨头一样了，嗲嗲的，贱贱的。她跑到猴子家，给猴子洗衣服，给猴子做饭。有一个晚上，她给猴子做了几个菜，倒了酒，猴子醉了，第二天看着枕头旁边的春芳，就有些说不清道不明了。猴子无奈地娶了春芳。

春芳春风满面地嫁到了猴子家。春芳发挥了她的特长，一嫁进门，就让婆家硝烟不断。

大院院深人众，春芳就爱串门。春芳跟人说话，爱凑在人跟前，凑到不能再凑为止，盯住你，先笑，两肩耸起，她本就瘦，两肩一耸起，就有一种支棱的姿态。整张脸也往上耸，耸成一个倒三角。

猴子的大嫂，自小就父母双亡。大嫂右额头上有一块醒目的黑斑，人不漂亮，但很端方，孝敬公婆，敬重四方邻里。

春芳嫁过来不久，一种传闻就如长了脚的风，传开了，传到大嫂的耳朵里：她脸上那块黑斑方人，先方父母，再方婆家人。大嫂能猜出谁起的谣，但从小无父无母的大嫂，胸腔中倒有一股大气，她没纠缠这个传闻，不久，单位分房，大嫂一家就搬走了。

猴子的妈，我的大奶奶，很爽利的一个人。大奶奶第一次见春芳就感觉这不是一只好鸟，所以，一直没给过春芳好气。春芳回娘家，就凑到娘家妈的耳根边窸窸碎碎地说，说婆婆怎么看不起娘家这边。春芳的妈自然不乐意听，两个老太太在街上再一次碰面：春芳的妈，半仰着头，眼睛看着天："我们家春芳，从小那是皇帝的女儿，宠大的，受不得气。她上面三个哥哥，哪个也敢替她捅刀子。"然后，一甩脖子，扭着胖屁股走了。猴子的妈站在那里，半天没回过闷儿。等到回过闷来，一拍巴掌，"哎呦喂，这不怨死个人吗？这上哪儿说理去呀？"哪儿说理？老太太一路走一路说理。把受到的那点气，荤的、素的，加上其他调料，一小锅一小锅地烹调出来，一盘子一盘子地端给了村里七大婶八大妈。

两个老太太，后来成了死对头。

春芳和猴子的院墙外面，有一个小院子，里面是一户外来户，一家四口，一儿一女。春芳有事没事就站在院子里，叉着腰，耸着眉毛，破口大骂，骂人家上小学的女儿是娼妇，骂人家的小子是狗娘养的。那户人家最后卖房搬走了。

春芳成了大院很多妯娌避开的人。春芳自己却一点不在意。

春芳却特别稀罕猴子哥。

猴子长得很帅气。他在首钢上班，班上得三天打鱼，两天晒网的。

猴子爱鸟，经常进山。村子周边的山他了如指掌。猴子最爱往门头沟的山里走，越走越深，探险一样，总能发现点新鲜东西。他进山就为沾鸟，但经常顺带手地带回点新鲜东西：野蘑菇、野果子，甚至野兔子。他进山的工具先是一辆自行车，后来变成了一辆破摩托车。他有一双高帮雨靴，他进山时爱穿着。他们家一溜儿四间房子后面有一个小院，小院里有几棵不粗的树。他在小院里调黄黄的一种胶，调到一调起胶来中间不断。他在两棵树中间拉根绳，中间挂着捕鸟的网。他说他逮鸟有时沾，有时用网兜。他有好几杆捕鸟用的杆，杆把都磨得极光滑了。我小的时候，鸟还多，尤其深山里。猴子进山一天，总能沾很多鸟回来。有特别好看的鸟，我从来没见过，羽毛特漂亮，尾羽特长。特别漂亮的鸟他就自己留着养着，要不转手卖了。一些灰不溜秋的鸟他就吃了。他吃鸟的方法有几种，烤着吃，炸着吃，烧着吃。他在院子里自斟自饮，听到前头屋里儿子的哭声也不动，听到春芳呵斥儿子的声音也不动。

春芳经常身前身后地在猴子跟前转悠，脸上挂着一丝谄媚的笑。她凑到猴子的身边，耸肩、耸脸、笑。还没等说话。调胶的猴子，看都不看他，吼着说："有话快说。有屁快放。"

春芳带着比哭还要难看的笑，讪讪地走开了。

猴子心情好的时候，会给春芳一个好脸。春芳这时就喜的不知如何是好。她带着媚笑凑过去，耸着肩，耸着脸，猴子一看就倒了胃口，大喝一声："你他妈的能好好乐吗？"一甩胳膊走了。

受了冷落的春芳，对着猴子的背影，仰着头，恨恨地嘴里诅咒着。挑事一直是她的强项，她眼睛转了几转，回了娘家。

春芳看到了正在喝酒的二哥，挤出眼泪上前说："二哥，猴子打我。"

二哥抬起醉醺醺的一张脸，眯着眼睛说："猴子，是猴子那小子吗？敢打你，姥姥的，我找他去。"

二哥晃晃悠悠站起来。春芳说："对，找他去。他还骂咱爸咱妈着。"

春芳气势汹汹地跟在晃晃悠悠的二哥后面。

到了春芳家。二哥一下子抄起一块板砖，迷迷瞪瞪地喊："猴子，你出来，你丫性的出来。敢欺负我妹妹，姥姥，揍不死你。猴子，你给我出来。"

二哥在外面叫嚣的厉害。

不明白怎么回事的猴子开门一出来，二哥就把那块板砖扔过去，没有准头地扔，恰恰就那么准，正好扔在脑袋上。猴子当时就躺下了。

一旁的春芳傻眼了。

猴子成了植物人。二哥进了监狱。一家人都恨春芳。

为了给猴子治病，春芳开始拉黑出租挣钱。春芳每天早五点出去拉活，那时警察还没有上班。她中午随便买一份盒饭，下午继续拉活，一直到晚上九、十点钟。她和一帮老爷们抢活儿，钱不是好挣的。我有一次从地铁出来，看到她站在地铁口，出来一班地铁，她就一次一次堆着笑说："先生，坐车吗？大姐，坐车吗？"她的脸更黑了，笑的时候，耸着肩，耸着脸，让人无端地会想到一只老鼠。

但不知为什么，我却不心疼她。

秀 芬

秀芬是小张子的大哥大张子的媳妇。

秀芬的娘家在山里。她高，瘦，胳膊腿全是筋巴肉。她脸黑，不修边幅，说话高门大嗓，走道蹚蹚蹚的。不象个女人。

秀芬是山里人。

秀芬打小过的就是山里人的苦日子。

秀芬嫁的大张子，出名的楞。

据说小时候他在院子里玩蚂蚁。一群蚂蚁，黑蚂蚁，他用土堵，撒尿堵，黑蚂蚁总能找到办法绕过去。他一急，一把抓住几只蚂蚁塞进嘴里。

改革开放初，来钱的渠道空前的多，秀芬和大张子家无余财，也没正式工作，没有后顾之忧，他们要放开胆子干上一票。他们看上了倒铁的买卖。倒铁违法，可真来钱。他们的交易全在晚上，多是后半夜。夜黑风高，冬天的风刀子一样，秀芬和大张子守在院子里，棉帽子戴着，棉大衣的领子竖着，大军靴穿着，仍然冻得鼻涕唏唏溜溜的。来一车铁，又来一车铁，买卖火极了。秀芬象个爷们一样，卸，上秤，下秤，那全是大铁疙瘩，没把子力气干不了。

走一车，就是一沓子钞票。

秀芬什么时候见过这么多钱啊？她跟做梦似的。

但派出所听到了风声，一天晚上，突然过来查抄。大张子和秀芬匆匆忙忙地将家里钱装到两个大麻袋里，全是百元钞，藏到了亲戚家，躲过了警察。

警察是躲过去了，他们家的钱用麻袋装的信儿也传了出来。

有几个人有事没事就开始和大张子亲近。今天喝顿酒，明天送点小礼物，后天摆张桌子撮一把，让大张子赢得高高兴兴。

不久，大张子就迷上了赌博。

赌博里的门道是多了去了。

大张子脑子一根筋，一个人都转不过，更何况是几个人合伙就要蒙他。

大张子刚开始还赢点钱，后来全是输，越输越想赢，越想赢就越玩得大，越玩得大输得就越多。

眼见钱流水似的进来，又流水似的出去，秀芬心疼啊。秀芬爱钱。小时候她的母亲小心地一层一层打开手绢，从里面拿出一角钱两角钱的情景她忘不了。挣了钱后，她就爱数钱，越数越踏实。

秀芬不能容忍她的钱这么被人拿走。晚上，她把钱一沓一沓地码好，用橡皮筋捆上，再一沓一沓放在盒子里，收到她认为妥帖的地方。她不相信银行。她现在更要防的是大张子。

大张子急啊。没有钱不能赌，他就象吸上毒抽不上一样，就差没流鼻涕眼泪了。但大张子不敢跟秀芬强要。别看大张子是男的，但他五短身材，瘦干巴，要干架，真支绷不过秀芬。大张子晚上就长了个本事：捅窗户眼偷看。别说，家里藏钱的地方真让大张子看到两处。

过了一个月了，秀芬才发现丢了钱。那一晚上，他们家热闹了。两口子打得不亦乐乎。从屋里打到院里，从院里打到街上，力气是半斤对八两。大张子有股楞劲儿，抽猛子咬住了秀芬的膀子，狠呆呆的就是不撒嘴。秀芬象个爷们，个头乍一看比大张子还猛点，得机会一把薅住大张子的领子，一个巴掌扇过去，再给上一句："去你个妈的。"

整整将近两年的时间，大张子和秀芬的日子就是循环着：藏钱、偷钱、赌钱、打架。

倒铁在几年后被彻底整治住了。大张子和秀芬没了进项。那几个人也逐渐疏远了大张子，在外面买了房买了车。

大张子安分了，爱躲在屋里，喝点小酒。听秀芬不住嘴的骂。

秀芬骂完了，自己一个人琢磨，钱怎么才能守住，最后想明白了：盖房子。秀芬用剩下的钱张罗着在原来的宅基地上盖了房：二层，每层五间，他们夫妻住两间，剩下八间出租，一间每月四百，一月三千二百块钱。

秀芬开始象看待眼珠子一样看着她的那几间房。她收房租，差一天都不行。搞得那几个房客都怕她。每月五号是她收房租的日子，她盼五号象盼过年。她攥着手里那叠钱能攥出水来。

她不停地说；"钱毛啊，不够花啊，就指这点钱了，以后得养老啊。"

大张子现在是一点都不敢得瑟了。五短的身材，干干瘦瘦，每天出来进去连点声息都没有。

突然有一天，传出村里要占地了。大张子家上下两层十几间房，算下来，得上千万。

看得出，这个消息一传出，大张子又抖起来了。

我有时想：真占了地，这些钱，秀芬能守得住吗?

那些校长们

茹　儿

魏校长

我工作后的第一所学校是新村小学，条件真的很差。

魏校长是新村小学的一任校长。我去的时候，她已经走了。但老教师们爱提起她，津津乐道地说她的很多事。事听多了，我的脑海里就蹦出一个老太太的形象：个头不高，满头银发，双手叉腰，目光炯炯目视前方。（奇怪得很，我总把她想成银幕上那个英姿飒爽的双枪老太婆。）

以下，是我听到的一些事情。

魏校长，魏尹名，人称“魏老太太”，新村小学的一任校长。据说新村小学出过几任名校长，魏尹名，就是其中响当当的一个。

魏尹名和时下的一些校长有些不同。有什么不同呢？那就是，很多时候她不像个校长。

她像什么呢？

她的做派有点像解放前的那些老红军、老八路。和老乡亲切地唠嗑，拿一把扫帚扫院子，担起担子去挑水。

她还像什么呢？

她的做派更像个家长，一个气势很盛的家长，伸着胳膊站在所有老师前面，像老鹰抓小鸡里的那个鸡妈妈。

她事无巨细地惦记学校里每一个老师的事。

像唠家常一样的。

她跟几个中年女老师说：“淑慧的儿子结婚，咱们几个老姐妹帮她合计合计，怎么办又省钱又有面子。”

她叫老艾：“我的老哥哥，我那嫂子可是个老实人，你可别没完没了的欺负人家。”

她叫小胡："周六让你媳妇准备点饭，我叫上几个男老师，把你家那个灶台再砌高点，要不做饭总得弯着腰。"

她护犊子。

上级领导下校，她把这个小年轻的拉过来，再把那个小年轻的拉过来。"小陈儿，数学教得棒，小伙子聪明啊。""小孔儿，音乐教得好，拉琴一把好手。"她把尾音拉得很夸张，精亮的眼睛直逼眼前的人，直到对面的领导频频点头。

她心疼手底下那些撑家的中年老师们，家基本都在农村，每月领到手的就那几个铜板，过什么日子她心里清楚。每天中午老师们聚在学校的大槐树底下吃饭，如果她饭盒里有几片肉，会给这个夹一片，给那个夹一片，她一片不吃。

她做起事来风风火火，说起话来中气十足。她不喜欢正襟危坐，不喜欢拿腔作调。

她找你有事，不会把你叫到校长室去。她找到你，看你围着炉子烤火也一起围着炉子烤火，看你坐在大槐树下的台阶上也一起坐在大槐树下的台阶上，看你推滚子印卷子就接过滚子她印你翻卷子，她要说的事，学校的，家里的，就在这种自自然然的氛围中说完了。

她跟村民的关系很好。她去老乡家谈事蹁腿上炕拿起鞋底就纳，边纳边聊。她看到放羊的老汉，会爽快地叫："李大爹，你放了一群好羊啊！"

她当校长时，校内校外，一片祥和。

她有人情味儿。

人情味这东西，是一种说不清道不明的味道，是一种让人很舒贴的味道，有这种味道的地方，人呆着舒心。

冯玉得了乳腺癌。魏尹名说："老姐姐，跟你说，癌这东西，甭怕，越怕越来劲，该怎么治咱怎么治，钱不够跟学校说。还有，有件事我得跟你商量，你呀，也别歇着，天天来学校，我不给你安排活儿，你每天就跟咱们这帮老姐妹们聊聊天，开开心，病许就好了。别老在家呆着，胡思乱想，倒添病。你说呢？"

很多事她习惯亲历亲为。她有两个蓝套袖，常年戴着。冬天：她叫："老胡（后勤主任姓胡），走，各班走走，看炉子热吗？"新村小学一直是平房，我去的时候，冬天还烧炉子。总能听她在院子里叫老胡，都是出去办事。"老胡，村里卖白薯，走，看看去，买一车，给食堂存点，到时能给老师们换换样。""老胡，走，村委会走一趟，年前粉刷教室和办公室，看村里能出点吗？"她和老胡很铁，老胡有时叫她老姐姐，人高马大的，但她一巴掌拍在老胡肩膀上，总能让老胡一个趔趄。

春天，风里潮湿得有些春雨味道的时候，魏校长戴着两个套袖，拿着一个葫芦做的瓢，提着桶，走进厕所，她舀一瓢粪，再舀一瓢粪，然后来到那片种满蓝色花卉的苗圃前，一勺一勺的浇。那片蓝花被她侍侯的一派妖娆。魏校长是个爱美的人啊！

当初，后花园只是个荒院，土地，有几棵树。这么好的后院撂着，可惜。魏校长带着老师们一砖一瓦建起了后花园。据说，建后花园时，老太太干活不比那几个年轻小伙子含糊，一车水泥自己推起来就走。后花园里花木很多。我去学校后，记忆最深的就是那个园子。如今，我还记得有哪些花，谁先开，谁后开。先是迎春，不规则的几丛，鹅黄，很娇嫩。厕所前有三棵白碧桃，美得如梦如幻，我后来再也没看到那样美的白碧桃。海棠开了，梨花开了，蔷薇开了。小亭子旁边的一种花也开了，真香。然后紫藤开了。一大片月季开了，一直开，开到秋天。

据说魏校长在全区几十位校长里，很抢眼。领导都知道她，提到她都会嘿嘿一笑，说上一句“那个老太太！嘿嘿！”，脸上是一幅又无奈又欣赏的表情。

领导怎么能不满意呢？

一个农村偏远校，条件极艰苦，在魏校长的时候，却极有声威。

每年区通考，新村小学的成绩都在区里排前三。

每年的青评课，新村小学推上的年轻老师都是一等奖。

每次区教工运动会，新村小学老师的队伍，绝对是一支雄赳赳气昂昂的队伍，一点没有农村偏远校那种蔫头耷脑样儿，魏校长走在第一个，气势能压倒所有人。

魏校长从不给老师们压力，但老师们都使死了劲用心工作。

魏校长的时候，新村小学这所农村小校，却有一批中流砥柱的中年老师，个顶个都有绝活。李娜老师的作文教学在全区有名，马明老师的应用题教学课经常在全区展示。要板书，人人能写一手好粉笔字。要印卷子，人人刻钢板都是一手的正规小楷。有会吹笛子的。有会拉手风琴的。有会画画的。全是人才，却宁愿守在这所条件简陋的学校里，快快乐乐地工作。

魏校长会调理人。

她调理刚毕业的年轻老师，一绝。内向的，外向的，聪明点的，木讷点的，不管什么样的孩子，用不了三四年，就出师，就能成学校的主力，能成区里的业务能手。

为改变学校的办学条件，魏校长可说是殚精竭虑了。

能自己都手干的，就发动老师自己动手：粉刷教室、整修围墙、建后花园。至于教学设备，用魏校长的话说：“去要，去争，去抢。”听说装备站有一批淘汰下的桌椅，虽是淘汰下的，也有八成新。听说教育局某科室换下几张旧的办公桌，也很新。听说电教馆来了几台新的投影器，新村小学一台也没有。每每这时，魏校长听说了，会手一挥，“走，先去拉，拉回来我再去汇报。”魏校长带人去拉东西，是一景，威风凛凛的，很有银幕上那个双枪老太婆带手下人去打仗的势头。三轮车，自行车，甚至后面还跟辆马车，赶车的老大爷，手里握杆绑着红绳的马鞭子，坐在车上，很像个压阵的。东西被抢走了，人家当然有意见，领导们听说了，也只是一耸肩，两手一伸，笑着说：“这个老魏啊！”魏尹名就用这种方式，给学校换了黑板，换了讲台桌，换了办公桌，换了课桌椅，补充了很多的教具。

魏尹名要调走了，到一所新建校当校长。

老师们都要跟她走。

任她苦口婆心,但还是有十几个老师死着心要跟她走,那都是学校的主力啊!

魏校长走了，那十几个老师也跟着她走了。

人说：“新村小学没有十年，缓不上来。”

陈校长

我结婚后，想离家更近些，就调到了胜利小学。

胜利小学离新村小学只一站地，也是区偏远校。有一栋教学楼，楼内设施比新村小学好些。操场上只中间一块地是水泥地，其余地方是土地。我到胜利小学的第一个印象是，操场很寒酸。

陈校长是胜利小学的副校长。陈校长大名陈海，他是魏尹名的得意弟子。陈海三十几岁，个不高，眉眼却很俊朗。他胳膊长，人说胳膊长的人有福气。陈海的行事风格很男性，有阳刚之气。

陈海是早我半年到胜利小学当副校长的。

在我说陈海之前，要先说说胜利小学里的一个人——老刘。

老刘，学校里管后勤。虽然是后勤人员，却感觉处处兜得转，校长见了他也客气。后来听说，老刘，有阅历：当过农民，当过领导，做过商人，干过房地产，挣过大钱，知道饭桌上的事，知道拳脚上的事，知道白道上的事，知道黑道上的事，大半辈子的事经历后，钱挣够了，房盖好了，家里有一个农村的老爱人，长得不好看，两个姑娘，都有了好工作，好人家，自己岁数大了，近五十了，遂萌生退意，托人在学校谋了个差事，轻松地就进了学校。

用老刘自己的话说：他是养老来了。

用一个特崇拜老刘的女老师的话说：学校这池子，对老刘来说，水太浅；学校里的这些人，对老刘来说，不用琢磨。

老刘，是个有故事的人。

陈海，也是个有见识的人。

陈海和老刘对脾气。陈海来学校没一个月，就和老刘聊到了一起。

两人真铁。

陈海有校长室，很少去。爱在后勤室呆着。两人在后勤室聊天，都抽着烟，烟气腾腾的，一聊一上午，不知道聊什么。是很男人的聊法。

下班了，两人经常一起走，开着陈海的白面包，也不知道是直接回家？还是喝酒去了？还是干什么去了？

总之，两人走得近。

陈海信服老刘，在老刘面前不像副校长，倒像个小老弟。老刘在陈海面前也不打哈哈，是实心的。

陈海有一次说：“老刘是我哥。”

老刘有一次不客气地说：“小陈儿，还嫩，沉不住。”

在很多事上，都感觉老刘在给陈海出主意。

陈海在做事上得了魏尹名的真传，干实事。两个人在老刘的后勤室里聊了有半个月后，开始有了行动。

早晨，我们去上课。就听到楼道里：“老刘，走。”要不：“小陈儿，走。”

俩人就出去。仍然是开着陈海的白面包。有时上午能回来，有时下午才回来。回来后，车里要不装着树苗，要不是花苗。有时，面包车后面跟着大卡车：是水泥，沙子，砖。

两个人要修整校园。谁也不找，就俩人干。

能看出，两人都是干过活儿的人。不知从哪里弄来两身迷彩服，干活时，两人都穿着迷彩服，裤腿挽上去，穿解放鞋。

他们推沙子。两人推一车，满满一车。从校门口到校操场，有两个斜坡，推上斜坡要一股猛劲，两人一、二、三，喊着号子，脸憋得通红，腿肚子上的筋绷得贼紧，一股猛劲儿，上来了。

他们和泥，砌池子。一桶一桶打水，满满一桶。一锹一锹铲土，满满一锹。脖子上搭着毛巾。汗下来了，顺着脸流，顺着脖子流，后背全湿了。陈海说：“老刘，擦把汗。”老刘说：“小陈儿，你歇会儿，我来。”

两人干活儿干高兴了，有时爱跟我们说说。

老刘说：农业社的活他都干过。他吃过苦。他在农业社是凭着干劲儿提的队长。

陈海说：新村小学修后花园，他们几个小年轻的都冲在前面。他让我们看他的后脚跟，一道大的伤疤。那是建亭子时，石头柱子掉下来砸的。

胜利小学的校园在不断改观。

操场重新磨了一遍。教学楼前建了两个花池，里面种了大朵的月季，月季的花色很俗，浅粉，没办法，好颜色的花要钱，这是他们找关系没花钱白给的花苗。教学楼拐角处建了海棠园，里面小亭子，碎石路，几棵海棠，春天花开花谢，是校园一景。西面的围墙改成了古意盎然的一堵墙，沿墙搭了架子，种紫藤，种葫芦，种各种瓜。

教学楼里新建了大会议室。新建了四楼的多功能厅。

陈海和老刘办事请人吃饭，有点江湖气。

两人请了一桌子的人吃饭。就在学校。

菜是食堂炒的，我们几个年轻女老师帮着端菜。

皮皮虾一盘一盘端上去。陈海一杯一杯地敬酒，老刘一杯一杯地敬酒，客人一杯一杯地喝，脸都喝红了，说话也称兄道弟的了，舌头开始拌蒜，身体在摇晃，看得出，喝得很高兴。陈海的脸也红了，但人还清楚。老刘的脸还是白的，说话纹丝不乱。

第二天。

陈海和我们说："这顿饭，花了几百，省了几万。"

老刘说："现在很多事情，要在饭桌上说，饭桌上办事痛快。"

陈海有一次说，他是四毒俱全的人，吃、喝、嫖、赌、抽，除了嫖都占了。

是这样吗？他身上，江湖气、匪气、霸气、男人气，好像都有点。但我们学校的老师，尤其是年轻女老师，私下里都很喜欢他。

我们私下里说：陈海的骨子里透着一股正气。

陈海会活跃气氛。

学校里爱跟我们开无伤大雅的玩笑。

学校每年都有新年聚餐。往年的新年聚餐都很沉闷，大家都是老师嘛，都拘着，显得很文明。有陈海的新年聚餐，加上点酒，加上点插浑打科的笑话，气氛就活跃了起来。女老师的脸上就都有点红扑扑的。

陈海爱带着老师去见世面。

去新建的王府井步行街。去后海划船。去听相声。他和老刘站在一边，一边抽烟，一边聊天，看着我们这些人开心地笑，开心地玩。

他来后，学校有很多人喜欢他，也有一些人怕他。

有一个麻子脸的女老教师，姓宋，胖，脸上的肉嘟噜着，爱上校长室扎着，嘀嘀咕咕，学校的正校长有点玩不转她。她本是农业地里干活的，文革时进了学校。据说她讲不出一节完整的课，但听归听，没人见过，因为她就没讲过。学校的正校长、教学主任去听她的课，她坐在讲台前，眼皮耷拉着，让学生写作业，写一节课，下课铃一响，她抬起眼，好像忽然间看到领导似的，装模作样地说："哎，你们什么时候进来的，我都不知道，要知道你们来，我就讲新课了。"

陈海知道了。

陈海有一天专门夹着听课夹子进了她的教室。一进来，就大声打招呼，然后把讲台桌前的椅子一抄，坐在教室前面的窗台前。

她当然讲不好。讲得磕磕绊绊。陈海一点不给她面子，课到中途，拿起夹子，咳嗽一声，走了。

学校老师听了，都暗地叫好。

学校有一个中年女老师。冬天爱穿裙子，黑色的呢子长裙，八片，下摆忽拉忽拉的；爱盘发，罩亮晶晶的网罩；爱喷一身香喷喷的劣质香水；爱戴金灿灿的项链。不嗜教学，爱说小话，是是非非，人前人后，学校没有她不议论的人。爱搀和学校的事儿，学校新出点制度，她要指指点点半天。她还很有聚众的天才，能煽风点火，有点势力。学校的正校长又有点怵她。

陈海来学校后，她总爱往陈海面前凑，陈海却很少给她好脸，每次都弄得她悻悻而去。

年下，学校要调 1 个人去外面帮忙。陈海拍板打发她去了。

学校消停好多。

学校的风气越来越好。

我们有一种在男人呵护下的安全感。

陈海喜欢业务过硬的老师。喜欢踏实肯干、老老实实的老师。

其实他是教学出身。他的体育课上得全区有名，论文经常发表。他说："干什么吆喝什么。老师教学水平不行，还当什么老师。"

我们教学上需要些什么，说给他听，他想方设法给找，给买。

胜利小学是偏远小学，但那几年，陈海给置办的老师教学的设备，是很先进的。有区中心小学都没有的，我们先就有了。

五年后，陈海离开了胜利小学，调到了别的地方去当领导。老刘也跟着一块走了。

我们都好像失去了一种安全感。

刘校长

我现在的学校是一所外语实验校。

刘校长是我现在学校的校长。

很长的一段时间里，我都无法用一个准确的词来诠释校长的人格魅力，直到有一天，"格局"这个词突然蹦了出来。

我查了字典：格局的其中一种解释是胸襟和气魄。我放下字典，想：格局这个词很配她。

是的，很配。

她是有大格局的人。

一个女人，如果有大格局，不简单！

她果然不简单，短短的五年时间里，她高屋建瓴，务本求实，带领全校师生，不断进取超越，完成了一个学校由起步到发展到最终腾飞的完美蜕变。

※ 爱，是无法忘却的。

你还头晕吗？

“你还头晕吗？”

这句话在五年之后仍然会时时想起，温暖我。

那是我刚来到这所学校不久，在陌生的环境里我习惯保持沉默，并习惯待在角落里。一天早晨，我头晕，走路有些趔趄。我没有跟别人说，那时候，我也不知道跟谁说。我到教室去，校长从对面走来，她深深看了我一眼，拦住我，目光充满了关切。“你是不是头晕？”我惊愕地点点头。她的语气马上变得很急切，“你要不要回家休息？”我摇摇头。我走过她身边，能感觉到她的目光仍然在看着我，甚至一直追随我到教室。这一天，出乎我意料，校长几次来到班里。“你还头晕吗？”“你去休息会儿？”“用不用学校派人带你看看去？”

我至今仍记得，那一次一次的问候，是怎样缓解了我的病痛，温暖了我初来乍到的孤寂，同时释放着我当时莫名其妙的一种恐惧。

“你还头晕吗？”这句话在后来的日子里一次一次出现在我的耳旁，温暖着我。

“你还头晕吗？”类似于这样的问候一定一次一次出现在其他老师的耳旁，温暖着我们每一个人。

它，也是一个生命

那同样是我刚来学校不久，一只猫逡巡在校园里不走，这只猫丑且脏同时疲惫而潦倒，目光中充满无助和恐惧。像是被人遗弃的。

有的老师说：“还是赶走吧，否则会招来更多的流浪猫。”

“不，它也是一个生命，让它留下来。”校长一改往日的温婉，断然否定，语气坚定不容置疑。

那只猫从此就留在了校园中，安逸下来的日子让它目光中的恐惧和无助消失了，它渐渐恢复了活泼的本性。校园成了它的家园。它要不在草丛里倏忽来倏忽去自己玩得不亦乐乎，要不在传达室的门前旁若无人地睡觉，要不津津有味地在台阶上吃东西。

一个不久前还落魄的生命，在容纳与呵护中，就这样焕发了它的生机和尊严。

我以为，一个真正爱猫的人，是要爱猫一生的，爱猫的生老病死，爱猫的残缺，爱猫的病痛，爱猫的衰老，甚至爱猫濒临死亡的一瞬间。

我以为，一个真正理解和尊重生命的人，永远不会把生命分成三六九等，在她眼里，生命没有高贵与卑微，那些都是世俗的划分。她会对一个身操贱役的人露出真诚的微笑，她也会对一个被人前呼后拥的人不卑不亢。因此，她从不媚俗，她也从不高高在上。

在我眼里，校长就是这样一个人。

我把你们都看成我的孩子

“我把坐在我后面的老师都当成我的孩子。”

我至今记得校长说这句话是的样子，很可爱，有点羞涩，但绝对真诚。

说实话，这句话很感动我。

说实话，后来她做了很多事都很感动我。

她说：“每年大年初一，我会来到八大处的二处，撞钟为每一位老师祈福。”

她说：“孝顺是不能等的，这个春节，我们搞一个反哺进行中的活动，希望每一个老师永远不要忘了父母的养育之恩。”

她在每年的六一儿童节前夕，会细心地给所有老师的孩子准备礼物。每年的一开学，她会组织所有的老师照一张“全家福”。她会记住某个老师偶然的一句话，知道谁不爱吃猪肉，谁不爱吃羊肉。她见不得谁受伤害。学校里谁被孤立了，她觉察到了，她什么也不说，她会不时地与这个人聊天，开会前跟她说笑话，上操时与她站在一起。她用这种方式温暖被孤立的人，也用这种方式告诉别人她的立场。学校组织外出的时候，她问寒问暖的，是那些不善言谈的老师。她与人说话，会真诚地看着你，眸子清澈，一点看不出敷衍。她少有校长的做派。偶然的疾言厉色都没见她有过。她包容所有老师的个性，没见她当众批评过谁，没见她不给谁留面子。

以上的点点滴滴让我感到，她是真把老师们当成孩子一样呵护和疼爱，把学校当成一个家一样经营维护了。

※ 锻造，是一个过程。

一节班会

我自始至终都认为，那节班会在学校的发展中有着很重要的意义。那是一节要去参加区里比赛的班会。在这次准备班会的过程中，校长第一次鲜明地展示了她的做事风格：精益求精，力求完美。同时也第一次展示了她的带校理念：形成团队意识。

遗憾的是，那节班会我并没有参与。我只耳闻了几个细节，并强烈地感受到了一种氛围。应该说，我是被震撼了。我没有想到一个校长为了一节班会可以亲自上阵，也没有想到一个人做事可以这样倾尽全力。从我听到的几个细节中我大概可以想像出整个班会的准备过程：校长先把所有的班主任集合到一起，畅所欲言，出谋划策，形成初稿。接着大家分工合作，根据所长，有润稿的，有准备教具的，有准备演示文稿的，有给学生练习节目的。然后大家一起听第一次试讲，找问题，讨论怎样改。改动之后听第二次试讲。然后是第三次试讲。第四次试讲。我听说，为了一些细节问题，校长一遍遍揣摩。那节班会终于到区里参加比赛了，取得了最好的成绩。我最终没有听到那节班会，然而我敢肯定的是，那一定是一节完美得无以复加的班会。

这一节班会，校长在团队的打造上达到了她两个目的：做事力求完美；形成团队意识。

说课比赛

如果说，一节班会是打造一支队伍的一个起点，那么三年的说课大赛，无疑是历练这支队伍的一种延续。

我至今记得，第一年说课竞赛的准备过程，还处处体现着校长组织布置的痕迹。第二年，校长是半放手的状态。第三年，老师们基本就自发去做了。每个人都知道自己做什么，并心甘情愿地去做。谁是一起备课说课的。谁是班里帮助看班的。谁可以帮助整理文字润色，谁可以帮助做演示文稿，谁可以帮助准备教具。没有人觉得自己做的事低微，所有人都为着同一个目标忙碌着，努力着。

如果你在那段时间的某一个晚上走进我们的校园，你会被一种氛围感染着。很多间教室和办公室亮着灯。走进一间教室，你可能看到讲台上一个老师在声情并茂地讲，下面坐着两三个老师在听。走过一个办公室，你可能会看到一个老师在电脑前忙碌，旁边坐着一个或两个老师在一起斟酌，改动。走过会议室，你会看到校长和几个老师，在听一个老师的试讲。走在深夜的楼道里，你甚至可能看到一个老师正在一边走一边背着稿子。

三年的努力，我们终于取得了说课比赛全区第一的好成绩。

而我私下里认为，好的成绩是重要的，但比成绩更重要的，是校长想要打造的这支队伍已经历练成型。大家的拳头已经攥起，而这个拳头一旦攥起，伸出去的力量，就是所向无敌的一种力量，是谁也挡不住的一种力量。

博物馆课程

博物馆课程启动的那一年，在我的印象中，是比说课比赛晚一年，与说课比赛交错进行。可以说，这个过程，既是博物馆课程的实施过程，也是校长继续打造教师队伍的过程。在博物馆课程启动上，校长主要强调了一句话：博物馆课程，要做精做细。整个博物馆课程的设计与实施，校长再一次采用了团队的模式，以一个年级组为一个团队，踩点、设计、实施、修改。

编教材，校长是有着丰富经验的。校长是全国美术教材最年轻的编委。当然，这话不是她说的，是我听别人说的。要知道，校长是个很低调内敛的人。

博物馆课程，不但让我见识到了校长的文化底蕴和教学功底，同时让我意识到校长是个育人高手。有一天，我好像是突然意识到，校长每次在带领老师们做一件事的时候，刚开始，她基本上属于手把手地教，然后是半放手，然后是彻底放手。彻底放手后她就不再管，属于疑人不用，用人不疑。

在博物馆课程的最开始，校长亲自上了一节《欣赏法海寺壁画》，打头阵，给大家一个讲授模式。在博物馆课程即将结题时，校长亲自写了《参观故宫》的教学设计，给大家一个教学设计编写的模式。一次讲，一次写，说实话，我们都被其中的精美和精致震撼了。

三年的博物馆课程，孩子们收益很大，老师们收益也很大。

校长说：“希望六年的博物馆课程给孩子们起到一个抛砖引玉的作用，让参观博物馆，走进博物馆成为孩子们的一种习惯，一种生活。”

※ 学校的舞台，留给孩子。

万圣节

万圣节的前一天，学校的操场上开始搭台子。就着领操台两边的立柱挂起大幕，领操台上铺起红地毯，沿着领操台的中间部位，向外搭起宽约两米、长约五米的走秀台，红色的地毯延展着，很有舞台上T型台的味道。是很正式的一个舞台。

万圣节的上午，孩子们在舞台上尽展才艺：唱歌、跳舞、舞台剧、相声，而其中最难忘也最引人注目的，是最后的走秀。学生们穿着自己精心制作的服装：有现代的，有复古的，有长袍，有短裙，有绸子缝的，有报纸沾的。在舞台上，他们摆出各种 p0ss，很有舞台范儿。他们的表演，迎来嘉宾们阵阵热烈的掌声。

校长在总结会上说："搭建这个台子确实需要一笔很大的花费，但我觉得，值。对一个孩子来说，每一次上台的机会表演的机会，都是一次历练的机会。我们要极尽可能地给孩子创造这种机会，极尽可能地给孩子搭建一个舞台。"

我以为，一个愿意为所有人搭建舞台的人，自己的人生舞台一定很宽广。

十年校庆

校长在十年校庆的布置会上说过一段话："要让学校的每一个孩子都有节目。有才艺的孩子上台的机会很多，当主角的机会也多。没有才艺的孩子，要给他们创造机会。哪怕只当背景中的一棵树，也要告诉他，他是多么重要的一棵树。"

阳光，是因为走出角落。自信，来自于机会和肯定。

十年校庆：华美的舞台，璀璨的灯光，专业的主持，盛装的嘉宾。那是校长又一次不遗余力给孩子们打造的盛大舞台。在这个舞台上，孩子们风度嫣然，横溢才华。精彩的节目，美幻美伦的场景，精湛的技艺，自信的微笑。

他们让所有嘉宾都看到：外语实验小学的学生，个个都阳光，人人都自信。

快乐涂鸦

"各位老师好：今天下午，我们全体师生共同参与"与校园留念 快乐涂鸦"活动。孩子们尽可以自由的发挥，画画没有标准答案，只要孩子敢于大胆画，就是成功！鼓励孩子要请客人和他们一起画！我时常在想，每一次来校的客人能给孩子们带来什么？应该是孩子热情大方的状态，有礼有节的素养，每一次这样的机会就是他们锻炼的舞台，您说呢？"

这是校长在快乐涂鸦活动前给我们每一个老师发的一条短信。

一面墙，一面要装修的墙，校长却看到了它的价值。在校长的眼里，这是一块可以释放学生才艺的画布。只有心里真正装着学生的人，才能不断地给学生寻找这种展示自我的机会。

那天下午的活动很成功。孩子们的兴致是高昂的，孩子们的涂鸦，是奔放的。

每个学生都像个画家，美女漫画，山川河流，书法乐谱，缘墙而铺展，线条是舒展的，色彩是斑斓的，没有拘谨，没有羞涩。

结束语：我经常从刘校长的只言片语中感受到她思想的高度。而一个校长的高度，会决定一所学校的高度。

美人迟暮（散文）

孩子心中的阳光

茹 儿

一位“差生”的家长送我一本书，是周弘的《赏识教育》。家长说得很委婉，说自己看了很受启发，也希望老师看一看，态度诚恳而谦恭。我也同样客气地接受了，但在心里，我把它看成了家长对我的一种委婉批评。

我在心里接受了这种批评。因为在接书的一刹那，我的脑海里正闪现着曾经大把大把甩给孩子们的批评与呵斥。我与家长达成了一个协定：一天中尽力发现她孩子的闪光点，一天至少表扬孩子一次。

装着这个念头，第一天我比平时更关注这个孩子。但两节课过后，我实在是没有发现她有什么值得表扬的地方。她上课经常走神，做作业拖拖拉拉，而且错误百出。但囿于与家长的约定，我还是在第三节课快下课时匆匆而敷衍地表扬了她，“梁馨儿今天听讲比每天都认真。”没注意到别的效果，只发现她当时眼睛一亮。

第二天，梁馨儿胸脯挺得直直的，眼睛睁得大大的迎接我走进教室。看着她的模样，我不由地冲她一笑。这天我打破了与家长的约定，表扬了孩子好几次。“梁馨儿的作业真认真！”“梁馨儿这个问题回答得很好。”“梁馨儿这个字写得最漂亮！”这一天放学时，梁馨儿很乖巧地大声和我说“再见”。

第三天，梁馨儿的家长来到学校，我听到了馨儿与家长晚上的一段对话。

“妈妈，今天天气真好！”

“不对，今天阴天。”

“今天天气就是好，今天有阳光。”

“傻孩子，阴天怎么会有阳光呢？”

“老师早上冲我一笑，我就觉得太阳出来了。”

我沉默了……我开始反思。

我反思到了，我确实让赞赏与微笑这些阳光般的东西曾经远远离开了这个孩子，呵斥与批评成了我教育她的唯一手段。

批评如坚硬的石头，用石头去碰撞心只能让心受到伤害。而赏识则像一道阳光，让孩子的心会长叶，开花，会结繁茂的果实。

河流

茹　儿

我是一条上岸的鱼，灵魂系在一汪清水里。

一

这个夏天，我站在一条又一条干涸的河道前，想念水。

一条条河道，像一具具干裂的躯体，裸露的河床，诉说着对润泽的渴望。

黑色的淤泥一道道隆起，水生的植物郁郁葱葱，在曾经波光潋滟的水的世界里，衍生出一派绿色的辉煌。

没有水的河道，就象一条上岸的鱼，烈日下张着嘴，没有希望地呼吸，直至衰竭，直至渴死。

这个夏天，我在心里渴望一场大雨。空气中弥漫着焦渴的躁动，我象一个求雨师一样对天空抱着虔诚。天空中一片突兀的乌云会让我欣喜，烈日炎阳下的一阵狂风一阵闷雷会让我涌起希望。当一场大雨如期而至，我站在玻璃窗的后面，对着如注的雨水心存感谢。我希望这些雨水归泽归壑归夏日的荷塘，希望这些雨水复归河道，让大地上的每条河流再次丰盈。

每一场雨后，我都要来到住家附近的那条河，我充满希望的去，充满希望的想，这么多的雨水一定能让这条河流再次流动。然而我失望了。我看到了被雨水冲刷过的植物鲜亮明媚，倒伏的形状诉说着雨滴的猛烈，而肆意纵横的淤泥间，只有一滩滩死水僵在那里。那一刻，我有想哭的欲望，水怎么能僵在那里死在那里，水应该是流动的，欢畅的。

没有水的大地，就象没有血脉的人的肌体，大地会死在那里。

二

童年，我是一条游曳在村庄河流里的小鱼。

村庄不是水乡，村庄却充满了水的气息，有三条河流穿村庄而过，有一条河流流淌了半个村庄。我记着那四条河，从东到西，依次是永河、大河、灌溉庄稼的小河沟、永定河。那时，它们都丰盈，水流或急或缓，河道或宽或窄。然而它们都清澈，是鱼和虾的天堂，是水草繁衍生息的舞台。

我永远记得那些水，记得童年里和水触摸的无数个日子。用什么词可以形容我记忆中的水呢？清凉的？清澈的？飞溅出一串串水珠的？小鱼小虾纵情玩耍的？用什么词可以形容我在水边的感觉呢？我记得夏日的清晨，启明星挂在东方，我在凝结着夜的露珠的空气里走向那条灌溉庄稼的小河沟。我记得我走在永河逼仄的河岸上，万家灯火被我甩在身后，暮色苍茫里，我揪下一枝风中的芦苇。那是我对美最早期最朦胧的认识。

我记得那些被水滋养过的土壤，记得在那些土壤中生长出的植物和庄稼。

被水滋养的土壤永远湿润肥沃，它们分布在村西头、村东头、村南头，它们以空阔辽远的势头包围着村庄，土地的气息细腻绵长。村西头的土地上有大片的果林，村南头的土地上有大片的麦田，村东头的土地上有大片的菜地。

童年的村庄就象一幅水墨画，朱红轻轻点却的是清明的一枝桃花，明黄赭黄浓浓淡淡渲染的是夏天的麦田，而绿色，是一碧万顷的菜地，是青青的草滩。大自然挥毫泼墨，水的气息迫人而来。

多少年后，当我在城市的夏天里穿行，空气中充斥着焦渴的味道，我的心里却流淌着一条河。是永河？也可能是大河？也可能是灌溉庄稼的小河？抑或是永定河？它们一直都在那儿流淌，我甚至能听到哗哗的水声，甚至能在炎炎的空气里感受到飞溅在叶片上那几颗水珠的清凉。

三

我穿越五千多年的历史，寻找关于水的文字。

翻开中国最早的诗歌总集《诗经》，我看到了五千多年前流淌在中国大地上的河流：坎坎伐檀兮，置之河之干兮。河水清且涟漪，不稼不穑，胡取禾三百廛兮？五千年前的河水，清澈且泛着粼粼的波纹。

南北朝的文字带着烽火而来，中国历史上离乱的一个朝代，政权的更迭，也同时意味着不间断的杀伐和屠戮。而水却仍然在一旁诗意地流淌，不染尘埃，不沾世事。它们流淌在陶弘景的《答谢中书书》里：高峰入云，清流见底，两岸石壁，五色交辉。它们流淌在吴均的《与宋元思书》里：……水皆缥碧，千丈见底，游鱼细石，直视无碍……

一千多年前的大唐帝都，一派繁华胜景，而一个叫柳宗元的诗人凄凉话别长安，踽踽南行，他走进永州幽奇雄险的山水里，他写下的光耀后世的《永州八记》，它让永州的山水穿越一千多年的历史与我们相见：……下见小潭，水尤清冽……潭中鱼可百许头，皆若空游无所依……其中重洲小溪，澄潭浅渚，间厕曲折，平者深墨，峻者沸白……水平布其上，流若织文，响若操琴……

明朝的袁宏道，携一篇《满井游记》而来，它告诉我明朝有一条这样的河，这条河在乍暖还寒的时候是这样的：……于时冰皮始解，波色乍明，鳞浪层层，清澈见底，晶晶然如镜之新开而冷光乍出于匣也……

……

一个朝代又一个朝代的水，从不同的文字中翩然而来，它们曾有的清澈让我惊羡。历史的纷然淆乱丝毫没有扰乱水的本质，它们携带着纯净，穿越时空，走进二十世纪我们日益焦渴的心。

四

翻开一张中国水系地图，我的目光在一条条或粗或细的曲曲折折的线上逡巡，中国的七大水系，主脉支脉纵横延伸，走势蜿蜒，那是一条江或一条河。我看到了长江、黄河，它们在雄鸡的正中间，它们发源于洁净的雪山，东西绵延了大半个中国，最后流进了渤海和黄海。它们顺着平原的地势行走，千百年来以探询的姿态努力，冲刷出一条江或一条河，汇聚成一个湖，形成一片浩淼的水域。我看到水的旁边植被茂盛而葱茏，土地肥沃，人烟稠密。应该说，是水孕育了植被，是植被孕育了大地苍生，人是大地苍生的一分子。

这样想来，人应该与水相互依存。

古人择水而居，一瓢一担，适时而用，适度而取。

今人呢？

我不忍看今天关于水的文字，关于水的报道，关于水的图片。

我对水有着无尽的惶恐。

五

四十年后，我再回到村庄，水已经从村庄消失。

我走到永定河的岸边，河床干裂，没有一丝水的痕迹，拉沙的车辆穿梭不息。

我想起祖父的话，我的祖父是一个账房先生，他描述的语言透着古雅，他说：“永定河夏日水胜，站在屋顶看那一片水域，一波推着一波，有吞天纳地的势头。”我想起父亲的话，我的父亲是一个工人，他的话里带着对往昔无尽的想念，他说：“每到春秋，永定河边能看到各种迁徙的美丽水鸟儿。”我站在河岸旁，想起我童年时候的永定河，那时的永定河仍然有一脉清水迤逦流淌。

我拖着疲惫的双脚，辗转在我童年时的四条河流旁。我走到永河边，永河已经被盖上了盖，上边是长长的一条大堤。我走到灌溉庄稼的小河沟，小河沟早已被平，上面盖上了房。我走到大河边，河床还保存着，但已是垃圾满目。

我在寻找中筋疲力尽。

我是一条上岸的鱼，灵魂系在一汪清水里。

婚姻十七年

茹 儿

一

17年以后的某一天，我偶然读到一句话：“君子务虚，小人务实。”我有好一阵子的窃喜，我终于可以为我十七年虚幻的生活找一个最冠冕堂皇的理由。然而，十七年岁月所积淀出的那一份最平实的情感，突然间地让我泪流满面。我于泪眼滂沱中，仿佛也第一次意识到：他用他十七年的实，支撑了我十七年的虚。

二

很久以前，我曾经一本正经地跟爱人说过：“其实我不爱你，我真的不爱你。”说这话的时候，我自以为自己很脱俗，一脸的纯真，不大的眼睛上下呼扇着。

记得爱人只是抬眼看了我一眼，说：“是吗？为什么呢？可我是爱你的。”然后低头继续缝一个给我做的小棉垫子。

那时，我俩还都年轻。他的头发黑亮，我的腰身小巧。我们走进婚姻的日子还不久。

婚姻之后，我仿佛突然间变聪明了。我用等价交换的思想分析了我的婚姻，分析的结果是：在结婚这件事上，我是吃了亏的。

我开始不平衡。找个机会就要给他摆一摆事实。我说：“你看你这样吧！再看我，这样吧！”我又说：“你看你这样吧！再看我，这样吧！”我接着说：“你看你这样吧！再看我，这样吧！”

在我一句一句有策略地引诱下，他频频点头，仿佛也开始认定我要比他高级，每一次都很真诚地看着我的眼睛说：“真的，嫁给我，真亏待了你，要不，你看，现在你嚷嚷两句就嚷嚷两句，我一句话都不说，能多干点活就多干点活。”

这一句话，成了我们今后婚姻的一种基调。后面的日子，确实是他干得多点，我干得少点，他操心家里多点，我操心家里少点。

三

他叫我“小茹子”，有时叫我“大宝”，有时更省略一点，只叫我“宝”。现在，我40岁了，他还是这样称呼我。

有时，我一回头，会发现他正看我。

他是一个工人。一个焊工。这么多年了，我仍然不清楚他的工作环境。很年轻时候的某一天中午，他回来，我看见他穿着一个小破的棉袄，里面是一个小破的绒衣，都紧箍在他的身上。冬天的时候，他偶尔会叨唠出一句，想买个狗皮背心，他说狗皮背心暖和。我那时很年轻，他说他的，我并没在意。我一直不知道他累，只是有一次听工厂的人聊天，才知道焊工是最累的一个工种。不轻易地，他有时也会露出这样的话：冬天的风，没处躲，没处藏，在高处干活，风打得全身都透了。或是：夏天在炉膛里干活，没进去先是一身汗。每次他都说得轻描淡写，每次我也听得轻描淡写。

他只是初中毕业，但我不能不承认他的脑子灵，手巧。他的技术是很厉害的，又有经验，又肯用心，工厂一些焊接活儿非他莫属。他入了党，当了班长，他应该有好一点的前程。但他顾家，他不放心我单独干一些事情，在家与工作两难的时候，他辞了班长，一心一意地当工人，满眼满心里，装着我和儿子。

他比我大七岁，喜欢以庇护人的姿态站在我面前。婚姻的越往后走，他好象越把我当个孩子。以至于今天，我突然发现自己不会做很多事。比如：我不会给自己的手机充值，我没有买过充值卡。每次我的手机没钱，都是他给我打电话后发现的，晚上赶紧给我买一张充上。再比如，我不会用家里的洗衣机。我不会用家里的照相机。在家里的电视装上机顶盒后，我开始不会用家里的电视。我不会上银行取钱存钱，我不会交煤气费， 我不会用我的工资卡，所有的银行卡我都不办，即使人家找上门来，带着小礼物来，我都不办，因为我不会后面一系列随之而来的要设定密码、要开通、要缴费、要取消等等的操作，所以我不办，至今，我还采用最原始的付费方式：现金付费。我更不会炖肉。不会做面食。我会炒菜，可炒得谁也不爱吃。我好象没有买过家里的米面粮油，也没买过家里的柴米油盐，甚至牙膏、肥皂、洗涤灵等等都没买过。

我不会干很多应该是家庭主妇做的事情，只爱看闲书。我看闲书的时候，他也仿佛我正在做大事一样，忙着哄孩子，做饭，不肯轻易叫我。我备课、写要交的论文、学历进修，正是孩子小，忙得团团乱转的时候，他却高看我做的一切，认为那是文化人做的事，所以家中的大事小事他尽可能地揽过去。有时，就是忙得不可开交，他也不唠叨我，甚至还会沏杯茶给我送过来。

儿子渐渐长大后，家里的那张书桌，我和儿子就各有了各的位置，儿子写作业。我呢？读自己爱读的书。我和儿子一人坐在桌子的这头，一人坐在桌子的那头，就象家里有两个学生。

爱人这时就在厨房忙碌，有时给我俩切一盘水果，有时递上两杯饮料。

我和儿子用的本、笔，爱人会按时给我俩买回来。他每次买回来的，都是一式两份。我喜欢黄颜色，他就给我买黄颜色的笔袋，儿子喜欢蓝颜色，他就给他买蓝颜色的笔袋。他给我俩买最好用的笔。

他陪我俩上书店。他并不爱看书，但喜欢捧着我俩选好的书去交费，然后拎着一塑料袋的书出来，在西单图书大厦的门口，买两个冰淇淋，给我俩一人一个。

他很喜欢在一切家务都稳妥后，坐在沙发上，点一支烟，满足地看着我俩学习。

在我的努力没有什么结果的时候，有时，我也会很沮丧，认识到自己很笨，低着头跟他说："我真的这么笨吗？"他就会用那种惯常的平静语气说："什么笨，还不到时候。"

应该说，十七年的婚姻生活，并没有更多地训练出我做家庭主妇的能力。倒是一些不切实际的爱好，断断续续地跟随我，一直到现在。比如：在夕阳将我们的小卧室照亮的那一刻，我总想冲出去，追着夕阳一起奔跑。比如：我怀念我儿时的草滩，夏日的阵雨之后，我尤其地渴望那里。

他从不排斥我的这些不切实际的爱好。

每月，我们都要到吴裕泰茶庄买几百元一斤的绿茶。爱人知道，我喜欢看干净的玻璃杯里，茶叶舒展开的样子，喜欢看一个一个的小嫩芽在水里绽放。

他去给我摘夏日的蒲棒，摘秋天的芦苇，偷厂门口的玉兰，插在打折时我们买的一个浅花瓷瓶里，他还就着我的意思去采大捧的野菊花，买最便宜的康乃馨，揪一捧貌似星星草的野草，从冬天的树上折一枝带有诗意的枯枝。

他带我去看月亮，到草滩上看，到山上看，在阳台上看，在天文馆的望远镜上看，他远没有那样的浪漫，在四十已过的时候，有着看月亮的心情，但他可以做到的是，由着性子的看我折腾，有一搭无一搭地陪着我惊讶。

有一个下午，他开车带我去追夕阳。夕阳在我们的前面，我们的车沿着山路渐行渐远。我们看着夕阳在我们的前面渐渐沉没，风渐渐凄厉，天色暗淡下来。我的心在归程，塌实得无与伦比。

四

17年之后，我愿意为他变成一个琐碎的妇人，穿着最家常的衣服，说着最家常的话，手里拿一块抹布，到处抹一抹，要不是几件衣服，一件一件叠平。我们的生活，开始像秋后的大地，明净质朴。我的性子是越来越好了。我变得爱唠叨了："不干活的时候，你一定找个地方闭目养神，咱们都老了，就得自己注意。""吃点蜂王浆吧？你得补补。""真不容易，你竟然爱吃枣，我又给你买两袋，我给你装在小桶里了，哎，就这儿，想着每天吃。""哪儿能买到狗皮背心，咱们转转去。"我是真的开始疼惜他，知道，只有他才是与我相依终生的人。我开始爱感动。以往的那些我认为最平常的事，现在想起来，点点滴滴，我品出来的，全是他对我的好。

我开始想，想我们有一天，他拄着拐杖，我驼着背，我们一前一后地走在街道上，我的头发花白，他的头发花白，他仍然会攥我的手，我仍然会冲他娇嗔地笑，他看我的眼神，会让我觉得，他仍然把我当成他手心里的宝。

婚　礼

茹　儿

一

我出生在一个很普通的家庭里。按理说，我应该学得更精明一点，懂得筹划一点，心里的小算盘多一点。但不幸的是，我一直活得很迷离，再通俗一点，就是我一直活得很混沌。

我同时习惯看低自己，尽可能的低，低到尘埃里，谁也看不见才好。这或许源于母亲，母亲重男轻女，母亲的目光让我从小就知道自己不重要。这让我在后来即使有时顺畅的日子里，仍然能理智地保留朴素的本性，永远地通情达理，永远地谦和温顺。

应该说，我的整个交友、结婚过程，充分地体现了我这两点性格特征。

翻开我十九岁时的照片：绿色的T恤，黑色的小百折裙，体态娇小，眉眼清秀，羞怯可人。

但悲剧的是，我自己没有意识到。

也可以说，我既没有意识到自己青春的美，也同样没有意识到自己已到了待价而沽的年龄。学校的几位年轻女老师，课余聚在一起，细细筹谋着未来老公的条件，未来公公婆婆的条件。我在一旁，总是听几句就会无聊地走开。那时我心里惦念的，仍是学校后花园的那几株白色的碧桃。

二十岁时，有大院的大妈胡同的李婶村头的太太给我介绍男朋友，我随口答应了一家，就是我现在的爱人，那时我叫他小翟。

我现在还记得小翟第一次在村头等我的样子。他给我的第一印象是长的很怪。

但我从没想过要拒却，这让小翟的心里涌起了大朵大朵兴奋的花朵。要知道，小翟的条件确实不理想，要一般的小女孩儿来看，是很不理想的，是要一脚蹬掉的。

我和小翟开始了正式的交往。

小翟带我到前门的正阳楼吃饭。小翟那时已经有了十年的工作经历，吃了北京城里很多的美食。小翟那天准备了很厚的一叠钞票，从见我第一面起，他就对我太满意了，简直满意到他心坎里了，他太想把我追到手了。他拿着菜单，很绅士地请我点菜。我看也没看，很学生气地看着他说：“我想吃炒鸡蛋。”小翟很明显地一楞，然后用温柔的能挤出水的声音对我说：“炒鸡蛋咱回家吃，好吗？”

这个场景，成了小翟婚后无数次取笑我的话题。

小翟后来说“那一顿饭，让他悬着的心沉下了大半，他意识到，我是个要求很低的女孩儿。”

后来我们再去前门，小翟就东一个胡同西一个胡同地绕来绕去，带我到一个小饭馆去吃褡裢火烧。在充满平民气息的小饭馆里，白米粥、褡裢火烧、一碟咸菜，我吃得很自在，很舒服。

我和小翟交往了三年，三年时间里，他等着我从二十岁长到二十三岁，等着我长到国家允许的法定结婚年龄。据小翟后来说，那三年，他简直是一个日子一个日子数着过来的。好在，他看我实在不是个见异思迁的女孩儿，每天的想法简单得不能再简单，就是看看月亮，看看草，一朵花就能让我陶醉得又吸鼻子又闭眼的，实在好对付。我从不想什么罗曼蒂克，所以，三年时间里，小翟跟我交朋友很轻松，一般男孩儿恋爱期经历的千般苦万般难，小翟都没有遇到。很多的时候，我们都是在村头的大堤上散步，一直走到月上中天。偶而，小翟也会带我看场电影。我们很少去商场，我也没有要求他送我礼物。我是个后知后觉的人，当三年之后，我终于意识到我是可以骄傲一点的时候，我却已经领了证，过了让他打拱作揖向我献殷勤的最好时机。后来，我看了自然界中一些雄性动物拿着一根漂亮的羽毛，或一块莹润的小石头，在雌性动物的周围左蹦右跳，一会儿唱情歌，一会儿展开尾羽开美丽的屏，大献特献殷勤时，我还是很感慨的，我暗叹，我的智商还不如自然界中的雌鸟们。

二

我们的婚礼，实在是值得大书特书一番的。

整场婚礼，充满了小儿办家家的随意和散淡。我做事本随性，一直也没把婚礼太当回事。临近婚礼时，我的脑子里对婚礼一点筹划的影子都没有。一天，在单位里偶尔听一个同事说旅行结婚好，我心念一动，当晚就跟当时还是我朋友但实际上我们已领证的小翟说，咱们旅游结婚吧，小翟说好。第二天他去买了票，票是第三天的，到安徽的黄山。于是第三天，我们就打点好行李，跟彼此的父母和单位领导打了招呼，就出发了。

回来后，我们分送礼物，听到别人的祝贺，我暗地想，不对，怎么也应该请两边的人吃顿饭。于是，我又说，下礼拜日，请大家上我家喝喜酒。

下礼拜日之前，我和小翟出去买了几次东西。

我买了一身粉色的西服套装，当时我很瘦小，那身最小号的套装也仿佛能把我装起来。我买了一双金光闪闪的高跟鞋。我买了粉色的新娘头花。那束新娘头花我很喜欢，起头的花很繁密，然后稀稀疏疏垂下去，摇曳生姿，很有美感。我还买了眼影、粉、口红一类的化妆品。结亲的车嘛，我们找了一个朋友的红夏利，又找了姐夫的蓝奥拓，还有一辆白面包。

婚礼当天，我并没有带头花，化了淡淡的妆，除了那身扎眼而不合身的套装能让人猜测出我可能是新娘外，其余方面，我素朴得就跟平时一样。我没有坐那辆夏利，而是将给我送亲的两个同学按进了夏利车，我和小翟坐了后面的奥拓。犹记得车子开到新家门口时，鞭炮声一时大作，所有的亲友涌向夏利，车门打开，他们惊诧的目光与两个同学尴尬的目光相遇，在面面相觑了几秒钟后，他们才仿佛反映过来似的，目光齐刷刷地转向了后面的奥拓，彼时我们俩已经一左一右从车里走了出来，一个捂住耳朵冲进左边的人群，一个捂住耳朵冲进右边的人群，当鞭炮声停止时，我分明听到一个声音问："新娘在哪里？"

三

其实，浮华的婚礼我见过：有长长的车队、洁白的婚纱、高档的婚宴。但是，我也知道，婚姻是长长的一生，是无数个平淡而琐碎的日子，是两个人都需要承担起的一份家庭的责任，能不能一生牵手走过，不是一场浮华能支撑得了的。

我和爱人，我们之间没有刻骨铭心的爱，但我们知道踏踏实实的过每一个日子。

二十年后，我和爱人一前一后走在街上，有长长的婚礼车队开过，我会淡淡一笑，心里依旧云淡风轻。

花　事

茹　儿

一

我生性爱花，骨子里常有不切实际的浪漫情结。爱人务实，更看重的是穿衣吃饭。这本是两种相悖的性格，然而二十年夫妻做下来，我发现，我们却仍然能相谐如初，笑语如喃。

二

婚后，我们的家，是极小极暗的一间工厂宿舍。前面长长地接出一间，墙面不平，地面也不平，赶上阳光好的时候，早晨九、十点钟屋里才能见一点亮儿。从外面看，很象旧社会棚户区的房子。

我倒并没有因为住这样的房子感到难堪，也从不多想，高高兴兴地到同学宽敞的婚房做客，再大大方方地带着她们来到我的小黑屋。我那时有着很纯净的心境，对物欲的追求远远没有现在强烈。我穿最朴素的衣服，梳最简单的马尾辫，对食物的好坏从不过多挑剔。

爱人比我大七岁，终于从水深火热的大龄男青年的队伍中走出来，看得出，他很珍爱我们的婚姻。他总是兴致勃勃地晃悠在厨房里，用柴、米、油、盐、酱、醋、茶这一干佐料，精心烹制我们的小日子。他让我们的小日子，一开始就有了烟熏火燎般平实与热烈的味道。

家事之余，爱人爱静默地看我做一些事情。

不久，他得出一个结论，他的妻子是一个对正事心不在焉，对不着边际的事很痴迷的一个人。

我那时正疯狂地迷恋着插花。

买来两本插花的书，用考职称的热情学习着。插花书上的每一页彩页都让我痴迷，聚光灯下，大蓝或大红背景下的插花作品流光溢彩，美幻美伦。每一朵花都让我喜欢。它们或插成富丽堂皇式的，各种昂贵的花昂贵的叶以各种造型集合在一起，诠释着繁华的主题。它们或插成秋日田园式的，洁白的芦苇、秋日田地里的小黄花、池塘里枯萎的莲蓬和莲藕。鹤望兰的花冠犹如归鹤，在絮一样洁白的云影里，回首怅望故乡……

应该说，对插花的爱曾一度充斥在我婚后的每一个日子里。

晚上，我和爱人的对话常常这样展开——

“原来鹤望兰也叫天堂鸟，我记得爱上三毛的马诺林送给三毛的就是一大捧天堂鸟。”

爱人正在一旁给我们的洗衣机做木托，因为地不平，我们的一些家具总在晃。

“什么时候你能给我买一枝鹤望兰吗？”

爱人转过头：“鹤望兰？什么鹤望兰？鹤望兰是什么？”

我将彩页递过去。“喏，这就是鹤望兰。”

爱人扫了一眼，将书又递还给我，拿起小锯，继续锯那块小木头。嘴里说：“好，哪天咱们去买。”语气里有明显的应付。

我听出来了，但并不气，我平时说话爱自说自语，问出的话有时并不希求答案。

我眼睛看着书继续说：“鹤望兰太贵了，你还是送给我一束红玫瑰吧，我要把它插在一个黑色的花瓶里，一定好看。”

……

说这些话不久，我买了一个瓷瓶，圆肚敞口，中等大小，白底，上面绘着兰草，很清雅。

那时候卖鲜花的并不多，我也从没有奢求去买花材。我插花的素材主要来自我住家的附近：山坡上、马路边、野地里、小河边。爱人在班上给我打了一把精致的小铲子。我自己又买了一把小剪子。因为有的花花茎很韧，有的花花根很深。

那些年，我插进瓶里的，多是一些野花野草。

我记得早春时节，野地上会有几种小野花。有一种紫色的小花，叫堇花。蒲公英的小伞飞走后会开出黄花。还有一种开着星星一样白花的小野花，很惹人怜爱。这几种小花采到后我会高高低低地摆弄半天，直到这些花在瓶里有一种错落疏离的样子我才罢手。有一种草，我总叫它星星草，夏天随处长，我就随处采，采一大束，再从哪个墙根下摘几朵小黄花，就是苦菜花，搭在一起，插进瓷瓶，能美丽两三天。丝瓜花插瓶也很好看。摘两朵嫩黄的丝瓜花，两枝牵牛花的藤，插进瓶里，丝瓜花一上一下，牵牛花的藤垂下来，很自然。有时，也能得到一枝两枝月季，没有什么野草可以配它，我就只插月季，一天一剪枝，赶上月亮很好，我就拿到月光下又看又闻的，心里很陶醉。有一年夏天，我意外得到了一枝半开的荷花，伸目光进去，已经能看到里面嫩黄的花蕊了。我很希望能把它养成一朵怒放的荷花，就特意地给它换水放止痛片，但很遗憾，没有两天，那几片花瓣就枯萎了。水生植物插瓶也很有味道。我刚工作时在一所农村小学，紧挨着永定河。蒲棒、苇子竿、芦苇，这些植物，我都插过瓶，很生动的。冬天，没有植物，我就采点枯枝回来。

我的花，就放在厨房的窗台上。旁边是案板、刀具、油盐酱醋的瓶子、各种佐料的小罐，桌子上铺着印花的塑料布，灶台上有擦不掉的油的痕迹。爱人洗洗切切，在火与油热烈的氛围里煎、炒、烹、炸，屋子里充满爆炒油烟的味道。灯光昏暗而温暖，我在一旁，给我的花修枝剪叶，我们有一搭无一搭地说着话，日子平实且美好。

有时，花放在盘子里、碗里，会有另外一种美丽。我曾偷过一次木槿，偷得惊心动魄，至今还记得。我一直以为木槿的枝一撅就折，没想，木槿的枝子很韧，里面折了，外面那层皮还连着，跟牛皮筋一样。那一次，我在街头出尽洋相后，只薅下一朵花，回家后，那朵花已被我攥得快揉熟了。我并不忍丢弃，没什么枝，无法插瓶，我就将那点枝也剪掉，找了一个红花的玻璃碗，放上清水，将花放在清水上，没想，浅紫色的花漾在清水上，竟有一种出水芙蓉般的美。

爱人是个工人，身上有一种工人的侉气，他办事不象我那样羞怯。他给我偷花，总偷得理直气壮，不管不顾。他们厂门口有两棵白玉兰，春天花开的时候，他站在树下，门卫就在不远的地方，他啪的一枝，又啪的一枝，然后，举着两枝白玉兰回家后献给我。

三

长长的婚姻生活里，有时我会想，爱人是否曾希望过，有一天我也可以象邻家的主妇一样，嘴里念叨着柴米油盐，手里干着琐碎的活儿，将小家的日子安排得妥妥贴贴呢？

这话，他没说过，我也没问过。

有时发现他正看我，目光中更多的是笑意和满足，我也就收起本就不多的内疚心，肆无忌惮地爱着我爱的一些东西，经营着我的一些小情趣，甚至拥有自己独有的一份精神世界。

搬进了楼房后，我又有了两个花瓶。一个是外观古朴的圆肚陶罐，虽是陶罐，看起来却象是木雕。一个是修长的水晶玻璃瓶。这两个瓶都不贵，一个是我某一年生日在花鸟虫鱼市场用 100 元淘来的，一个是我们买家具时送我们的礼物。

那些年，村庄在不断地消失，城市的钢筋水泥里，自然的花草已少见。爱人为了满足我，就经常带我到玉泉路花鸟虫鱼市场买鲜花。走进地下一层，满眼的姹紫嫣红，经常令我在一瞬间内感觉生活是如此的美好。但我很懂事：三枝玫瑰一大束星星草，或三朵幸福花几枝情人草，或一把康乃馨，十几元钱就买得一份幸福的心情回家。我曾经买到过一束白中带浅粉的康乃馨，那束康乃馨开的异样的好，颜色好，也开尽了，最后跟雪团一样，插在陶罐里，美丽极了。当然，有时我也会忍痛买两枝百合，那就算贵的了。后来有了各种各样的小草花，我又多了很多选择：两把小雏菊，一束勿忘我……也是十元左右一把，回家后插在陶罐里，蓬蓬勃勃的，可以美丽一个星期，很值。

爱人也一定觉得很值，经常在我对着插好的花无限唏嘘，自我吹嘘插得多么多么好的时候，他会在一旁一副满足状地看着我自我陶醉。男人吗？还是愿意满足女人的，这一点，女人一定要理解。爱人的钱包虽然很瘪，但一两个星期，几十元钱，赚他一副男人气度，赚我见花即媚笑的美好心情，双赢。所以，买花这件事，在后来的十几年里，于我们，就一路持续了下来。

爱人在我 38 岁那年，开始知道过生日给我买花。我 38 岁，他就要 38 枝玫瑰，两枝百合，和一圈的情人草。我 39 岁，他就要 39 枝玫瑰，两枝百合，和一圈情人草。40 岁那一年，我争着和他一起去花店给我买花。我配了一束很疏淡的花，想像着它在花瓶里美丽的样子，我的嘴角不由得翘上来。一扭头却看见爱人正阴着脸。他阴着脸不看我，阴着脸让花店服务生将那把素淡的花包上精美的玻璃纸，系上好看的绸带，阴着脸走出花店，又阴着脸甩给我一句："明年过生日别跟我来，40 岁一个生日，就买这么一束花？给我丢人。"我 41 岁，他捧给我的花束仍是 41 枝玫瑰，两枝百合，和一圈的情人草。我接过来，什么话也没敢说。

四

四十多岁后，我开始想念童年草滩上的小野花。但是，乡村越来越远。我找不到回家的路。

我买了一本又一本介绍植物的书，上面印着堇花，印着婆婆纳，印着鸭跖草，印着水蓼，印着益母草，印着野菊花……

那是一些我从来不知道的名字。但是名字下的那些草我却认识，那些花我却认识。

在用目光抚摸那些草那些花的时候，我仿佛又回到了童年，回到了那段在风里飞翔的日子。

四十多岁后，爱人开始带着我不断地离开城市，我们行走在路上，车窗外开始有大片灌木，有浅浅的河流，有山，有长满草与花的野地，我们在某一处停下来，离开车，站在旷野里，站在风里，站在花与草的清香里，站在我魂牵梦萦的一种味道里。

我远眺的目光热烈而纯净，神态如羞怯热恋中的女孩儿。爱人看着我，目光平静而温和，一如婚前。

一串手链

茹　儿

爱人很希望他的妻子也可以象工厂中的女工们一样披金戴银。

那时候我们刚结婚不久，彼此都刚刚脱离了父母的管束，钱自由得有些扎手。我们的钱就放在抽屉里，谁想用多少就取多少，有富余了，就扔进梳妆台上插着干花的黑瓷花瓶里。

看着花瓶里越来越多的纸币，一个时间段内，爱人的话题就总围绕着花钱展开。

“我们班儿一个女的，戴一个红宝石戒指，哎，我看了，真漂亮，明儿我也给你也买一个。”

我伸手看了看自己素净的十个手指头，实在对红宝石不感兴趣，就摇了摇头。

“不贵，才两千多块钱。”

爱人说这话的时候，我的月工资只有一百多点。

“我们班儿一个女的，她婆婆给她买了一个金手镯，那手镯，看着真撮实，给你买一个吧？”

镯子吗？我倒很喜欢，但我更喜欢玉手镯或银手镯，就又摇了摇头。

“我们班儿一个女的，今天戴了一条金脚链，跟我们显摆，要不你也来一条。”

我伸腿，让他看我的脚脖子。他看了看，无限遗憾地说：“是粗了点。”

不过，爱人到底趁我跟学校出去玩的时候，给我买了一条金手链。那天，是我儿子的生日，他跟我儿子说：“你的生日，也是你妈的难日，咱爷俩出去，给你妈买个礼物吧。”这话说得至今让我感动。

有关做饭

茹　儿

一

有一天，我终于意识到，那一家中，愿意在一日三餐中消磨了时光，把心思盯准在一顿饭，一碗汤的那个人，也应该是，对这个家充满了最深厚绵绵爱意的人。

二

爱人做饭，愿意独撑大局。

往往在我掰着手指头，面对摊在眼前满眼的菜、肉、米、面，一样一样细数着要做什么，却又最终只觉繁琐，而不知先做哪一样的时候，爱人却总说："不忙，不忙。"

所以，对待一顿饭，我是手忙脚乱的。

而他，是气定神闲的。

慢慢的，我由最初还会做几样菜的人，渐渐沦落成了大厨旁边的一个小帮工。

我倒并不自怨自艾，还常躲在一旁偷偷笑。想以后，他在厨房锅、碗、瓢、盆的时候，我就可以坐在阳台上静静看书了。

但是，事情往往难遂人愿。

他会经常叫我："小茹子，剥棵葱。"我放下看了两行的书，往厨房跑。我回来，刚拿起书，他又叫："小茹子，剥头蒜。"我跑过去，再跑回来。他又叫："小茹子，帮我拿个盘。"……我想要看的书，就在这一趟一趟的呼唤中，被分解得支离破碎。

我很聪明，下一次在做饭前，就将葱、姜、蒜都给他备好。

他还叫我："小茹子，这鱼是清蒸还是红烧？"油锅里的油已是滚热，明显的是要红烧，却还要问我。"小茹子，这点剩饭是倒在盘子里还是碗里？""小茄子，这个凉菜你是想糖多点还是糖少点？”

在我被叫得不胜其烦的时候，有一天，在他做饭时，我索性拿着书，斜倚在厨房的门框上，边看书，边等他吩咐我。

然而，这顿饭下来，他却始终没让我干什么。自己剥葱剥蒜，自己拿盆拿碗，眼睛盯着手里的活，嘴里有一句没一句地跟我唠叨一些事，倒也并不在意我是否回答他。我呢，边看书，边哼哈着跟他聊。

我明白了，他做饭，是喜欢我陪在他身边的。

这以后，他做饭，我就经常拿本书斜倚在厨房的门框上。这样，他做了饭，我也看了书。

做完饭的爱人，饭桌上总爱摆功臣的模样。给儿子夹块肉，给我夹块肉，然后不忘絮絮叨叨地说我的肉啃得不干净，说儿子的嘴巴上有饭粒儿。他却吃得不多，愿意一杯茶一颗烟地看我俩吃。

三

可以说，在做饭这件事上，我是极吝啬时间的。但这并不意味着我不好吃，实际上，我是很馋的一个人。

可以说，在做饭这件事上，爱人是极不怕浪费时间的。但这并不意味着他好吃，实际上，他是一个见饭从来不香的人。

周末的早晨，往往在睁开惺忪睡眼的一瞬间，他的话也会随即响起：“今天，咱们吃什么？”

兴趣高的时候，我会和他一起合计，看看外面的天空（如果细雨绵绵，或阴云四合，或朔风凛冽，我是想极了涮锅的），想想今天是否赶巧是哪个节气（我对那些吃薄饼，吃肘子，吃螃蟹，吃饺子的节气还是很感兴趣的），再想想这个星期中什么吃的东西曾经让我一遍一遍咂摸过嘴巴。

兴趣不高时，我就会一转身，甩给他一句话：“你真俗。”

他倒并不在意。

兴致勃勃地穿衣、收拾，拎着大袋子小袋子出门，再拎着大袋子小袋子回来。然后无怨无悔地将上午剩下的时间都浪掷在厨房里。

这时，我一般坐在我打扫过的，如水洗过般清洁的客厅里看书。阳光从外面照进来，光线明明暗暗，有时是一阵风吹进来，拂在脸上，有时从书中恍惚出来，听到厨房里传出的响声，会有一种平实的满足感。

看书的间歇，累了，我会推开厨房门的一小缝，将脑袋伸进去，看他一心一意的做饭。并暗自奇怪，暗自摇摇头，想这个人怎么会愿意把大好的时间都浪费在做饭上呢？要是我自己的周末，我是要定了清清爽爽的屋子，厨房没有烟火气，一杯茶，一本书，中午只两个白水煮蛋的一天。就连儿子，跟着我的周末，心里都做好了素淡的准备。

然而，不能欺骗自己的是，我们也爱极了从厨房中传出的这种喧嚣，爱极了由这饭菜而绵延出的家的味道，温暖的味道。所以，爱人休息的周末，我和儿子都喜欢。

爱人会长时间地熬一锅粥。粥熬得细软浓烂，豆子开了花，莲子进嘴就化，枣子露了肉。再配上一碟切的细细的咸菜，咸菜上淋上麻油，放醋，放糖，再配上切得细细的青辣椒丝。

爱人会炖肉，他认为周末不炖肉，就显不出工夫来。他炒糖色炒得很合适，端上来的排骨、肘子、鸡翅都是红通通的，很让人有食欲。

现今很多人都爱买面食，爱人却习惯自己做。

他蒸包子、馒头、麻酱小花卷，一律的玲珑雪白。小花卷只有乒乓球那样大，放在手掌上真如一朵绽放的小花，让人不忍下嘴。

他包的饺子很小巧，很好看，每个饺子都有一样多的褶，我有时嫌耽误时间，就建议他包大点。对这样的建议，他从来不理睬。最初包饺子，是我们俩一起做，后来，他看到我擀的皮是中间薄，边厚，看到我包的饺子个个是仰巴脚，就把我赶出了包饺子的队伍。

有一次，他烙馅饼，我建议他饼铛有多大，馅饼就烙多大，这样，一家三口人三张饼就够了，多省时间。搞得他白了我一眼，回头继续烙他那不足一只手掌大的馅饼去了。馅饼的馅经常换，韭菜、白菜、豆角、小白菜，木兰芽，都是我和儿子爱吃的，我曾经有过吃下一盘子馅饼的记录。

小葱下来时，爱人会给我们烙葱花饼，还烙鸡蛋沾饼。他做肉夹馍，我建议他馍就用烧饼铺中的烧饼代替，省事。他却说："他烙的馍才是正宗肉夹馍中的馍。"

有一次，爱人给我们端上一盘金黄的玉米饼。玉米饼呈椭圆形，很小，焦黄中透出一股玉米的清香。尝在嘴里是甜、软、香。爱人说："你以为我天天早上去法海寺瞎逛呀，我是给你们俩学做吃的去了。这玉米饼是我站在那家卖玉米饼的摊前学了两天才学会的，里面放了两袋奶，一袋白糖。"

四

40 岁的这一年，我很想给家里人做顿饭。

"我要蒸一回包子。"我边看电视边向两人郑重地宣布。

“老爸，你要给老妈准备一袋面了。不，恐怕一袋不够，你得准备两袋。”儿子面冲他的老爸，一副严肃的样子，但调侃的味道还是任谁都能听出来的。对面他的老爸，用手敲敲桌子，用低沉而缓慢的语调说：“儿子，你老妈要是包一回包子，用两斤面，他的盆上得沾八两面，还是省省吧！”儿子恍然大悟的样子，“是这样，那还是算了吧，做包子，也不能浪费粮食呀！”

两人说着我，却并不看我。很奇怪，平时他们在家里总是一副二虎相争的样子，一遇到调侃我，马上就能成为一个战壕里的战友。

但我还是想给他们两个包回包子。我问过同事后，很认真地将怎样发面，到哪里能买到自发粉记下来，认真的程度丝毫不亚于我在做一份最重要的工作，我甚至将周六的一个下午都定为蒸包子的时间。

可周五一回家，爱人却端上一盘包子，还冒着热气。这是他歇了一个下午蒸的。“快洗手，吃吧，你不是想吃包子吗？”

我嚷到：“什么呀，我想亲自做，我想表达一下我的心意。”

是真的，我想表达一下我的心意。

人到了一定岁数，才刚领悟到，一菜一饭了绵延的那份情谊。

爱一个人，一定会愿意为他，洗手做羹汤，并同时不在意那里面消磨掉多少时光。

爱人之前对我们，是这样做的。我在之后，也愿意这样做。

蝈蝈葫芦

茹　儿

爱人很遗憾，没有生在一个有点条件的家庭里。更遗憾的是，他又找了一个同样没有什么家庭条件的我。我们都不是蜜罐里泡大的孩子。所以对于物，我们都很有节制。

把玩之风盛行后，爱人随着社会的起起落落，也开始喜欢一些东西。先是核桃，后是葫芦，然后是蛐蛐罐儿，现在好像又变成了什么串。

我对爱人的跟风很不以为然。我个人很少被时尚诱引，多风行的东西，只要不爱，就不碰。但要爱上一件物事，就是一生的痴恋。就象我腕上的镯子，不贵重，然而十几年戴着，有时细细抚摸，竟感觉是隔世的相识。

爱人并不认同我的观点，我也不十分劝。夫妻之间，宽宽松松，才是处长之道。

翻开衣柜中间的一个小夹层，里面全是爱人的宝贝，宝贝都不贵。200 块钱一对的核桃，有两对。10 块钱一个的小葫芦，小葫芦长得一点也不周正。1 个小木头盒，火柴盒大小，酱紫色，盒盖上刻着一束兰，枝叶纷披，盒子的背后刻着两行字，是一幅对子。小盒子是他从潘家园买的，回来很自豪地跟我和儿子炫耀：50 块钱，紫檀的。我俩同时撇嘴。倒是有一个蝈蝈葫芦可能值点钱，那是大姐夫给他的，大姐夫一向是提笼架鸟的主儿，要知道，他买这些东西是不顾家里生计的。爱人就做不到这点，他永远是在家事之余家资之外摆弄他的这点小爱好，喜欢却不沉迷，所以他永远成不了真正的玩家。那个蝈蝈葫芦后来成为爱人向别人炫耀的一个宝贝。家里来一个人，他总是仿佛不经意地把蝈蝈葫芦拿出来给客人看，客人也总是很给他面子，啧啧地称赞不休。不过，那个蝈蝈葫芦一看确实不是俗物，色泽厚重，壁上雕刻花草，花草很生动，盖的颜色呈琥珀色，很莹润，镂空雕刻，雕功细腻。

为了这个葫芦，爱人开始养蝈蝈。

他不知道从哪里踅摸来一只蝈蝈，拿回来让我们看：有点像蚂蚱，是那种黑头蚂蚱，但比蚂蚱大，腿也长，周身颜色是绿的，不是碧绿，有的地方带一道黑，翅膀抬起，里面露出纱翅。我看着并不是很喜欢，在昆虫世界里，我更喜欢蝴蝶、蜻蜓一类美艳的东西。但我并没表露，我知道，蝈蝈的世界里，深藏着很多文化，只是我不了解罢了。

但爱人却很喜欢，喜欢却不通，这点我看出来了。

他不知道从哪里得到的知识：给蝈蝈吃的胡萝卜要蒸，还要裹上一层黄豆粉。他从班上一个人那里得到了一些黄豆粉。晚饭后，我和儿子看书的看书学习的学习，他就在阳台上的藤椅上坐下来，打开葫芦盖，让蝈蝈自己爬出来，然后一杯茶、一根烟地眯缝着眼睛看着那只蝈蝈。蝈蝈蠢蠢的头从罐里慢慢钻出来，啃着爱人准备好的胡萝卜，间或鸣叫几声。他有时也会逗弄蝈蝈：按住蝈蝈的屁股不让它动；拿一根火柴棍塞到蝈蝈的牙下，美其名曰给蝈蝈磨牙；揪着蝈蝈的两条长腿让它蹦。

我说他是闲极无聊，枉担了养蝈蝈的一个名声。

我说：“你应该了解一下养蝈蝈的历史和文化。”

他说：“什么文化不文化的，多累，我就想听个声，是个乐。把儿子和你养好了才是我最大的任务。”

我听了一乐。

但我第二天还是给他下载了一些图片，找了一些简短的文字，希望他多多少少了解一些有关蝈蝈的文化。

爱人在我的逼迫下，每晚戴着花镜，囫囵吞枣地将那些材料消化掉了，从此，他就仿佛有了谈资。我们去香山，去玉泉路市场，走进古玩店，看见蝈蝈葫芦，爱人都会装着很资深地样子上前跟人家攀谈，将材料上的知识，照猫画虎地说上一遍。-----“这葫芦口上面的盖，叫“蒙芯”，“蒙芯”的材料可多了，有贵的，有紫檀的，有红木的，有象牙的，有玳瑁的，有虬角的。”------“蝈蝈要叫的时候，在葫芦里会爬来爬去，它要找一个合适的地方，利用回声，让叫声最大…”每次听他侃，我都会在一旁有趣地看着他，感觉男人有时很象个大孩子。我同时很警醒，感觉他要露馅时，马上拉起他，开溜。

爱人同时喜欢把别人的目光逗引过来，希望得到别人的关注，这点我理解，是人都有这种心理，我也有。但凭爱人的长相和气质，平时这种机会是不多的。有了这只蝈蝈后，爱人在心理上些许得到了一些满足。他穿着工厂的破棉袄，把蝈蝈葫芦揣在怀里，昂首挺胸地走在路上，蝈蝈的鸣叫常引来路人的一些寻找，爱人这时就心花怒放起来，头扬得更高了，胸也挺得更直了。他还揣着蝈蝈去吃饭，借着蝈蝈的叫和服务生贫两句，这时我在一旁很少生气。

但爱人整的这些调调，我都不喜欢。给平淡的日子整出点情调来，才是我的爱好。

我跟爱人说："我帮蝈蝈找点乐吧？"

我们住的地方，桥那边，还是一个自然村，家家院子外，点豆种花，很有田园味道。中间一大片农业地，地里玉米、丝瓜、豆角架、喇叭花的藤，都荒在那里，没人理会。我一直对那片地很感兴趣。一个傍晚，我走进那片地，用剪子剪了三根丝瓜花的藤，藤长长的，叶子也大，拿在手里都费劲。回家后，我就开始象上足了发条的弦一样。"快，快，把这个小藤筐钉墙上，钉犄角这儿，钉高点"。"把这根藤用胶条粘在小筐里，这三根都粘。"我将粘好的藤往下捋顺，丝瓜藤摇摇曳曳垂下来，一直快垂到地面，丝瓜叶子很肥大，密密匝匝的，丝瓜花藏在叶子下，有的还半开着。这几根丝瓜藤竟让阳台有了别样的味道。我站在一旁，美滋滋地看着，一会儿摆弄一片叶子，一会儿摆弄一朵花。

很快，月上中天。我将阳台的灯关上，让溶溶的月光照进来，照在瓜藤上。我说："把蝈蝈放在叶子上。"我沏了两杯茶，放在藤桌上。蝈蝈爬在丝瓜藤上，欢叫着，我们喝着茶，吹着晚风，听着虫鸣，感觉那一晚真有味道。

失了水的瓜藤爱干，我经常换。有时我会换成牵牛花的藤，还换过爬山虎的藤，换过豆角的藤。那一段时间，站在客厅里欣赏那些自然摇曳生气勃勃的藤，是我的一大乐事。

蝈蝈养到冬天，屋里来了暖气，叫的就勤了。它先是丝丝微鸣，然后引吭高歌，最后竟至竟夜不断。我和儿子都是安静惯了的人，有时被吵烦了，不免会对爱人怒目而视。每到这时，爱人很知趣地一通忙乱，将葫芦塞到了沙发垫子下，上面加一个垫子，再加一个垫子，又盖一层棉袄，直到蝈蝈的声音渺渺茫茫起来。

冬天，下了一场雪。

那场雪后不久，蝈蝈就死了。我们将蝈蝈的尸体放在了一个小塑料盒里，埋在了一棵树下。

蝈蝈死后，有时我坐在阳台上，身后仿佛仍然垂着一挂丝瓜藤，藤上有半开的黄色的丝瓜花，那只蝈蝈仿佛仍然在我身后欢叫。

有时我想，我们和这只蝈蝈有一场缘分，是一个秋天和一个冬天的缘分。

草

茹　儿

草，淹没在了草的中间。

但我凝视过一棵草，凝视过一棵草上的一片叶子。开始是偶然，后来就成了经常。再后来，我的脑海中就出现了一个句子：草，是一朵一朵绿色的花。

我无法用语言来形容一棵草或一棵草上一片叶子的美。有很多次，我将赞美的文字落在纸上，但不满意，修改，再修改，但终于还是不满意，最终划去。我只能在优雅的叶子前迷惑，只能说，相对于自然缔造的神奇，我的语言是贫乏的。

但我庆幸，我的目光还不麻木。有多少美，是在我们的漠视中，自行地凋零。

品咂草，让我发现了大众中的美，发现了普通中的卓尔不凡。

世上，还有草一样的人。

他们，就生活在我的周围，生活在我熟悉或不熟悉的城市里，生活在我熟悉或不熟悉的乡村里，或者生活在我至今也不知道的一个角落里。他们应该和我一样，没有显赫的家世，没有背景，没有靠山，从事着一份太过普通的职业。他们融入到社会中，就象水，滴入水中；沙，掉进土里；草，淹没在草中间。

在无人知晓的日子里，人性的诸般美德，正在他或她的身上，在他们或她们中间，如鲜花般地绽放着。

前几天，我一直在看一个节目，类似于360行，行行出状元这样一个节目。比赛设计的项目，很难。比如，用吊车起啤酒盖等。出场的人一律普通，不是俊男美女。只是在操作中，他们笃定的目光，他们脸上尽显出的王者气概，让人不由得不心生赞叹。平凡的职业，在他们神乎其神的演绎下，竟散发出奇异的魅力。

我从他们身上看到了美。他们，是大众中的美丽者。

又一天，我在网上看到了“感动中国小人物”的一些内容。他们都是掩藏在普通人中的普通人。“寒风中卖报的80岁老妪”；“5年来坚持照顾傻哥哥的重庆小姑娘”；“代人买彩票中500万大奖归还原主的无名人”；“独自深山办学22年的徐云铃”……

善良、自立、坚韧、诚实、奉献、博爱……他们于平凡中诠释着人性之美。他们，是大众中的美丽者。

草，和草一样的人，和草一样的物。他们，是静美，是内敛的美，是不招摇的美。他们，于含蓄中吐纳芳香，润泽万物。他们，有大美而不言。

刘贝佳

茹　儿

用包容心去看孩子，每一个孩子都是 一朵花。刘贝佳也是一朵花，开在二（1）班的花园里，自有一番独特的美丽。

刘贝佳的美丽在于她的无“心”

第一次见到刘贝佳，她的纤弱、秀美以及灵澈的眼睛让我为之一，我在心里说：“好秀气的小女孩”。再后来，她便用她那独特的思想与举止让我在一次次的哑然失笑中领教到了什麼叫无可奈何。纪律与规定好象从来没有在我的狂轰烂炸似的宣讲中进入她小小的心灵。当全班所有的小朋友都知道了上课铃响就要在椅子上坐好，而且要把小胸脯挺得直直的时候。刘贝佳同学却经常是在物品柜前不慌不忙的掏摸着什麼，对我直视的目光和教室中瞬间而来的沉寂丝毫不为所动。我沉默着盯着她，希望能从她拿完东西回到座位的瞬间看到她知错的神情。但是每一次她都是昂首挺胸，不管不顾的回到位子前，在一阵桌椅的摇晃声中稳稳的坐下来，然后用清澈的大眼睛无邪的看着我。

她的学具很少带齐过，没有什麼就会找我来要，她用很大的嗓门儿慢条斯理的告诉我：“我没橡皮，我没尺子……”，然后就是定定的看着我，等着我从讲台桌那一堆没人要的学具中拿出她需要的东西放到她手上。在对她讲过100次“下次要带齐用具”以后，再给她学具时我便省略了这句话。

有一次，我太看不惯她用粗铅笔写出的字，就替她把铅笔削尖了，尖铅笔写出的字的确好看，我表扬了她。这以后她找我要的学具中就多出了尖铅笔，她会在每一次写作业前跑过来对我说：“老师，我没有尖铅笔了”……

在我的急噪没有被她磨平之前，有时耐不住性子我会冲她发火。但我脸红脖子粗的冲她嚷嚷时，她却用一种惊鄂但决不是害怕的神情看着我，长长的睫毛快速的忽闪着，很天真的样子。倒让我感觉，自己此刻是多麼的有失耐心。

我逐渐习惯了她的不通世故。更多的时候，我不再冲她发火。更多的时候，我以十倍百倍的耐心给她讲一些生活的常识，我手把手的引领她掌握一些必要的能力，比如怎样把铅笔印痕擦干净、比如拿铅笔时不用把铅笔盒中所有铅笔都拿出来捡出一支后再把其它铅笔放进去、比如把第二天必须要带的东西写在纸上放在铅笔盒里……她也逐渐的学会了很多东西，知道了在我帮助她收拾完书包后跟我说声再见，知道了跟小朋友们借东西时要说声谢谢……

习惯了她的不通世故，在我平静的注视下，她的美丽便如春花般绽放起来。

比如很多时候她显得很笨拙，但她的聪慧会在某个时候闪现出来，这让我相信她绝对是个聪明的孩子。比如，在班里的女孩儿扎堆儿凑在一起闹着各种各样的小矛盾时，刘贝佳却从不参与。虽然女孩子们不是很愿意带她玩，虽然有的女生有时会欺负她，但她从不过心的继续与任何人保持着友好，带着她那特有的纯洁天真的笑。

一天午后的闲暇里，我带着班里的孩子们来到校园的后花园。刘贝佳没能挤进女孩子们快乐的圈子里，我正想干预一下，却见她脸上依然是一派天真的笑，蹦蹦跳跳的走进草坪，在一朵大牡丹花前停下来。她微倾着脸，冲花笑，跟花语，此时我看她真如一朵花样的美丽。

由相片想到的

茹　儿

一个人就是一个世界。他独有的身体，独有的器官，独有的思想，独有的智慧，独有的情感体验，独有的性格特征构成了他自己的一个小世界。所以，人往往爱沉浸在自己的小世界里，犯自恋的毛病。

我就很自恋。

记得青春年少，十二、三岁的时候，关注自己的容貌到了不可理喻的程度。最主要的表现就是对照相的态度。那时候照相，扭捏作态不说，快门按下的一瞬间头总会快速低下，留下的是青春期欲说还休的自卑心理。对容貌美丽的渴求体现在每一次照相后对照片的恐惧，总设想着自己照片中丑到极点的样子，总以为别人对自己会指指点点。最可笑的一次，是有一次取相片时，竟恐惧到不敢当着洗相片人的面检查一遍相片，匆匆付过钱，小偷般地惶惶而逃，直到坐上车，下定决心似的从纸袋中取出相片，看到相片中一个个不认识的人，才发现自己拿错了。那次，二姐就在旁边，二姐认为我可笑至极。后来，说不清是哪一天，就突然开悟了，因为发现每个人看照片时关注的都是自己，别人的美丑关自己何事。于是，积存多年的心结一下子开释了，以后。再也没有为照片问题有过心病。其实，说心里话，现在看自己青春期的照片还是很秀丽可人的，惟有的遗憾是没有一张是仰着头露出灿烂微笑的。

那一天，在单位的饭厅里吃饭，又听到有关照片的一段话。

是毕业照片上三位老师的一段话。

德育主任说：“妈呦，我第一眼就看到了我那条大粗腿，跟大象腿没什么两样。”

张老师说：“可不是，我就看到了我那张胖脸，我数了数好象有三个下巴。”

杜老师说：“我那一脸的疙瘩最引人注目。”

我听了，哑然失笑。

看来，这是三位还没有开悟的老师。

其实，德育主任在我看来体态是多么的颀长优美。张老师是年轻美丽的。杜老师下巴上的那点疙瘩怎么能掩饰住她那秀丽的脸所散发出的魅力呢？

我们烦恼，源过于我们太过关注自己。

我们是自己的中心，我们就以为我们也是别人的中心，甚至我们以为我们是世界的中心。所有的目光都在关注着我们，关注着我们每一次的失误，每一次的失败。我们以为我们伤痕累累的样子暴露在大庭广众之下，象个太阳一样被万人瞩目。我们怕我们伤痕累累的样子被万人瞩目，我们想象着别人在津津有味地欣赏着我们的伤痕，欣赏着我们的痛苦。其实，现在让我告诉你，世界上的每一个人都在忙不迭地顾着自己呢，就象你我，谁也没有闲情逸致总关注别人。所以，让我们把生活中的每一个痛都想明白，这个痛是它本身就有这个分量的痛，还是因为你我想象的迭加而增加了它的痛感。如果想明白了，我们会发现，生活原本应该有更多的内容是美丽的，轻松的，无忧无虑的，无拘无束的，且让我们放开心扉去享受生活本来的精彩吧！

树是秋天的花

茹 儿

一场寒潮，一次突如而至的降温，一夜浸骨的冷霜，树却绽放了。

树叶里的红色素、黄色素、橙色素、胡萝卜素……诸多的色素，于春夏的沉潜之后，在骤然的寒冷中，次第显现，五彩斑斓，争奇斗艳，绝不逊于春夏的花。

有谁不爱秋天的树呢？不爱秋天树的色彩？万山红遍，层林尽染。这是山，这是林。更有那一棵一棵的，红，红艳似火，酡红如醉；黄，明丽娇艳，灼灼悦目；还有那半黄半绿的，半黄半赤的；还有那综合了好几种色彩的：柿红、朱红、金黄、古铜、赭色……诸多的颜色，让你说不出，让你认不得。

就象一个木讷的女孩，树，在春夏，普通，含蓄，在秋天，却做了风情万种的新嫁娘。严寒，做了它的媒婆。

在秋天的树下流连，我突然想起一些人，一些如树一样的人。当生命中的寒潮来临，他们褪去曾经的素色，一层层，展现着生命内在的美质。

我想起《哈利. 波特》的作者——英国女作家罗琳。有一段时间，她没有工作、离异、栖身在一间没有暖气的小公寓里、靠微薄的失业救济金养活自己和女儿。这是她生命中最艰难的一段日子，而正是这一段日子，她带着女儿，到附近的一家咖啡馆里写作，写出了风靡一时的《哈利. 波特》，显示了自己卓越的文学才华。

我想起了梵高。他生命的上空，好像从没有过明媚的阳光。一生穷困潦倒、画作无人认可。然而，正是这长久没有边沿的坎坷，催动他一生不遗余力地追求艺术。他的艺术之花绽放在他死后，那是一朵光芒万丈，耀眼夺目的艺术之花，无人企及。生命的寒潮越长，这朵艺术之花绽放得越加灿烂。

我又想起了很多如我一样的普通人。病痛、失业、贫穷，生命的寒潮来临，他们不退缩，傲然而立，坚韧、拼搏，绽放出一朵朵璀璨的人性之花。

希望花

茹　儿

站在教室的窗前，我能很清楚地看到校园里的那几丛迎春。正是冬将去未去、春将至未至的时日，源于对春的渴望，又知道最先报春的就是这几丛迎春，所以，一天几次的，我会特意站在窗前，细细地用目光搜检迎春些许的变化。

迎春枯瘠的枝条爆出了芽孢，小米粒般的。渐渐的，芽孢丰盈起来，红色的。芽孢涨得仿佛要爆裂开了。我知道，花要开了。

我很想看到第一朵绽放的迎春。于是，课余闲暇，我就总跑到迎春的丛前，一枝一枝的看。终于，在三月中旬的一个上午，我惊喜地看到，有两朵并肩的迎春，开了。

多美的两朵花！象两张含羞的笑脸。那六片鹅黄的、稚嫩的、仿佛少女的脸吹弹得破的娇媚花瓣，在料峭的风中微微颤动，越发地让人起一丝怜爱之心。

多美的两朵花！象两支希望的号角。于残冬将尽未尽之际，吹响了春的序幕。此时，远山未着色，近水未放歌，旷野之上，一定还有凛冽的风呼啸而过。然而此时，我却仿佛看到满眼里蓬蓬勃勃绿色的小草；看到飘摇在春风里鹅黄的柳枝；看到后面接二连三要绽放的春花：四月的蔷薇、五月的桃花、六月里姹紫嫣红，蜂飞蝶舞，一团的热闹。

迎春花，让我看到了春的希望。

迎春花，美在娇艳；更美在，它是一朵希望的花。

相对于自然中的迎春花，一些人，又何尝不是另一些人生命中的迎春花。

著名作家沈从文，初来北京，生活曾一度困窘到了极点。他拼命写作，但寄出的稿子却全部石沉大海。就在他感到前途渺茫的时候，徐志摩先生发现了他，刊发他的稿子，并推荐他去大学教书。现在看来，沈从文先生那一段困窘又看不到未来的日子，可算是他生命中的严冬，而徐志摩先生的发现与赏识就是在沈从文先生冰封千里的日子里开放的一朵瑰丽的迎春花。

纵观历史，这样的例子数不胜数。实际上，一句温暖的话，一个鼓励的目光，一番发自肺腑的真诚祝福，都会给一些陷入困境中的人以希望，它们就象一朵朵迎春花一样，为这些人吹开心上的严冬，为这些人迎来生命中的春天。

让我们都来做迎春一样的人吧！

这个秋天

茹 儿

这个秋天，我不用象父亲一样，去商店买几张糊窗户纸。糊窗户纸是白的，带着浅黄的暗纹，纸不脆，有些绵软，表面看还有一层细绒，还没有糊上窗户，就让人感觉到温暖。父亲到家后，院子里的风已经有些冷。母亲就和父亲说："把窗户糊上吧。"母亲就到厨房熬糨糊，父亲就在屋里按尺寸剪窗户纸。等到糨糊熬好了，父亲就登在凳子上，起开一个个按钉，摘下一块块绿色的窗纱，窗纱已经不象五月钉上时那样透亮，最上面有了一些浮土。然后，母亲在窗户纸上刷上糨糊，递给父亲，父亲一张、一张地糊。那个下午，我们几个在屋里在院里玩耍的孩子，无端地心里就有一种安全感。糊好的窗户，一下子让屋里显得有些亮，显得暖和了很多。想起几个中夜，被夜凉冻醒，一件一件扯起旁边的衣服盖在身上，这窗纸，在心里就成了遮蔽秋风的屏障，而糊窗的父母的身影就这样一年年印在我的心里，在如今每一年的秋天，仍然温暖着我。

这个秋天，我不用象母亲一样，一床一床拆洗过冬的棉被；一件一件拆洗过冬的棉衣；一双一双晾晒过冬的棉鞋。母亲对每一个温暖的秋阳都很珍惜，不放过任何一个日头晴好的休息日。母亲在那些贫穷的日子里，无法给我们的棉被、棉衣再絮上一层棉絮，母亲只能希求，在我们的棉被、棉衣上一层层絮上阳光。秋天的天空总显得那样的高远而明丽，秋天的风和阳光总让人感觉那样舒适。院子里，那些张大嘴的棉鞋一口一口吸纳着阳光，它们能读懂院子里那个一上午一下午总在忙碌的中年妇女的心思吗？嗨，不管是不是读懂了，它们在吸纳中蓬松了身子，最后，蓬松成一个温暖的小窝，这，却是母亲需要的。那些被子，那些棉衣呢？总被母亲的手铺展再铺展，拍打再拍打，翻晒再翻晒。它们能读懂院子里那个一上午一下午总在忙碌的中年妇女的心思吗？嗨，不管是不是读懂了，清风吹过，留一缕在被子上，秋阳晒过，絮温暖在棉花中，将脸扎在上面，你能感到喧和和舒适，这，却是母亲需要的。

这个秋天，我不用象父亲一样，一车车去推过冬的煤；这个秋天，我不用象母亲一样，一棵棵去搬过冬的菜；这个秋天，我不用象父亲一样，敲敲打打，用最细腻的一颗心去寻找哪怕是烟囱上最微小的一个洞；这个秋天，我不用象母亲一样，在扎手的凉水里洗好一盆盆大萝卜和雪里蕻，用扎手的凉水一遍遍刷洗腌咸菜的那口缸，母亲去捧那盆粗盐粒的手指，在我的记忆里，真象一根根红萝卜；这个秋天，我不用象父亲一样，细细地寻找能灌进风的窗缝，用胶带严严地将缝隙沾住；这个秋天，我不用象母亲一样，做一个厚厚的棉帘，挂在门上…….

这个秋天，我什么都不用准备。

然而，不用准备的秋天，我能给我的儿子留下如我一样的记忆吗？

我能让我的儿子，如我一样，记下童年冬天里幕天席地的寒冷，记下那幢透出昏黄灯光的小屋，记下推开门，棉帘将寒冷一下子挡在门外，屋里的火炉上正炖着菜，玻璃上有厚厚的一层哈气，那上面已被早回的弟弟画满了幼稚的画，而父亲和母亲，手里忙着，脸上笑着。这一幕，我记着。而我，可以给我的儿子留下同样的记忆吗？

孤单像盛开的花朵

叶　子

孤单像花朵，静静地绽放在这个初夏的黄昏。

天上的云朵，单调地滚着卷边，没有变出各种可爱的形状，也没有各种灿烂的颜色，一成不变的白着，带着未雨绸缪的铁青。

地上的人，开心的，悲伤的，紧张的，得意的，更多的是漠然着的，却都是与我无关的。

我独自向前走，迎着夕阳，背后是我孤单的影子。

路边的小店，有着鲜亮的招牌和布满灰尘的橱窗，塑料做成的水果和糕点伪装出一副好吃的面孔。

开过的汽车，喘着黑色的粗气，继续污染着这个城市的街道和天空。一辆摩托风驰电掣地闪过，男孩和他的女友的面孔变成模糊的一团。

有一座高楼，和一台起重机，后者正把一个类似铁制的脚架的东西紧紧地挨着前者放下。不知道什么意思，不知道为什么有那么多人围观，有人用手机录着相，好像看到飞船飞过。高楼的某些窗口贴出大大地鲜红的“救命”两个字，对着这些围观的人，还是没有思想的起重机？

我独自走着，一路向西，这些，都与我无关，影子被拉得瘦长。

有一群鸽子飞过，在天空盘旋着回家的路，鸽哨久久地盘亘在我的耳边，在这个钢筋水泥的森林里，它们会不会迷路，或者，像我一样的孤单和无助，艰难地寻找未来的方向。

城市的猫和狗都是被宠坏的小东西，吃着精致的粮食，喝着牛奶，过着全世界半数以上的人都过不上的生活。它们带走了什么，又带来了什么。

我一路走来，没有你，我的孤单像盛开的花朵，开在这个陌生的城市的角落。

美人迟暮

叶 子

当往事零落，像水银般落地，离散而又聚合。我所体验的远不止这份迟暮之感的落寞。

我是一个感性的人，可当心死了之后，却又变的那么冷漠，一切于我，只是一场永不完结的电影，我仅仅只是看客。

那个时候我真的爱过——诗歌。

“惟草木之零落兮，恐美人之迟暮”，我嘴中吟着从屈子传下来的诗歌，坚守着神性的写作，在唐宋遗风里穿梭，守着自己的土地，不放过每一棵麦子的快乐。那时，我真的相信我手中的笔会唱歌。但，我错了。

那个时候，朦胧却从不迷惑。当我被北岛《一切》的《宣告》所震慑而无法回答时，我不知道，他的背后还有那么多的名字：食指、芒克、北岛、江河、多多、杨炼、顾城、舒婷……

“在没有英雄的年代里 / 我只想做一个人”，“卑鄙是卑鄙者的通行证 / 高尚是高尚者的墓志铭”，“黑夜给了我黑色的眼睛 / 我却用它寻找光明”，“或许召唤只有一声———/ 最嘹亮的，恰恰是寂静”“与其在悬崖上展览千年 / 不如在爱人肩头痛哭一晚”……或许这些诗句没了当初的狂热，但依旧有心的痕刻。但当诗歌被从骨子里破重塑时我真的用自己的眼睛，看到了黎明。那一个个曾经绽放过异彩的名字，而不久又淡褪了颜色。朦胧的梦真的是经不起时间浣洗颜色吗？

我不相信那个“想擦去一切不幸 / 想在大地 / 画满窗子 / 让所有习惯黑暗的眼睛”任性的孩子，会那样惨烈的客死他乡，顾城走了。食指疯了，只是因为在那个荒唐混乱的时代犯了没有错误的错而被迫害。“相信未来就是否定现在”一句话就谋害了一位诗人埋葬了无数的诗。江河真的行吟泽畔，离群寡居，与外界断了联系。杨炼依旧在生活中锤炼，北岛出国也告别了诗歌。朦胧也就这么朦胧的散了。但那个时候一个人用他最喜欢的方式为他们以及逝去举行了葬礼，以诗哀悼的人就是我。

那个时候，海子又点燃了我的梦想之火。海子你说：面朝大海，春暖花开。春天来了，你却走了。海子你说：春天，十个海子全部复活。可春天尽了，而海子却没留下那仅有的一个。海子你说要以神性写作。我相信，而你呢？真的要像你的瘦哥哥一样，你才快乐吗？我真的不懂了。

那个时候我把你葬在我心中最明亮的地方，把你神化了。那个时候我仍相信诗歌，也相信诗人的死就是生。

直到有一天，不得不面对我要逃离的生活，踅身走进了暗淡的生活。

直到有一天，某某站出来说“一部三流的小说，被拆开来，就是诗歌”。

直到有一天，诗人要自费出诗。

直到有一天，出版社说“我们社从不出诗歌，那只能积压存货”。

直到有一天，直到有一天，诗人说靠写诗无法生活。

直到有一天，我说我是写诗的，那面立刻投来鄙夷的神色。

直到有一天，我发现，这个世界即不需要国王也不需要诗人了。

我开始努力赚钱。

只是偶尔有人说起那时，我，还会心底一凉，眼角一热。

我的黄金时代过去了。

远道荒寒，婉娩流年，望望美人暮迟。

站在烦恼里仰望幸福——生命在于思考

叶　子

人生烦恼无数。

先贤说，把心静下来，什么也不去想，就没有烦恼了。先贤的话，像扔进水中的石头，而芸芸众生在听得“咕咚”一声闷响之后，烦恼便又涟漪一般荡漾开来，而且层出不穷。

幸福总围绕在别人身边，烦恼总纠缠在自己心里。这是大多数人对幸福和烦恼的理解。成绩差的学生以为考了高分就可以没有烦恼，贫穷的人以为有了钱就可以得到幸福。结果是，有烦恼的依旧难消烦恼，不幸福的仍然难得幸福。

烦恼，永远是寻找幸福的人命中的劫数。

寻找幸福的人，有两类。

一类像在登山，他们以为人生最大的幸福在山顶，于是气喘吁吁、穷尽一生去攀登。最终却发现，他们永远登不到顶，看不到头。他们并不知道，幸福这座山，原本就没有顶、没有头。

另一类也像在登山，但他们并不刻意登到哪里。一路上走走停停，看看山岚、赏赏霓虹、吹吹清风，心灵在放松中得到某种满足。尽管不得大愉悦，然而，这些琐碎而细微的小自在，萦绕于心扉，一样芬芳身心、恬静自我。

对于心灵来说，人奋斗一辈子，如果最终能挣得个终日快乐，就已经实现了生命最大的价值。

有的人本来很幸福，看起来却很烦恼；有的人本来该烦恼，看起来却很幸福。

活得糊涂的人，容易幸福；活得清醒的人，容易烦恼。这是因为，清醒的人看得太真切，一较真儿，生活中便烦恼遍地；而糊涂的人，计较得少，虽然活得简单粗糙，却因此觅得了人生的大境界。

所以，人生的烦恼是自找的。不是烦恼离不开你，而是你撇不下它。

几乎所有的人都在追逐着人生的幸福。然而，就像卞之琳《断章》所写的那样，我们常常看到的风景是；一个人总在仰望和羡慕着别人的幸福，一回头，却发现自己正被别人仰望和羡慕着。

其实，每个人都是幸福的。只是，你的幸福，常常在别人眼里。

醉在千里之外

叶 子

接过李白的酒杯，寻找散落在人世的月影，对影成三人的豪情遍布天涯海角，似三月的蒲公英飘飘洒洒韵满天下。

“何以解忧，唯有杜康。”几千年前的曹操将他的儒雅与风情灌注其中。“三杯通大道，一斗合自然。”飞杯疾书，吓退蛮夷的李白最终融入了一爵明月的江水，身后留下多少千古绝唱。

很想真真切切地醉一回，舞一回，唱一回。总是想象出三峡，入湖北，游洞庭，登庐山，下扬州，走中原，访东鲁，进山西……，仗剑行四方的诗人该有多么的豪迈，斗酒诗百篇的美名从何而来。我在历史的缝隙里一遍遍搜寻我的疑问，多少文人墨客和英雄豪杰不因酒而醉，却让我领悟到了“酒不醉人人自醉”的最高境界。

“但识琴中趣，何劳弦上音。”陶渊明手抚素琴没有一根琴弦，嵇康无酒却“手解五弦，目送归鸿。”刑场大笑，不惜“夕阳在天，人影在地。”诗人之醉，诗句震惊历史，生命之醉，血泪飞溅。这些已然消逝，我更不能因此背上沉重的十字架，我的生活本来就不是。

为生命的灿烂喝彩，为心灵的融合欢呼。无酒无杯，心早已沉醉，沉醉于荧屏前的温暖，沉醉于梦幻般的爱恋，像月光下的温柔细细抚摩，像苇花里的思绪缠绵不休。“沧浪之水清，可以濯我缨；沧浪之水浊，可以濯我足。”屈原与渔夫的对话你可记得。没有礼赞，没有嘲讽，没有恋慕，也没有悲悯，犹如匆匆过客只是彻悟到了什么。我们是过客，我们是归人，相逢在虚幻的世界里，做着王子公主般的美梦，吟着千古知音般的绝唱，不停地寻找，不断地思考。断不要“抽刀断水水更流，举杯消愁愁更愁”的郁闷与忧愁，宁愿拥有“天子呼来不上朝，自称臣是酒中仙”的恃才放旷，还有“五花马，千金裘，呼儿将出换美酒，与尔同销万古愁”的一掷千金。

身在一室，心交寰宇。素不相识，呼朋引伴。江南的瘦，大漠的狂，山野的素，水畔的羞……装点了我的文字，装饰了你的梦。“且乐生前一杯酒，何须身后千载名。”喝，醉醺醺的你，醉醺醺的我，继续举杯狂饮。不必等待“我愁远谪夜郎去，何日金鸡放赦回？”也不必发出“吾爱孟夫子，风流天下闻。红颜弃轩冕，白首卧松云”的慨叹。

笑在阳光下，歌在白云中，黄河长江为我添杯，千山万壑与我作陪，两袖清风出门去，一腔柔情抱满怀。杯中的世界，酒里的天下，映得红颜格外娇，照得知己如此俊。

醉意里的思考似一支锋利的箭穿透束缚与遗憾，我想到了萨特与波伏瓦。一对思想交融的情侣，不是举案齐眉的夫妻。生前各有天地，死后合葬一墓。相知相爱50年，著作等身，人生多姿多彩。如何理解他们的爱情以及《第二性》里的一句话：“一对幸福的男女在爱情中认识了自己，置天地和时间于不顾，他们自我满足，他们实现绝对。”波伏瓦是这样回答女友的提问的：“至于《第二性》的引文，并不直接涉及萨特和我的问题。我从我们的爱情里获得启发，而源自幸福爱情的绝对感，幸好是普天之下都能实现的事情。两个深深相爱的人热爱生活，是无任何别的理由。纵然岁月流逝，真正的爱情能始终保持，会赋予生活全部的意义，全部存在的理由。”

不想学诗人的清高，举杯清和寡唱。

只想醉里飞歌，恣肆汪洋，无论千里万里。

相思红豆

叶 子

红豆生南国，春来发几枝。
愿君多采撷，此物最相思。

——唐朝王维《红豆》

（一）

哪里有红豆生长的土壤？
哪里是相思久居的故乡？
哪里有一袭红衣，遮挡住离人迷濛的双眼？
哪里有一港臂弯，承袭爱人脉脉的柔波？
是在南国的春天，还是在北国的秋季，你能看见热烈的深红？把山染得多姿？把水映得娇媚？

（二）

其实，只要心是沃土，情作泪珠，就会生长出滴血的相思红豆。

翻开南宋的春天，我看见一颗滴血的红豆在沈园的一面独墙上闪烁着栩栩的亮光。那是一个叫唐婉的绝代女子化成的。也许她的名字不应该与一位伟大的爱国诗人相联。没有与表哥陆游的眷眷爱恋，没有在沈园的春天与诗人偶遇的机缘，没有表哥那首催人肠断的《钗头凤》，这个绝代女子的命运应该不会如此悲惨，她也不会如此快速地香消玉殒。也许，她会像这世间所有曾经热烈深爱过的女子一样，虽满怀相思，但仍会平静地安度一生。但命运没有如果，她们还是在被迫分离十年后于沈园的春天相遇了。在目光交汇的刹那，一颗渐近平静的心瞬间被诗人眼波里的柔情和痛惜击得粉碎。不堪目视诗人同样支离破碎的心，唐婉掩面而去。目送表妹远离的诗人，顷刻间把离别后的相思与痛悔化作了沈园墙壁上的那阙千古悲词《钗头凤·红酥手》：

红酥手，黄滕酒。满城春色宫墙柳。东风恶，欢情薄。
一怀愁绪，几年离索。错，错，错。
春如旧，人空瘦。泪痕红邑鲛绡透。桃花落，闲池阁。
山盟虽在，锦书难托。莫，莫，莫！
多少事，欲说还休？多少情，欲诉无语？多少错，欲悔无药？

所有的这些情事错事和悔过，全都承载在这阙小小的词中了！倚在红墙高院内辗转读到这阙词的唐婉，读懂了表哥陆游隐藏在这阙词中的所有爱意、疼惜、无奈、无措和痛悔。然而，彼时已作他人妇的唐婉，即算对表哥再有更多的相思和爱恋又能如何？这个绝代风华的弱女子，只能怀着无限伤感的悲愤心情，把对表哥的一腔思恋和对现实的满腔愤懑倾泄在了另一阙千古悲情词牌里：

世清薄，人情恶，雨送黄昏花易落。晓风干，泪痕残。
欲笺心事，独语斜阑。难，难，难！
人成各，今非昨，病魂常似秋千索。角声寒，夜阑珊。
怕人寻问，咽泪装欢。瞒，瞒，瞒

今天，当我们捧着唐婉用血和泪和成的这阙《钗头凤。世情薄》时，当我们默默诵读着唐婉咽泪妆欢呼喊出的“瞒，瞒，瞒”时，仍能感觉到八百年前南宋的那个春天里，那爱的沉重，爱的无奈与爱的热烈。我们似乎仍然会看见，那个聪慧、美丽而又善良的弱女子唐婉，用情作泪珠，心作沃土，在历史的天空种植下的那枚滴血的相思红豆。我们仿佛仍然可以回望，不久以后，只因相思，只为相思，这枚滴血的红豆连同植下它的绝代佳人，一同埋葬在了南宋的另一个春天里。

本该生长梅花的沈园，却在历史的枝头上生长出了一颗滴血的相思红豆。这是历史老人开的玩笑？还是古代女子的命运使然和必然？南宋的春天无言。沈园的春天不语。而我分明又在泪光中看见了那个沿着沈园春天和春天的花香款款而行的绝代女子唐婉。我更在泪光中看见了那个用心作沃土，情作泪珠，在沈园的春天种下了一枚滴血红豆的悲情女子唐婉。在历史的天空，她展露着凄婉迷人的笑容。这笑容，让想起她读到她的每一个人心碎。

（三）

其实，相思久居的故乡仍是心灵。只要心灵充斥着柔情与蜜意，只要心灵仍用这情和意日日浇灌相思之树，那红豆必然久久长居心灵之树，并在枝头春春秋秋地闪烁着红艳着。即使这红豆化为翩翩翻飞的彩蝶，这蝶，仍会在你眼前或你梦中翩翩飞舞，闪烁着耀人迷眼的光芒。

此刻，我的眼前就有这样一双相思红豆化成的翩翩彩蝶。这蝶的名字，一个叫梁山伯，一个叫祝英台。当我第一次听到有关化蝶的故事时，我的眼里是满满一握的泪水。我多感的心灵无限同情和伤悲这相爱相恋的化蝶人。但我幼小的心灵怎么也不明白，为什么一定要化成蝶以后才能双栖双飞？为什么这能容纳万物的可爱人间竟容不下一对相亲相爱人？

直到后来，在越长越大的过程中，我无数次穿行在历史的遂道中与过往的文人墨客交谈，并对这一段传奇故事作了种种推断和分析，才终于慢慢明白了：在那个千年以前的春天，只有化蝶才是他们继续相爱的最好选择。而化蝶，也成了善良的人们心中最美的心愿和奢望爱成眷属的最好慰藉。

然而，我还是无法想象，这个叫祝英台的羸弱女子，是用怎样的智慧取得了同窗三年的同学对她女扮男装身份的认同？又是用怎样的机智获得了同窗共床三年的梁山伯的信赖？直至后来，由信赖到爱的力量竟如此巨大，使得这个弱女子崩发出了如此大的勇气，纵身一跃，便如飞蛾扑火般跃入了那片天崩地裂后开花的墓地。也许，在那个无限轻视女子的年代，这个聪明的女子只有出此奇策才能获得与男子一样受教育的权利。又也许，只有爱，唯有爱，才可以让一个眷恋生命的女子勇于舍弃生命，最终又让生命幻化成一只斑斑彩蝶，生生世世伴飞于爱人身边，生生世世传唱不绝如缕的爱情歌谣。

于是，哪里再需遮挡住离人迷濛的双眼，只需看那一袭红衣化成的翩翩彩蝶，迷濛的双眼自会露出浅浅的笑意；哪里又再用去寻找承袭爱人柔波的一脉臂弯，只需看那一树青杉上停栖的双双彩蝶，心中自会涌动万千柔情与蜜意。更哪管南国北地，春夏秋冬风雨雷霆，只要心在，情在，意在，爱在，就能看见热烈的深红，把山染得多姿，把水映得娇媚。

醉雨如歌（诗歌）

落入凡间的黑色精灵

雍　桦

你乘月而来
落入凡间的黑色精灵
树叶儿沙沙作响
风儿注入生命的律动

你轻点魔杖
落入凡间的黑色精灵
鱼儿在天空中翱翔
鸟儿在溪水里畅游

你是折翼的天使吗
落入凡间　成了精灵
你没有白色的羽毛
却披着一身繁星

你来了
铁树上开满绒花
枯木发出绿芽
你用了什么魔力
将那颗千年冰封的睡莲
在梦中唤醒

你来了
落入凡间的黑色精灵
带着对夜的憧憬
昼也无怨 无声

天使不哭

雍　桦

听！轰隆隆，下雨了
是雨吗，落在脸上咸咸的
雨，怎么会是咸的
原来是 天使哭了

是什么
让天使变得泪眼婆娑
连续两天
起初是绵绵的雨
后倾盆而下

雨 越来越大
闪电划破长空 黑夜变得透明
眼泪伴着哭声
天使满脸怨愁 不见往日笑容

是不是
人间太多的阴霾
让天使觉得心痛
只能发出
如此撕心裂肺的哀鸣

天使阿
还是不要哭了
你看，许多善良的人们
也浸在了你的泪水中
不能行动

天使阿
快恢复笑容吧
纵然　黑夜漫长
若再失去了你的笑
勤劳的人儿该如何耕种

醉美·挂甲峪

雍　桦

错落的灯笼
将青青的山脊染红
怒放的山桃花
化作初春一袭温柔的被

春天的挂甲峪
看到
一片红色的村落
凝望远方
累累风霜划过的痕迹
诉说着
搏击长空的金戈铁马

抛开手中的长剑
提起
沧桑的笔，在纸上瑟瑟
书写
遥远的　记忆

在挂甲峪的春天里
醉了
漫天飞舞的絮
像飞洒的英雄的泪
汹涌澎湃着
隔开了久别的人儿
在此相遇

在路边
苦苦找寻
可找到了那　回去的路？

低眸
片片的二月兰
轻柔着一抹紫
也醉了
即便 错过了花轿 也不可惜
此刻 只愿 邀那一株株淡桃
放下羞涩和矜持
摇曳

缘起·老象峰

雍　桦

伫立在山口的那块牌坊
摆弄着遥望和等待的姿态
将白昼拉长

唤醒沉睡中的老象
为何却抚不开
你，迷蒙的双眼

一路 抚索着铁链
向上攀援
任那烈岩划痛手腕
只为，到达仙谷的那边

听
那风吹松涛的浪
一声声切切呼唤
黑也被点亮

风来了又去
独留一片万草丛
可是我
托风捎去的思念

或许，在梦中乘月
化作那古堡中的一片浮云
共赴月圆

复活．永定河之恋

雍　桦

水累了
依旧向往远方的风景
于是 汇成了河

原本湿润的河床
经受着
烈日的考验
河道旁，三个大高炉
一边喘息，一边吐着浓浓的白烟
似在诉说 对水的想念

时光
在干裂的河道穿梭
找寻自我

生命
在年复一年中　轮回
思恋 总在心头
荡起一袭又一袭的涟漪

曾经湍急的河
洗去了万般的荣华和颓废
空留　满地的传说

数不清的狮子
驮着王的盛宴而来
漫山野花的雕刻

晾晒在湿经山上的经文
石桥上经过的水车
在驿站偶尔停留

在风的文字里
吟诵钟声
手扶河边的堤柳
向着河的那边
唱起古老的情歌

那是少女
寂寞的泪
染红了无定的河
试问 谁能读懂河的心事？
悟透水的秘密

而今　河
舒展腰身
铺开一幅多彩的长卷
莲石湖畔的芦苇
门城湖上的碧波
荡漾着 河重生的喜悦

听
那是河复活的声音
此刻 温暖已经淌进河的胸膛
永不干涸

唱歌的骆驼——游京西古道

雍 桦

骆驼 唱着歌 走过
驼铃叮叮 和着风声
骆驼 像一个顽劣的少年
不知羁旅的漫长

骆驼 唱着歌
沿着那条龙形古道 走过
在群山之间，在村冉之间
依稀看见
赶路的骡马
和匆匆的旅人

法海禅寺
身着蝉翼的水月仙子 舞动衣袖
田义墓中
老汉挥动铁锤 在石碑上凿刻生活

悲悯的天泰山阿
燃尽最后一滴灯油
也诉不清
一朝天子辛酸的苦涩
不受香火的承恩寺
在碉楼间隐现
弥漫着迷雾重重

洁白的冰川
挂着累累的伤痕

在空气中 裸露 喘息
将远古拉到瞬间

骆驼 唱着歌
在旅途中 欢快行走
穿过弥漫的硝烟
驼尽人间的繁华

似乎
背上驮负再多的沉重
也算不得什么
留下的 只有
被岁月践踏无数次的
深深的蹄窝

醉

慕　山

举杯邀月
晚风吹醒旧梦
吹散落红纷飞。

醉听春雨,
谁解我
心字成灰?
雨泪冷
轻落新叶凝翠
晶莹如你的美
嫣然笑靥
两颊开出一抹淡粉的玫瑰

醉看孤星摇摇欲坠
细眼低垂
零落相思成泪
盼雁早归
伊人酥手香袖隐酥手
漫舞 轻挥
愁肠已断无由醉

忆情切
断云弄月
前尘付流水
空余相思
换一场轻别
谱一曲心碎

举杯望断天涯
醉一轮明月皎洁
醉一场风雪凄切
曲终音绝
仍沉醉
纵是江水为竭、夏雨雪
终不悔
与君相随

敛愁眉
酒香顿歇
谁与我共醉？
醉醒东风稀微
侧听春雨跌碎

叹今生
醉春醉雨
醉生死
醉一江春愁不西归
醉
在你黯然凝眉
为你梨花带雨落香泪

夜　幕

慕　山

夜幕似魔术师的黑布……

夕阳拽下夜的黑幕，
交到魔术师的手里，
成了道具。
掩盖了一切蠢蠢欲动的精彩与把戏。
只透出流动或静止的灯火，
还在酝酿一串串的惊奇。
天外的星都扑扇着眼睛
闪动着期许与好奇。
静静的抑或不耐烦的关注着，
等待晨曦将聚光灯亮起，
朝阳揭开黑布下的秘密……

永恒的交错

慕　山

天上的云朵
没有方向
迷惘的飘着
是否也会琢磨
为何风是这般莫测
也会痴痴的猜测
天空变化的规则
也会忐忑
还要几番周折
才能找到游云的归所

一阵风吹过
风儿怯怯拉扯
少女裙边的百褶
风无形
夕阳的天空
独自羞涩
那云的红色
是不是风留在天空前额
那深情的一吻呢？

斑斓在半空的蝴蝶
五彩的闪烁
是与生的活泼？
还是此刻
听到了晚风心底的歌？
蝴蝶飞落

在我心窝
化成了纸上的平仄

平仄、平仄
飞舞着
舞成了彩虹最美的衣着
交织着
一场绚烂的纠葛

无论如何
无论如何
这一切
也只是喧闹过客
也只是过客

晓月初升
朦胧着青涩
夕阳挥别
依稀着温热
此刻
他们擦身而过
星河
隐约着一首唱不出旋律的歌

开始，又结束了
似一场南柯
结束是另一种开始么？
也许
真正的永恒存在着
就在此刻
无言的交错

我会给他一面镜子

慕　山

我会给他一面镜子，
让他看见丑陋！
将太阳的光辉折射，
照耀每寸阴郁与迷惘
我会给他一面镜子，
炙热的光，或会灼伤
刺眼的亮，不假掩藏！

我会给他一面镜子，
亦让他看见美丽。
将太阳的温热遍洒，
温暖每滴泪、每次叹息！
我会给他一面镜子，
若跟随内心的声音起舞，
我会告诉他——你是世界上最美丽的人！

这镜子——就是我的文字！

情书——雪

慕 山

似一整季燥热中的期许，
如期，
落在心底～

似沉睡了整个年华的眼眸，
被唤醒
当冰晶吻着心门 措手不及

似零落了想念的泪滴
似飘零在天涯两端的相遇
在眼里，在心底

无处安放 漫天飞扬的凄迷
却找寻你的踪迹
落脚在你的脸颊
——将我的吻 代替

英　雄

慕　山

云里来 风里来
带着满身的尘埃
落日云天吞没了心海
谁在风沙茫茫中走来

拾着战败者的残骸
谁的心中填着更多无奈
在无边的寂寞中等待
谁是下一个人 要我还债

不用向谁参拜
终一天被风沙淹埋
又一个英雄走来
将我最后的斗争记载

不在旁人心中存在
英雄——倒下
不带走一滴泪 一颗尘埃

——英雄的世界最广阔，亦最狭窄
在我看来英雄应该是寂寞 无奈的

雨——心事

慕　山

不知是哪位神仙
要将人心的悲喜　窥探
轰鸣　轻闪
在云端
拍下心事的 X 光片
让翻涌在胸口的语言
彼此心照不宣

汪着一泓思念的双眼
忽而雨线
陨落如尘烟～

勾起云朵的想念
勾起一树的绿
轻舞翩跹
舞动 风雨无声的呢喃

天边
似仙女缓缓睁开
琥珀色温暖的双眼
夕阳的清浅
是你侬我侬的离愁
转身间 是雨后初晴的天

每次呼吸的清鲜
都是浇灌
滋润心田……

雨——雨珠儿

慕　山

在透明的玻璃上　跌跌撞撞
雨珠儿的花蕊
开出 星星点点 调皮的花朵

怎会有 透明的精灵 一起坠落?
是谁的心事
在风的安抚下?
安静落在 某个不知名角落……

雨珠儿 陨落
不知所措
湿润 各怀心事的 心窝
融化 成雾气
云烟的交错

——这个夏季真的多雨
那天开车，遇见迎面而来的雨滴
落在车窗，跌碎身体
却看得有些出神了……

转 向

韦童儿

这是一个
生命和思维的奇妙组合，
我不时的转向，
不知所措。

只好沉淀下这颗心，
一它
是宇宙的浓缩
太阳，
只不过是它的一滴血。

让人世的光辉，
好歹得到些折射，
也好叫我，
冥冥中尚能求索。

别

韦童儿

人生犹戏梦难终
自醒自品自不同
一笔潇洒随缘去
颔首一笑再相逢

扑朔

韦童儿

别想得太多
云深处有数不尽的诱惑
请微风拂拂你的发
时间是无尽的收容所

别存入太多希望
扫扫浑身尘灰的迷茫
请春雪润润你的喉
冷漠是扑朔的天堂

旧事

韦童儿

旧事的心动旧情的回忆
随旧小的衣衫填进箱底
无畏的快乐童稚的勇气
如孩时的朝露杳无音息

内涵和根基
随樟脑丸渐消以至飘逸
岁月和经历
如经年的泡沫肆意堆积

剩一层肤浅
浮在生活的水面
毫无边际
漫无目的……

你

韦童儿

遍座高朋
只为
请你
满堂欢笑
惟你
不语！

小别

韦童儿

两束轻烟
淡淡地缭绕，交汇……
一切
都淡淡的带了他的气息…
小别中
淡淡的思念……

你不在的时候

韦童儿

你不在的时候
我无意情侣包厢的时候
我收到一朵红红的玫瑰的时候
我听着有分量的话语而深有所触的时候
请别责怪，
只请告诉：
我该怎么做？

别要求我太多
这命运里有太多蹉跎
它不经意开个玩笑
我却苦问：
“有　搞错？！”

咫尺遥远

韦童儿

将无数的你我他
融进枕边柔长的发
伴我而眠

将莫名那丝惊讶
谱入彼此相趋之涯

咫尺遥远
……

也筑起无谓无形的外壳
却一任心境流淌…

背起生活的十字架吧
——不是儿童手中的玩偶
——也不是沉甸甸的勋章

梦憾

韦童儿

一支无律的乐队
无意我们已和上一曲

一份无序的试卷
无心我们在共解一题

梦超越时空
却无法在时空中继续
因为它
——已在梦里

满载眼波的情谊
无语无泪的分离

朋友们
—— 长相忆

背影——也致父亲

韦童儿

快步回行
只因为无力面对那背影

朦胧中
读着秒默默给您送行

懂得流泪的眼里
映着一颗开始长大的心

疑

韦童儿

我
不再属于我的姓名
这天地
是否会由此混沌不请？

我
不再属于我的容颜
这世界
是否会因此少份牵念？

我

甚至不再属于我的灵魂
这人间的幸与不幸
理智与激情
泯灭与生存……
是否由此浑然一体，缘源归一？

或只一分存疑，
算无限中永恒的赠与？

嘿，哥们儿

韦童儿

将身影
补进
漫天球影
哥们儿，
你可知我疲惫的安分？

把思维
填入
密麻芯片
哥们儿，
你可懂我沉静的安闲？

将语言
录在
坦然的双眼
“攀缘，
不是我想得到的改变”

嘿，哥们儿
你可容我虚荣的自尊的实现?

解脱

韦童儿

曾经的你我，
曾共经历许多
是幼稚和天性的缺陷吧
不意却留给你伤痛
不意却带给你迷惑
请原谅我

现在的我
有着幸福的归宿
现在的你
听说仍有分寂寞?
请别埋怨上天
——隐约深处的歉疚
这些年我从未躲过
请相信我

其实不知该原谅的是否是错
“正确”注定也同一结果
其实不知该“相信”的是否有意义
恩与怨想来你早也淡漠

可我仍要
祝你幸福与快乐！

纵使你再不相信我有真诚
权当是“自私”的我为找份解脱！

友谊

韦童儿

成长中
十数年分分聚聚
吹尽黄沙往事
我欣喜留下了“真金”的友谊
我告诫自己要学会珍惜

听人说
朋友间　要模糊
才能维系美丽
我于是　认真的
计算着这模糊的
真切距离

听人说
朋友间　要了解
才能相互鼓励
我于是　虔诚地
执行着那了解的
公式程序

可模糊
不是彼此缺点的面具
了解
也远未能真正的知己知彼
矛盾的堆积…

冲突的延续…
头疼，
我找不到判断的依据

我不知理智该否回避
也不知
这是磨练真金的一段插曲
还是…

爱的真义

韦童儿

没有人比你我
更体会这刻骨铭心
我不曾刻意去感动
只无力掩饰自己：
今生怎能躲过
你深深的眼呢？

没有人比你我
更清楚他们的“离去”
我无需故作而叹息
也无力惊异自己
放弃平淡而从容的真实
如此绝决又如此轻易

似乎没有人比你我
能找出彼此更多的差异
我们从未努力去继续
我们也想说声”对不起”

然而
总被另外三个字代替

玩世的漠然的旧时的我
嘲讽着今日的我的痴迷
执着的无畏的不羁的我
苦笑着发现”生活真多压力”

历演着极乐极怒极悲极喜的感人剧
终原是无所无谓无是无非的了然局
是否　这才是
爱的真义？

我们的前半生

韦童儿

二十来岁逃课很是时髦
小班课对着老师坦然睡着
闲暇时捧书本沉溺于三教四教
托呀G呀，再不济也把研瞧瞧
头悬梁、锥刺股磨磨蹭蹭还熬上几通宵
哥哥弟弟姐姐妹妹的恋爱实习当然更不可少

毕业不算出乎意料
上研的怨青春渐老，前途没着没落
上班的叹书到用时未必少，只是文凭差点料
珠海，深圳得去搅一搅 管他这金子是越来越难淘
不再为赋新词强说愁总算没白走一遭
紧紧凑凑考些个证，跳n次槽
换几个哥哥弟弟姐姐妹妹也很必要

海龟变了海待，游戏着留学潮，
飞‘的’去坐移民监，郁闷了移民潮
G 呀，托呀，雅思啊都认了白考
成绩好是不好也无需再自嘲

激情过了 爱情不多了
剩下亲情还没自信是否牢靠
赶紧的贷个房买个车照个婚纱照
明知道是围城也进去起码先能歇歇脚
呵呵，玩笑，玩笑，
家和他真真切切是我心的依靠

吃喝玩乐 FB 两下还来不及逍遥
三十了还没小宝又发现房子太小
东西南北万千楼盘拣拣挑挑
贵不买贱不卖这心里是抓抓挠挠

再贷款再买房再给自己上个铐 房贷漫漫兮飘飘摇摇，
睁眼就欠银行唉这槽不敢随便再跳
还要准备养娃呢不是为防老
商业保险们呀是一个也不能少

说雅点儿像卫星被锁定在轨道，
就俗点儿是蒙了眼睛的毛驴埋头进了套
圈圈中反正虱多不痒债多不愁该玩也玩该闹也闹
圈圈外是另类是真个性是真性情好像就是没胆没福要
凌晨两点的空明清醒 忙忙碌碌恋爱中的人们……

中间人

韦童儿

转椅，咖啡，十点钟早春阳光
法语书，吧凳，一旁装模作样
有点惬意，有点晕，有点突然感想
电话拨不出去，圈中好友在忙……

我不小资我不潮流也并不真洒脱
时间慷慨我不懂享受 不知拿它做什么
满脑子新疆西藏无心工作可终究要生活
有点自责，有点烦，有点不知所措

网上来了新新人类准房客是个车模
第一天短信“我想你了，你可想我”
没吓一跳 却不由自主 俗人一个 心里一热
单板 双板 一夜情 层出不穷 新鲜活泼
难辨真假一切都是“那是歌词，听过听过”
呵呵、呵呵，
哦哦、哦哦
我的错，我的错，
她不是 helen，她不是 sophie，
一时开心过客，以为什么都可以和她说？

终于确信我不另类我不颓废也真不做作
只是有梦挥之不去 不招也来 不想拧着自己活
我有上帝我有自己我还有你 让我一步步来过
谢谢爱情谢谢友谊谢谢你们由着我

Some of the beauties

韦童儿

Some of the beauties
I wouldn’ t trace backwards
Afraid to incidentally find the truth
Never existed the beauty has!

Some of the beauties
I couldn’ t share with the else
Afraid to unintentionally hurt my love
Never be seamed the broken hearts!

The beauty you showed me
“ For thousands of years”
As vague & distant as the Egypt mummy,
Hardly can I remember what it was!

生日歌 1

韦童儿

只不过无意
你选择了茫茫宇宙中的这个节点
于是二十二颗星星
就映射了芸芸苍生中的一付生命之弦
朋友，你的心之gita

此刻在弹奏些什么？

未知的时空虽不是神秘莫测，
却不敢祈祷你的日子里没有悲欢离合
这一刻，感觉到了吗？
朋友们的爱心
都尽力在构筑你的快乐

看看头顶那颗星
它是否因此而发出
幽邃而清宁的光亮呢？

或许这光亮能有一刻顺延？
或许更能够渗入另一片空间？……

生日歌 2

韦童儿

祝福是永恒的舞台
永恒是青春的旋律
所有惊心动魄的故事
都缘于这千古一刹的交遇

命运是永恒的主题
永恒是无尽的质疑
别懊恼着急于揭开生活的谜底
请相信惊喜 总蕴于不期而遇

聚散是永恒的主题
永恒是重复的新奇
别遗憾朋友们明年都在哪里？

仍间差在彼此的星云
——只不过换就一些面具

笑笑你的眼
吻吻你的额
一切
只在一句
祝你，生日快乐！

不经意间

韦童儿

有一种情绪
没有内涵，没有外延
没有清晰的概念
不经意间
充盈…

有一种心境
无需内容，无需新鲜
无需主角的出现
不经意间
弥漫…

心灵的消遣…
不经意间
看见…
在我们手边

永远是朋友—歌词

韦童儿

不是插曲做不到事不关己
才知珍惜不是爱情专利
没听说过友谊需要放弃
我们应该是静静地在休息

不知什么才能柔和带刺的你
原谅我或曾带给你更大片荆棘
不知怎样才能温暖倔强的你
是否我从未曾足够执着去努力

拿起电话仍然心有余悸
担心继续太极推手游戏
就算告诉你我一直以你为骄傲
面对伤口还是会疼会逃避

好朋友说我少了尖刻多了体己
谢谢这是你留给我的印记
快乐时光很多都带了你的痕迹
虽然我们不是彼此生活的主旋律

重逢是注定的命运轨迹
请上天让未来交汇出美丽：
老公们畅谈，孩子们嬉戏
我们看着他们幸福地细密私语……

呵呵，天天快乐！年年十七！
我一直想有你在这快乐剪影里

分享彼此生活的好消息
………

说到做到

韦童儿

又开始只惦记你的好
转变来得没半点儿征兆
曾经许多烦恼
没理由只怀念那片刻会心微笑

不妙……
理智 30 秒……

冷漠强硬体贴细致，
哪面是真实你永远不给我知道
敏感尖刻温和理智，
什么是主体我早也懒得再比较

（弟弟常说：出来混，总要还的）

上帝说你是我该还的目标
那让我一次把单埋足就好
就算因此成为永远的普罗米修斯
失控的滋味我再也不想要

颠倒……
再　冷静 60 秒……

是的，这次我说到做到
说到做到……

觅古怀香（古体诗）

青菁顶小记（外八首）

雍桦

飞珠溅玉，疑是雨，醉落听雨轩；古柏倒悬，斜挂山石间；碧波涟漪绕绝壁，忽见云茫雾蒙深处，小径突兀石桑；潭溢树葱，山挂白练；闻泉声，溪水奔淌，飞瀑直下，飘忽虹彩触手可及；黄杏临窗，红李待熟，闻香品果趣，欢歌噫语；挥汗登顶寻迷鹿，至天裂处，扁担为眼，俯视柳棵峪峡谷，可叹奇观！

游白洋淀

夏游白洋淀，夜探荷花湾。愁云带露忙追赶，惊了鸥一片；
雨打明镜碎，亭立竹伐间。月升暮落掩缠绵，莲并叶合欢；
欲叹群芳艳，不忍扰睡莲。轻捻指尖留倩影，人比荷花嗫；
晨林踏小道，青竹节节攀。惟憾英魂无觅处，细雨湿人间。

古绝·游红螺寺

红螺古刹千年景，翠林珍珠火焰红；
青烟袅袅忘归处，化作紫藤倚老松。

黑龙潭小憩

春花秋月叠峦，平沙落雁沉悬；
今朝醉卧潭底，醒时直啸九天。

竟春

昨夜梦前拂暖风，冰破花开雪欲融；
耐得严寒腊梅枝，春来何堪竟争宠。

闲 趣

闲时约约姐妹仨，钱柜卡拉把歌飒；
你声我哝忘归行，夜渐星鸣方尽兴。
又见二日在诗婷，双双卧入绿塌中；
玉肘一番巧拨弄，对镜才惊面泛红。

新落花流水吟

落花本无意，流水似有情；
邀得情熠熠，流水亦无声。
君心今何在，恃情也无情；
花开花又落，谈笑风声中。

花 醉

——改编自汪国真“少女”
梦里常笑醒
醒来难入睡
花开花落时
笑哭亦是醉
挥手别过去
没有流着泪枯萎
仰首迎明日
不做害羞的蔷薇

游普陀山

普陀山上觅禅宗，虔心将拜祈来生；
幸遇仙尼赐圣水，佛音缭绕洗凡程。

江城子 ——大一生活

韦童儿

晨曦即隐映梳妆，细施霜，羽霓裳。不堪书本，单骑向课堂。课尽争回食去也，烧茄子，冬瓜汤！

瞬乎一载未及量，天无情，人却双。花前柳下，无处不衷肠。天之骄子尽是矣，不意伤，又惶惶。

钗头凤

泰山顶，峨眉巅，青春年少好流连。藏宏志，幕穹苍，不才诸葛，一笑周郎，狂！狂！狂！

心已去，影空随，黄昏好醒梦谁赔？昙花过，气未泯，且惊且疑，也痴也累，灰？灰？灰？

思帝乡

断琴泼墨，心乱恨夜长。幸有两情相依，太匆忙。孤魂竟飘何处，自彷徨，既已行无义，乞天谅！

浪淘沙

微阁何须迎，不胜朋宾，万象人间任品评。醉花阴里好自娱，抚断闲琴。

西行讯益频，相寄犹殷，不意由缘空自吟。步步娇时归期近，愧忆双亲。

清平乐 - 列车小记

八九十度开水，六七人争茅厕。惶惶然归心似箭，扫兴却报晚点！

四五涵洞黔北，三两片绿江南。站前一一辨乡音，无语最是故园。

随笔顺答友

散散漫漫日子，恬恬淡淡人生，闲闲雅雅情趣。 杂书野史，玩球弄犬，不复少年慨叹。 却难瞒，字里行间，真真切切，尽女儿伤烦 —— 人不极情不文章，自讶然，又释然： 未逢极乐缘。

如梦令

时叹书玄课拗，怕流光抛人老。试毕懒归家，自有"投怀送报"。玩闹，玩闹，疯尽女儿娇俏！

兰陵王

问君耶！旷漠独啸何由？莫嘲矣，寰球却觅，区区一虑赠豪囚。天果拂我意，（哈！），自狂！自定！自由！

中秋随笔

一年又是月半
遣散乡情，
遥感亲朋
自把星云独看
异种风情
同在人寰
推杯换盏
盈盈漫漫
——“可否随人愿？”

思帝乡

谈兴浓融，醉似与烟酒。依稀舞缦轻灵，绕指柔。恍醒欲舍难留，任人瘦。纵敢吟心事，无名由。

变调破阵子

惑时书海求是，不解怎堪春闲。万里狂放身异域，四时豪纵天地情，君心在我心。

心如菩提重拭，身似蝉蜕弥新。亘古千年等闲事，半生何必苦心神，友爱相携行。

声声慢

分分合合，反反复复，迷迷糊糊渐怵。左思右量晕沉，却难糊涂。千和百搅情绪，好辛苦，迷离扑朔。言即出，无心补，只认回天乏术。

东隅桑榆得失，天眷顾，朋侣欢颜常驻。平和日子，更解随心享度。偶也思人睹物，不敢忘余悸难伏。都是性情中人，何苦、何故？……

后　记

文学，对我们来说，原本是一个遥远而美丽的梦，在本书的出版过程中，我们得到了石景山作家主席李金明的大力指导，得到了出版人何连泽、刘昕，翰墨青衣工作室的倾力帮助，得到了各位亲朋好友们的鼎立支持，在此，对您们的付出和帮助表示深深的谢意。正是因为有了您们的帮助，我们才能够梦想成真。这本书，承载了太多人的期望、汗水和心血。如今，她终于如破茧之蝶一般，呈现在读者眼前。希望，我们的作品能和更多的人引发共鸣。在这条路上，我们将深怀一颗对文学的虔诚热爱卑微之心，义无返顾地前行！